Em casa de ferreiro

CONSELHO EDITORIAL
Ana Paula Torres Megiani
Eunice Ostrensky
Haroldo Ceravolo Sereza
Joana Monteleone
Maria Luiza Ferreira de Oliveira
Ruy Braga

Em casa de ferreiro

Os artesãos do ferro nas Minas Gerais do século XVIII

Crislayne Alfagali

Copyright © 2018 Crislayne Gloss Marão Alfagali
Grafia atualizada segundo o Acordo Ortográfico da Língua Portuguesa de 1990, que entrou em vigor no Brasil em 2009.

Edição: Haroldo Ceravolo Sereza
Editora assistente: Danielly de Jesus Teles
Projeto gráfico, diagramação e capa: Danielly de Jesus Teles
Assistente acadêmica: Bruna Marques
Revisão: Alexandra Colontini
Imagens da capa: *Carta Geográfica de Vila Rica*, s/l, s/a. Data provável: 1801-1900. Arquivo Público Mineiro (APM), Coleção de documentos cartográficos, 080.

Esta obra contou com o apoio da Fapesp, número do processo: 2016/09090-0

CIP-BRASIL. CATALOGAÇÃO NA PUBLICAÇÃO
SINDICATO NACIONAL DOS EDITORES DE LIVROS, RJ
372e

ALFAGALI, CRISLAYNE GLOSS MARÃO
Em casa de ferreiro : os artesãos do ferro nas Minas Gerais do século XVIII / Crislayne Gloss Marão Alfagali. - 1. ed. - São Paulo : Alameda.
21 cm.

Inclui bibliografia
ISBN 978-85-7939-495-9
1. Minas Gerais - História - Século XVIII. I. Título.

17-43652   CDD: 981.51
                                        CDU: 94(815.1)

ALAMEDA CASA EDITORIAL
Rua 13 de Maio, 353 – Bela Vista
CEP 01327-000 – São Paulo, SP
Tel. (11) 3012-2403
www.alamedaeditorial.com.br

Sumário

Prefácio	7
Introdução	11
1. Os oficiais do ferro nas hierarquias do Antigo Regime	23
Regras e controles do ofício	26
Agremiações e hierarquias sociais	62
Pagando as fintas para São Jorge	69
2. Elementos materiais do ofício	87
Uma boa empreitada?	91
Os caminhos do ferro até as Minas setecentistas	105
Sobre fornos, tendas, pertences e apetrechos	114
O segredo de fabricar	121

3. Os oficiais do ferro nas Minas Gerais — 151
Inspirações portuguesas, práticas americanas — 161
Exercício do ofício, escravidão e liberdade — 170
Diversificação das atividades econômicas — 185
Fabricando obras, tecendo redes — 190
"Muito abonado e suficiente": sobre fortunas e prestígio social — 197

Palavras finais — 213
Fontes e bibliografia — 221
Anexo — 249
Abreviaturas e nota — 251
Lista de figuras, tabelas, gráficos e quadro — 253
Agradecimentos — 257

Prefácio

A história das Minas Gerais no século XVIII é geralmente lembrada por conta da produção de ouro, da extração de diamantes, da imensa escravaria que foi levada para aqueles sertões, para trabalhar em minas, lavras, roças, casas e ruas. Vários são os livros que abordam esses temas, enfatizando ora a vida econômica, ora as relações e grupos que compunham aquela sociedade. Outros aspectos frequentemente tratados pelos historiadores são os que dizem respeito à rica vida cultural e religiosa das Minas setecentistas. Suas muitas igrejas e irmandades, que serviram de palco e cenário para grandes obras de arte (músicas, pinturas, esculturas) também chamam a atenção de todos até hoje. Isso sem contar a literatura, com os famosos poetas mineiros do século XVIII, claro.

Poucos, entretanto, se dedicaram a estudar os artesãos que viveram e trabalharam na região. Há certamente obras de referência, como o *Dicionário de Artistas e Artífices dos Séculos XVIII e XIX em Minas Gerais*, de Judith Martins; e trabalhos mais pontuais que examinam as relações entre os artistas e as irmandades, o controle que as câmaras exerciam sobre eles, ou suas perspectivas de mobilidade social. Alguns indivíduos mais conhecidos mereceram análises específicas, que detalham suas vidas e obras. Há também estudos sobre certos grupos sociais, gente anônima como por exemplo pedreiros, carpinteiros e marceneiros que construíram as casas, igrejas e pontes que ainda podem ser vistas nas cidades mineiras. Poucos, porém, se preocuparam com os ferreiros.

Em um mundo voltado para a extração de ouro e diamantes, era proibido minerar e produzir ferro até o final do século XVIII e início do XIX, apesar de haver ali áreas com grande quantidade de minério de ferro. Talvez isso possa explicar o silêncio sobre esses artesãos. Mas eles foram muito importantes para a economia e a sociedade das Minas Gerais. O ferro chegava à região em barras, que eram então transformadas em objetos variados. Ferreiros, serralheiros, ferradores, caldeireiros e latoeiros sabiam como forjar as barras e transformá-las em instrumentos para minerar e lavrar os campos, em utensílios de uso doméstico, em gradis e adornos para enfeitar as fachadas das igrejas e sobrados, e em tantos outros objetos necessários à vida cotidiana.

O livro de Crislayne Alfagali supre essa lacuna historiográfica de forma magistral. Examina questões mais gerais, como o lugar que esses artesãos ocupavam nas redes hierárquicas do Antigo Regime, comparando as experiências dos ferreiros na metrópole e nas áreas coloniais. Também dedica atenção aos elementos materiais do exercício desse ofício nas Minas setecentistas, revelando aspectos poucos conhecidos da arte de trabalhar o ferro e das formas de produção e comercialização do metal e das peças produzidas a partir dele. Este caminho nos leva a conhecer mais de perto as tendas e lojas desses artesãos, às relações que mantinham com os escravos e a escravidão – tema visitado também pela ótica dos trabalhadores cativos que empregavam e das técnicas africanas trazidas por eles, que se misturavam aos saberes europeus. Por fim, para abarcar os aspectos sociais e simbólicos da atividade dos ferreiros, a autora investiga trajetórias individuais de alguns oficiais bem sucedidos, iluminando detalhes da vida profissional desses homens tão especiais, que sabiam como fundir o ferro e transformá-lo em tantas e variadas peças e instrumentos. Mas vai além disso. A pesquisa minuciosa investigou a correspondência administrativa e os registros das câmaras de Vila Rica e Mariana, um vasto conjunto de inventários e testamentos, bem como processos judiciais, relatórios e memórias diversas. Com base nessa diversidade de fontes, examinadas do ponto de vista quantitativo e qualitativo, a autora construiu um texto capaz de oferecer uma bem documentada história dos ferreiros nas Minas setecentistas e trazer muitas novidades. Ao movimentar-se por várias escalas de observação e percorrer diferentes níveis de análise, o livro apresenta ainda uma dimensão metodológica importante: mostra que é possível, ao mesmo tempo, observar indivíduos e elaborar interpretações mais amplas, que permitem compreender experiências coletivas.

Um livro bem escrito e instigante, que certamente interessará os historiadores – e também uma gama mais ampla de leitores, ultrapassando o universo mais restrito das universidades. Como devem ser os bons trabalhos de História!

Silvia Hunold Lara
UNICAMP, 2016

Introdução

Ah! Dize, Doroteu, porque motivo
O Pai de Fanfarrão o não pôs antes
Na loja de um hábil sapateiro
C'os moços aprendizes deste ofício?
Agora dirás tu: 'Nasceu fidalgo,
E, as grandes personagens não se ocupam
Em baixos exercícios'. Nada dizes.
Tonante, Doroteu, é Pai dos deuses;
Nasceu-lhe o seu Vulcano, e nasceu feio.
Mal o bom pai o viu, pregou-lhe um couce,
Que o pôs do Olimpo fora; e o pobre moço
Foi abrir uma tenda de Ferreiro.[1]

---

1 Tomás Antônio Gonzaga, *Cartas Chilenas*, (Introdução, cronologia, notas e estabelecimento de texto: Joaci Pereira Furtado). São Paulo: Companhia das Letras, 1995, p. 249 e 250.

A enunciação dos versos do poema *Cartas Chilenas*, atribuído a Tomás Antônio Gonzaga, traz o diálogo entre Critilo e Doroteu. O primeiro é a *persona* autoral, que não é Gonzaga, mas uma personagem ficcional, um tipo virtuoso "indignado contra a corrupção da sua Cidade"; o segundo, que não é Cláudio Manoel da Costa, mas o "tu" do destinatário discursivo, a testemunha, o interlocutor "agudo e racional, capacitado sempre para distinguir o melhor em todas as ocasiões".[2] O mote dos 4.268 versos brancos divididos em 13 "cartas", escritos em Vila Rica provavelmente na década de 1780, é a vituperação de tipo cômico do governo de Fanfarrão Minésio, criptônimo do governador da Capitania de Minas Gerais: Luis da Cunha Pacheco e Meneses (que governou de 1783 a 1788).

Por serem elaboradas a partir de uma série de convenções retóricas do século XVIII, as imagens construídas pela poesia satírica não tinham o compromisso de retratar a realidade. Entretanto, a leitura desses versos permite conhecer, por meio de suas tópicas discursivas, elementos importantes das instituições portuguesas. Sem essa referência, os próprios jogos retóricos não seriam compreensíveis.

Dentre as temáticas recorrentes em textos como esse, a defesa da hierarquia era nuclear, pois se visava à correção da boa ordem política, do "bem comum". Portanto, no conjunto das letras coloniais, a sátira é "guerra caritativa: fere para curar", e o satirizado – no caso Cunha e Meneses - nunca está à altura do ideal hierárquico.[3]

No trecho acima, a fim de desonrar o atacado e desqualificá-lo moralmente, Critilo combina os traços exagerados que confere a Fan-

---

2   Marcello Moreira e Marília Librandi Rocha (orgs), "Questões para João Adolfo Hansen". *Floema*, Vitória da Conquista, n. 1, 2005, p. 13; e João Adolfo Hansen, *A sátira e o engenho: Gregório de Matos e a Bahia do século XVII*. 2ª edição, São Paulo: Ateliê Editorial; Campinas: Editora da Unicamp, 2004, p. 93.

3   João Adolfo Hansen, *op. cit.*, p. 48 e ss. "No ato da invenção do discurso, os autores coloniais se apropriam do referencial colonial – por 'referencial', significo discursos, não o referente deles. (…) Os autores coloniais apropriam-se do referencial e o transformam, citam, estilizam e parodiam". João Adolfo Hansen, "Letras coloniais e historiografia literária". *Matraga*. Rio de Janeiro, v. 18, 2006, p. 24.

farrão, no poema, - "tolo", "indigno Chefe", "bruto Chefe"- com inversões quanto à posição social do governador. Para tanto, na sátira, de fidalgo, Minésio passa a ser representado como um oficial mecânico. A invenção da figura de Cunha e Meneses como sapateiro produz um efeito sério-cômico resultado do contraste entre o lugar social do governador e o destinado àqueles estigmatizados pelo "defeito mecânico". Nas posições hierárquicas das sociedades modernas, baseadas em padrões de qualidade, condição e estado, um nobre – aquele que "nasceu fidalgo" – jamais poderia se igualar aos que ganhavam seu sustento por meio da "mecânica corporal", do esforço manual.[4]

Em outras letras setecentistas, no *Vocabulário* do padre Raphael Bluteau, o lugar social atribuído aos oficiais manuais, nas sociedades do Antigo Regime, fica ainda mais evidente. É preciso lembrar que "trabalho", nesse contexto, se referia a um "exercício corpóreo, rústico" e a palavra "ofício" quando relacionada a "ofício de mãos" significava "ofício fabril" e fazia alusão àquele que tinha "ofício vil". Antonio Moraes Silva acrescentou que ofício era também uma "arte mecânica", um "mestér" (sic), uma "ocupação" e, ainda "um modo de vida". Segundo essas definições, quem exercia um ofício era um "oficial da arte mecânica", e, portanto "não nobre". Os "homens mecânicos" foram identificados por Bluteau como "baixos, humildes", que se ocupavam das artes fabris, nos "ofícios necessários para a vida humana". Podemos somar a esses verbetes, outro conjunto de vocábulos como artífice, artesão, oficial e obreiro, todos tendo como base o conceito de que um oficial mecânico "trabalha[va] para ganhar sua vida".[5]

---

4 Vitorino Magalhães Godinho, *Estrutura da antiga sociedade portuguesa*, 3ª edição. Lisboa: Editora Arcádia, 1977, p.71-116. Sobre os códigos retóricos próprios da sátira que condicionam a construção de personagens caricaturais como a do Fanfarrão, as "exagerações dos traços tipificadores do satirizado devem dar prazer ao público que nelas encontra, além do prazer de reconhecer a deformação na caricatura, também o prazer de reconhecer um desempenho adequado da técnica da fantasia poética". João Adolfo Hansen, *op. cit.*, p. 54.

5 Raphael Bluteau, *Vocabulário portuguez e latino*. 10 v. Lisboa/ Coimbra: Colégio da Cia. de Jesus, 1712-1728, verbetes "artífice", "ofício", "trabalho", "oficial",

Já o "nobre", em oposição, foi definido como "aquele que por sangue ou alvará do príncipe se diferencia em honra e estimação dos plebeus e mecânicos".[6] Ainda que houvesse canais de mobilidade social nas sociedades de Antigo Regime, como a possibilidade de se tornar nobre por meio de um "alvará do príncipe", a legislação determinava que os mecânicos não tivessem acesso a cargos municipais - juízes, vereadores e oficiais de milícias - nem ao uso de símbolos de distinção social. Dessa forma, no Setecentos, as pessoas podiam passar por mudanças sociais, culturais e econômicas, contudo, tratava-se de um quadro que, na maioria das vezes, "quase não se via, pouco se esperava e mal se desejava".[7]

Certo é que, no contexto em que o governador das Minas foi comparado a um homem mecânico, "as grandes personagens não se ocupa[vam] em baixos exercícios", no caso, nas atividades de um "hábil sapateiro". Contudo, para além de ser desqualificado quanto ao defeito das mãos, Fanfarrão foi violentamente rebaixado porque não teria habilidade nem mesmo para ser um simples aprendiz do ofício de sapateiro e se tornar um mestre com perícia reconhecida. Sem capacidade para se tornar um homem de ofício virtuoso, seria apenas um "pseudofidalgo" já que, como vulgar, "figura[va] o tema da decadência política e [da] corrupção dos costumes".[8] Em outros termos,

---

"mester", "mecânico"; e Antonio Moares Silva, *Diccionario da língua portugueza*, Lisboa, Officina de Simão Thaddeo Ferreira, 1789, verbetes "ofício", "trabalho", "oficial", "mester", "mecânico", "artezão", "artífice".

6 Raphael Bluteau, *op. cit.*, verbetes "mecânico" e "nobre".

7 Antonio Manuel Hespanha, *Imbecilitas. As bem-aventuranças da inferioridade nas sociedades de Antigo Regime*. São Paulo: Annablume, 2010, p. 251-273. Apesar de haver uma relativa possibilidade de mudanças quanto ao lugar social, Hespanha pondera sobre o uso indiscriminado da expressão "mobilidade social" ao levar em conta a ausência de referências ao termo na Época Moderna. Tecendo considerações sobre os "quadros mentais" do homem moderno, baseado em fontes legislativas e literárias, o autor afirma que ainda que houvesse mudanças quanto ao estatuto social, elas dependiam pouco da vontade própria e ocorriam dentro dos ritmos e passos específicos daquele contexto histórico.

8 João Adolfo Hansen, *op. cit.*, p. 92-94. A tópica de maldizer as diferentes partes

embora de ascendência nobre, na sátira, Cunha e Meneses não possuía os valores morais que se esperava de um homem em sua posição.

Na fantasia poética das *Cartas Chilenas*, a divertida comparação de Fanfarrão com a personagem mitológica do deus Vulcano[9] – que decaiu do Olimpo por causa de sua feiúra - mostra mais uma vez a crítica dos versos satíricos aos fidalgos locais. O governador das Minas é objeto de chacota, como um "pseudofidalgo", a decadência de suas atitudes já não legitimava seus privilégios. "Feio", tal qual Vulcano, lhe restaria viver de um ofício menor, deveria seguir os passos do mais disforme dos deuses da mitologia greco-romana e abrir uma tenda de ferreiro, ou ainda, deveria ser expulso a "couces" do seu Olimpo – dos padrões nobiliárquicos que o nascimento havia lhe conferido.

Na descrição comentada desses poucos versos, fica claro que a prática de um ofício definia o pertencimento a um estatuto social determinado.[10] As interpretações da *persona* satírica de Critilo sobre

---

do corpo político não é característica exclusiva de *Cartas Chilenas*. Na sátira, de modo geral, a maledicência se estende a "negros e índios e mulatos, oficiais mecânicos e letrados, comerciantes e senhores de engenho, clero e putas e soldados e governadores, desde que suas ações ponham em risco a integridade da hierarquia".

9 Vulcano, o artista celestial, era filho dos deuses Júpiter e de Juno. Nasceu coxo e sua mãe ao vê-lo o atirou fora do céu. Uma outra versão diz que Júpiter atirou-o para fora com um pontapé, devido à sua participação numa briga do rei do Olimpo com Juno. A limitação física de Vulcano seria consequência dessa queda. Como deus do fogo, tornou-se o ferreiro divino e instalou suas forjas no centro dos vulcões. Patrono dos ferreiros e dos artesãos em geral, é responsável, segundo a lenda, pela difusão da arte de usar o fogo e da metalurgia. Thomas Bulfinch. *O Livro de Ouro da Mitologia: a idade da fábula, histórias de deuses e heróis*, Tradução de David Jardim Júnior, 8ª edição, Rio de janeiro: Ediouro, 1999.

10 Simona Cerutti se refere a essa relação por meio da expressão "linguagem do trabalho". A autora estuda a formação das corporações de ofício em Turim, no seiscentos. No século XVIII, essas instituições passaram a compor a representação do corpo político da cidade, tornando possível identificar uma *linguagem do trabalho*. Até então, nos rituais e nas cerimônias, "nos momentos em que a cidade [era] chamada a se mostrar e dar uma imagem de si mesma", Turim não adotava a linguagem dos ofícios. A população da cidade - o povo – era "representada apenas por um único corpo: a municipalidade". Simona Cerutti,

os acontecimentos que se desenrolaram em Vila Rica, em fins do século XVIII, elegeram o ofício de ferreiro como ocupação destinada aos grupos mais baixos da hierarquia social, reiterando as práticas discursivas do período.

No verbete "ferreiro", Bluteau menciona uma série de adágios portugueses que podem informar sobre o estatuto reservado a esses artesãos na arquitetura social do Setecentos. Dentre eles, destacamos "*Em casa de ferreiro, pior apeiro*" e, na versão atual que chega até nós hoje, "*Em casa de ferreiro, espeto de pau*".[11] O letrado apenas cita a expressão, não a comenta. De qualquer maneira, ela poderia estar relacionada a um julgamento negativo dos recursos materiais dos ferreiros, já que *apeiro* se refere aos aparelhos, ou apetrechos, de uma oficina ou casa – que seriam piores, no caso dos oficiais do ferro.[12]

Compreender por que era ofensa, nas Minas setecentistas, comparar um governador, um fidalgo de nascimento, a um sapateiro, e, depois a uma ocupação mais degradante, a de ferreiro, não é o objetivo desse livro, mas certamente a leitura deste livro permitirá entender melhor esse jogo de significados. Para além das questões que a poesia de Gonzaga pode suscitar, focalizamos nosso estudo nas trajetórias de homens que exerceram um dos ofícios do ferro e fogo - ferreiros, serralheiros, ferradores, caldeireiros, latoeiros – a quem designamos

---

"Processo e experiência: indivíduos, grupos e identidades em Turim do século XVII". In: Jacques Revel (org). *Jogos de escalas: A experiência da microanálise*, Rio de Janeiro: Editora da Fundação Getúlio Vargas, 1998, p. 173-201.

11 Raphael Bluteau, *Vocabulário*, verbete "ferreiro". Os outros adágios são os seguintes: "De ferreiro a ferreiro não passa dinheiro"; "Pelo mal do Ferreiro, matam o carpinteiro"; "O ferreiro e seu dinheiro, tudo é negro"; "O ferreiro com barbas, e as letras com babas".

12 Como afirmou o historiador Robert Darnton: "... quando não conseguimos entender um provérbio, uma piada, um ritual ou um poema, temos a certeza de encontrar algo. Analisando o documento onde ele é mais opaco, talvez se consiga descobrir um sistema de significados estranho. O fio pode até conduzir a uma pitoresca e maravilhosa visão de mundo". Robert Darnton. *O grande massacre dos gatos outros episódios da história cultural francesa*, (trad. de Sonia Coutinho), Rio de Janeiro: Graal, 1986, p. XV.

artesãos do ferro.[13] Dessa forma, este livro mostrará que, apesar da pecha do trabalho mecânico, o ofício de ferreiro tinha muitas outras facetas, enfeixando experiências bem mais complexas do que a sátira deixa entrever.

A princípio, procuramos guiar nossa análise com base em duas questões: quais eram e como foram acionados, por diferentes grupos da sociedade, os critérios que determinavam que o exercício de um ofício mecânico fosse um empecilho à honra e à nobilitação? E ainda, quanto à definição da hierarquia social, essas categorias restritivas operavam da mesma forma no Reino e nas colônias?

Os mecanismos de controle e funcionamento dos ofícios do ferro e fogo, na metrópole, trazem à tona importantes relações que os oficiais mecânicos estabeleceram com as Câmaras, com a Igreja e com o poder régio. Essas ligações foram marcadas por conflitos e informam sobre as estratégias dos artesãos na busca por um melhor posicionamento dentro da hierarquia do corpo político tanto na sociedade portuguesa, quanto na colonial.

Tendo como base a comparação de tais modelos de organização das agremiações portuguesas com os variados espaços de sociabilidade que foram construídos pelos artífices do ferro nas terras brasílicas, pretendemos contribuir com as discussões em pauta na historiografia sobre o funcionamento das redes hierárquicas no Antigo Regime. Esse é o escopo do primeiro capítulo.

---

13 Ao nos referirmos isoladamente a uma dessas categorias, não estaremos considerando todas as outras. É preciso observar que, nas fontes que consultamos, não encontramos nenhuma mulher que exercesse um desses ofícios. Segundo Luciano Figueiredo, "o exame da atuação feminina nos ofícios mecânicos é desalentador", as mulheres se ocupavam na "panificação, tecelagem e alfaiataria, dividindo com os homens essas funções, cabendo-lhes alguma exclusividade quando eram costureiras, doceiras, fiandeiras e rendeiras". Luciano Figueiredo, "Mulheres na Minas Gerais", In: Mary Del Priore (org.), *História das Mulheres no Brasil*. 7ª edição, São Paulo: Contexto, 2004, p. 142.

A aproximação da escala, na análise do processo de trabalho que ocorria nas oficinas de ferreiro de Vila Rica e Mariana,[14] no Setecentos, possibilitou um lócus privilegiado de observação do universo dos ofícios. Isso porque, entre outras razões, nessa região, em que predominava o minério de ferro, a produção e comercialização deste metal eram proibidas. A temática dos "segredos de fabricar", que tornavam a fundição de ferro uma atividade ilegal na Capitania de Minas, se relaciona a um quadro mais geral, que diz respeito às legislações sobre o incentivo a manufaturas na colônia. Entender os limites desse panorama mais amplo da produção, transporte e comercialização do ferro a partir de histórias de vida dos artífices do ferro permite dialogar com argumentos clássicos da historiografia sobre a economia colonial e, assim, mostrar como as escalas de análise micro e macro se relacionam.[15]

Por outro lado, essa incursão pela história da técnica nos levou ao encontro de narrativas que colocam "manifestas a interação e as tensões entre o social e o cultural".[16] Assim, ao tomarmos como objeto de estudo homens que detinham conhecimentos sobre a transformação de metais no contexto das vilas mineiras, foi necessário atentar para o principal fator que distinguiu o mundo colonial do metropolitano: o caráter estrutural da escravidão, pois "certamente havia cativos em Portugal, mas nunca na proporção e com a importância que essa forma de exploração do trabalho assumiu no Brasil".[17] Ao considerarmos

---

14 A Vila do Ribeirão do Carmo foi elevada à cidade de Mariana em 1745, em homenagem à Dona Maria D'Áustria, esposa de D. João V. Optamos por designar essa localidade como Mariana, dado o extenso recorte temporal do nosso trabalho.

15 Faço referência aos estudos fundamentais da história econômica sobre a mineração e o comércio colonial que discutem conceitos como monopólio e mercado interno. Cf. Fernando Novais, *Portugal e Brasil na crise do antigo sistema colonial (1777-1809)*. São Paulo: Hucitec, 1979; Caio Prado Júnior, *Formação do Brasil Contemporâneo*. São Paulo: Editora. Brasiliense, 23ª edição, 1994.

16 Natalie Zemon Davis, "Las formas de la Historia Social". *História Social*, Valencia, n.10, 1991, p.182.

17 Silvia Hunold Lara, *Fragmentos setecentistas, escravidão, cultura e poder na*

o grande contingente de escravos africanos transladados para região mineradora, compreendemos que a única forma de analisar essa realidade é por "um prisma africano", como sugeriu por Russell-Wood.[18] Nesse ponto, as condições materiais de trabalho e as técnicas que se desenrolavam no interior das tendas de ferreiro, nos levaram a estudar a outra margem do atlântico português. Esse esforço analítico visou à busca por indícios das influências africanas na elaboração dos métodos de mineração do ferro usados nas Minas. Além disso, com o objetivo de compreender os debates e as disputas entre os saberes de fabricar ferro que estavam em circuito nos domínios coloniais, comparamos as técnicas metalúrgicas de africanos, portugueses, espanhóis, alemães e suecos. Eis os temas e questões que organizam o segundo capítulo.

Como vimos até aqui, um artesão do ferro, morador em Vila Rica ou Mariana no século XVIII, se inseria na sociedade a partir de uma série de rearranjos que remetiam à sua procedência, às condições materiais de seu ofício, às suas redes familiares e de compadrio, ao seu cabedal, à sua destreza e habilidade, à sua condição social, entre outros fatores. Em alguns textos historiográficos que dissertam sobre os oficiais mecânicos, a ênfase recai somente na sua identidade ocupacional, desconsiderando esses outros âmbitos de suas vidas. São estudos que destacam a participação dos artífices em irmandades, nas milícias, na composição das Câmaras, o que permite lançar hipóteses importantes como a de Maria Bicalho, que demonstra como pessoas consideradas "impuras ou mestiças", conseguiam assumir cargos e

---

América portuguesa. São Paulo: Companhia das Letras, 2007, p. 23.

18 "Esta abordagem irá requerer do historiador que coloque as pessoas nascidas na África e transportadas para o Brasil em um contexto cultural africano e não americano ou mesmo afro-americano: no contexto dos sistemas de crença africano, de parentesco africano, de papéis sexuais africanos, de instituições africanas, de valores africanos, de economias e sociedades africanas". A. J. R. Russell-Wood, "Através de um prisma africano: uma nova abordagem ao estudo da diáspora africana no Brasil colonial". *Tempo*, Rio de Janeiro, n. 12, 2001, p. 48.

funções concelhias estabelecendo composições de poder próprias de "sociedades mestiças", como a das Minas. A autora destaca que "o viver em colônias abria um amplo campo de negociação e modificação das normas e hierarquias transladadas desde o Reino".[19]

O diálogo com essa historiografia é muito importante para o desenvolvimento do nosso texto em muitos aspectos: para construir modelos de análise, estabelecer comparações e alertar sobre procedimentos de pesquisa; entretanto, esses trabalhos tomam os ofícios como um todo homogêneo e coerente, como uma categoria sócio-profissional. Ao fazer isso, deixam de lado o tecido das relações sociais que condicionaram as motivações e as escolhas que levaram os homens de ofício a se organizarem de variadas maneiras ao longo do tempo.[20]

Esse trabalho, em que foi abordada uma variedade de objetos, temas, escalas de observação, se articula resumidamente tomando-se por base as seguintes perguntas: quem eram os artesãos do ferro? Qual o processo de trabalho que se desenrolava em suas tendas e oficinas? Com quem se relacionavam? A fim de compreender como se constituiu a identidade social dos oficiais do ferro, ou seja, sua "experiência nos diferentes campos da vida social",[21] nos propomos a seguir (sempre

---

19 Maria Fernanda Baptista Bicalho, "Mediação, pureza de sangue e oficiais mecânicos: as Câmaras, as festas e as representações do império português", In: Eduardo França Paiva e Carla Anastasia (orgs), *Trabalho Mestiço maneiras de pensar formas de viver, Séculos XVIII e XIX*. São Paulo: Annablume/UFMG-PGH, 2002, p.313.

20 Essa reflexão partiu do estudo de Simona Cerutti, já citado, que aventa que muitos estudiosos voltados para os aspectos do trabalho em sociedades de Antigo Regime tomam como "pressuposto que os grupos sociais podem ser descritos antes mesmo que seja analisado o tecido das relações que os engendrou". Simona Cerutti, *op. cit.*, p.182.

21 Simona Cerutti, "Processo e experiência: indivíduos, grupos e identidades em Turim do século XVII", p.174. Nesse parágrafo comentamos sobre alguns dos principais conceitos de Fredrik Barth que a metodologia conhecida como micro-história se apropriou: racionalidade seletiva, estratégia, social dinâmico, incerteza, modelos generativos. Cf.: Paul-André Rosental, "Construir o 'macro' pelo 'micro' Fredrik Barth e a 'microhistória'", In: Jacques Revel (org), *op. cit.*, p. 151-172.

que a pesquisa nos arquivos permitiu) itinerários individuais. São essas questões que orientaram o trabalho de redação do terceiro capítulo.

Esse procedimento de análise levou em conta o "método onomástico" proposto por Carlo Ginzburg e Poni (1979), quando partimos para a pesquisa nos arquivos. O autor apresenta o nome como um fio condutor, uma "bússola preciosa", capaz de guiar pelo universo documental e organizar a narrativa.²² É preciso ponderar, como alertou o professor Robert Slenes, que a metodologia da ligação nominativa por meio da reconstrução de biografia coletivas já havia sido proposta antes do artigo publicado por Ginzburg e Poni, nos trabalhos do antropólogo Alan Macfarlane e seus associados, em 1977.²³

Com o objetivo de seguir os rastros dos nomes, começamos a pesquisa pela documentação camarária compondo diferentes listas nominativas (licenças, carta de exame, capitação) que reunidas formaram uma relação de 873 oficiais mecânicos. Contudo, os registros das Câmaras identificam um grupo restrito de artífices: aqueles reconhecidos pela municipalidade, uma elite dos oficiais mecânicos, homens brancos e livres, que arrematavam as principais obras na região. Assim, é preciso considerar que tal documentação "não absorvia um número muito abrangente de oficiais mecânicos, excluindo, especialmente, os forros e escravos".²⁴

---

22 "As linhas que convergem para o nome e que dele partem, compondo uma espécie de teia de malha fina, dão ao observador a imagem gráfica do tecido social em que o indivíduo está inserido". Carlo Ginzburg, Carlo Poni, "O nome e o como. Troca desigual e mercado historiográfico", In: Carlo Ginzburg (org.), *A micro-história e outros ensaios*. Lisboa: Difel; Rio de Janeiro: Bertrand Brasil, 1989, p.175.

23 Robert Slenes, "Prefácio", *Na Senzala, uma Flor: Esperanças e Recordações na Formação da Família Escrava - Brasil Sudeste, século XIX*. 2ª edição, Campinas (SP): Editora da Unicamp, 2011, nota 6. O professor Slenes cita a seguinte referência: Alan Macfarlane (em coloboração com Sarah Harrison e Charles Jardine), *Reconstructing Historical Communities*. Cambridge: Cambridge University Press, 1977.

24 Fabiano Gomes da Silva, *Pedra e Cal, os construtores em Vila Rica no século XVIII* (1730-1800), Dissertação (Mestrado) - Universidade Federal de Minas

Com a finalidade de preencher as lacunas das fontes das Câmaras, em busca dos artífices escravos e forros, deixamos que o fio do nome nos conduzisse a outras tipologias documentais: os registros cartoriais e eclesiásticos.[25] Vale lembrar, mais uma vez, que recolher uma variada tipologia de fontes, seguindo os nomes dos oficiais do ferro, foi um procedimento de pesquisa que nos permitiu mostrar, diferente dos estudos citados acima, outros âmbitos das trajetórias dos artesãos do ferro que não se relacionavam diretamente a sua identidade ocupacional.

O presente estudo não se volta para as trajetórias de vida das grandes personagens, os fidalgos, mas para as histórias daquelas que se ocuparam dos baixos exercícios, como descreveu Gonzaga. Nos bastidores da história, os artífices do ferro trabalharam nos ofícios "tão necessários para vida humana", nos termos de Bluteau, pois participaram da construção de obras públicas e eclesiásticas e elaboraram instrumentos imprescindíveis à mineração, agricultura, e outras ocupações mecânicas.

Para além da materialidade de suas obras, muitas delas espalhadas pelos edifícios que compõem barroco mineiro, parece-nos imprescindível perceber como essas pessoas, que dispunham de recursos diferenciados, articularam suas escolhas da melhor maneira possível para obterem maior controle sobre os resultados de suas ações, nos diversos aspectos de suas vidas. Tendo em vista essas reflexões, procuramos uma chave de leitura mais próxima da experiência dos contemporâneos, ou seja, buscamos pela imagem que os atores históricos – os oficiais manuais – podiam ter sobre seu próprio universo social.

Gerais, Belo Horizonte, 2007, p. 19.

25 Essa estratégia de pesquisa se aproxima da proposta por Fabiano da Silva, que em sua dissertação analisa o grupo de construtores em Vila Rica, na segunda metade do século XVIII e busca compreender as relações que estabelecem junto a Câmara no processo de arrematação de obras públicas. Destaca-se nesse estudo a ênfase conferida ao trabalho de escravos e de seus descendentes, temática nem sempre abordada nos trabalhos sobre os ofícios mecânicos na América portuguesa. Fabiano Gomes da Silva, op. cit., p. 117-169.

1. Os oficiais do ferro nas hierarquias do Antigo Regime

Antes de analisar as fontes que nos mostram como os oficiais do ferro estavam inseridos nas hierarquias do Antigo regime, discutiremos brevemente os principais estudos sobre a temática e suas diferentes abordagens. Um dos primeiros estudos sobre os ofícios mecânicos no Reino foi o publicado por Franz-Paul Langhans que analisou as relações estabelecidas entre as antigas agremiações e o Senado da Câmara de Lisboa. Ao descrever em pormenores quais os principais elementos que organizavam o exercício dos ofícios mecânicos, Langhans considerou que esse conjunto de normas e determinações passou por poucas transformações no decorrer do tempo.[1]

---

1 Franz-Paul de Almeida Langhans, "As antigas Corporações dos Ofícios Mecânicos e a Câmara de Lisboa". *Revista Municipal*, Lisboa, separata dos n.os 7,8 e 9, 1942.

Marcello Caetano, seguindo a mesma perspectiva, apresentou uma interessante cronologia dos principais acontecimentos que envolveram os colégios dos ofícios na cidade de Lisboa. Com a mesma preocupação de Langhans, noticiou as variadas ações da "polícia municipal" sobre os mesteres até o fim das organizações corporativas, em 1834. Caetano retratou, assim, a intensa fiscalização camarária quanto à hierarquia, à disciplina, às regras de produção e ao processo de ensino/aprendizagem por meio de regimentos, posturas e acórdãos. Decisões que eram determinadas no interior dos ofícios, mas que só se faziam valer após a aprovação do poder local.[2]

A partir dessa bibliografia, a história dos oficiais mecânicos na capital do império português é escrita a fim de construir continuidades, pois esses autores procuraram "o que há de verdade acerca da origem e evolução da organização lisboeta dos mesteres".[3] Dessa forma, embora tenham sido pioneiros, esses estudos fizeram parte de uma historiografia que visa à linearidade da história dos ofícios e que não tinha o compromisso em afirmar o protagonismo dos homens mecânicos como fator fundamental para as mudanças que ocorreram no interior de suas agremiações.

Pesquisas recentes buscam enfatizar as tensões que permearam as mudanças nas regras e controles de ofício e, deixando de lado a abordagem da história institucional, se inscrevem no campo de estudos da história social. Um exemplo é o trabalho de Georgina Silva dos Santos sobre a irmandade de São Jorge na Lisboa moderna. A leitura de *Ofício e Sangue* contribui tanto para refletir a respeito dos embates que estavam presentes na relação entre os oficiais mecânicos, quanto para conhecer as táticas inventadas por esses trabalha-

---

2   Marcello Caetano, "A história da organização dos mestres na cidade de Lisboa", *Revista do Instituto Histórico e Geográfico Brasileiro* (IHGB). Rio de Janeiro. vol. 318, p. 285-300, 1978.
3   *Ibidem*, p. 285.

dores para sobreviverem aos conflitos externos – como é o caso da constante interferência do poder concelhio.[4]

Herdeira desse estudo é a dissertação de Glaydson Matta que discute como, no século XVIII, os grêmios de ofício de Lisboa recriaram suas organizações associativas oscilando entre a rotina, a tradição, e os "anseios do presente", a modernidade.[5] O autor não se restringe a pensar eventos como marcos cronológicos, antes procura compreender as questões que se colocavam aos corpos de ofício inseridas em um panorama de problemas mais gerais relacionados à economia portuguesa e os modos de governar da Coroa no Setecentos. Como nos trabalhos de Georgina dos Santos, na dissertação de Matta as iniciativas dos oficiais mecânicos tornam-se foco privilegiado de análise, já que eram os mesteres que articulavam estratégias para a manutenção de seus privilégios frente aos interesses de controle da Câmara, da Real Junta do Comércio, da Casa dos Vinte e Quatro[6] e das próprias agremiações.

A leitura dessas obras permite relacionar as principais diretrizes que organizavam as agremiações. Além disso, possibilita reconstruir as hierarquias que se efetivaram em um ambiente de intenso conflito de interesses e, que se transformaram diversas vezes no decorrer do tempo.[7]

---

4   Georgina Silva dos Santos, *Ofício e Sangue: a Irmandade de São Jorge e a Inquisição na Lisboa Moderna*. Lisboa: Colibri, 2005, p. 15.

5   Glaydson Gonçalves Matta, *Tradição e modernidade: práticas corporativas e a reforma dos ofícios em Lisboa no século XVIII*. Dissertação (Mestrado) - Universidade Federal Fluminense, Niterói, 2011, p. 100-19.

6   A Casa dos Vinte Quatro era formada por dois representantes de cada bandeira dos ofícios mais importantes. Dessa forma, não abrangia todos os ofícios existentes, apenas os que se destacavam tanto pelo número quanto pelo "seu caráter de indispensabilidade".

7   Outras cidades européias também contavam com vinte e quatro representantes dos colégios de mesteres, chamados de vinte e quatro *aldermen* em Londres, *veinticuatro* em muitas cidades da Andaluzia e de Castela e *échevins* na França. Em Portugal, várias cidades do Reino seguiam essa mesma estrutura, como Lisboa, Coimbra, Porto, Évora e Santarém. Teria existido em Guimarães e Tavira, a Casa dos Doze. Marcello Caetano, *op. cit.*, p. 288.

Ainda que existam divergências quanto a essa cronologia, Franz-Paul Langhans indica três grandes modificações na maneira como os oficiais mecânicos se organizavam em Lisboa: a criação da Casa dos Vinte e Quatro (com a construção do Hospital de Todos os Santos, sede das assembleias dos vinte e quatro), em 1492, a primeira regulação conferida a Casa em um momento de intensas reformas jurídicas em Portugal, em 1539 e os acrescentamentos de D. José I, em 1771, devido ao terremoto de 1755, e, principalmente, à própria dinâmica dos ofícios, que levou a extinção ou a incorporação de outros mesteres e a rearranjos internos à associação.[8]

Regras e controles do ofício

Na primeira parte deste capítulo, descrevemos as tradições de ordenação dos ofícios mecânicos no decorrer da história das agremiações em Portugal. Nessa direção, procuramos enfatizar os constantes conflitos que marcaram as relações entre as principais instituições que controlavam as normas de funcionamento dos ofícios do ferro, principalmente, a Casa dos Vinte e Quatro e a Câmara.

Nosso esforço inicial é o de acompanhar ao longo do tempo as principais mudanças que ocorreram nas normas e diretrizes de organização dos corpos de ofício ligados aos artífices do ferro. As regras e os modos de controle de ofício se instituíram durante a longa trajetória da formação dos corpos de ofício em Portugal, portanto recorremos a alguns recuos cronológicos para esclarecer como se deram as diferentes formas de ordenamento dos mesteres. Essa estratégia narrativa faz com que o presente texto tenha grandes saltos temporais no intervalo entre os séculos XVI e XVIII, e tem como objetivo compreender como foram construídas as múltiplas hierarquias no interior dos ofícios.[9]

---

8 Franz- Paul de Almeida Langhans, *op. cit.*, p. 7-13.
9 Embora o quadro normativo que se situa esse estudo ser o dos séculos XVI a XVIII, muitos elementos (normas e práticas) dos corpos de ofícios foram criados anteriormente.

Além do desnível de prestígio social entre mestres e aprendizes, havia também diferenças entre ofícios segundo alguns critérios, como o valor dos serviços, a qualidade da clientela, a dificuldade do processo de aprendizado e a representatividade junto ao poder local – escrivão e juiz de ofício.

Essa incursão pelos mundos dos ofícios no Reino permite a posterior comparação com as formas de organização do trabalho mecânico na América portuguesa e, assim, apontar quais seriam as singularidades da experiência colonial.

No Reino

A organização social e o ordenamento político dominantes no Antigo Regime estão assentados na matriz classificatória geral do esquema trinitário – os três estados, nobreza, clero e povo.[10] Como descreveu Antônio Manuel Hespanha, prevalecia a concepção corporativa de sociedade, ou seja, cada corpo social tinha sua própria função e estatuto ordenados harmonicamente pelo soberano. "O poder era, por natureza, repartido" e a função do rei, tal qual a da cabeça para o corpo, era "manter a harmonia entre todos os seus membros", visando o "bem comum".[11] Cabe lembrar que, nesse cenário, as relações entre Igreja e Estado estiveram imbricadas de tal forma que atingiam todas as esferas da sociedade. A submissão da esfera civil à religiosa era notória na vida cotidiana, nos matrimônios, nos testamentos, nos cos-

---

10 Raphael Bluteau, *op. cit*. Verbete "cortes": "os três estados, eclesiásticos, nobre e popular. No eclesiástico entram os arcebispos, bispos e priores-mores das ordens militares de Santiago e Avis; no da nobreza os duques, marqueses, condes, conselheiros, senhores de terras e alcaides-mores; e no do povo procuradores de dezoito cidades e 75 vilas principais do Reino".

11 Ângela Barreto Xavier e Antônio Manuel Hespanha, "A representação da sociedade e do poder", em José Mattoso (dir.), *História de Portugal*, vol. 4, *O Antigo Regime* (1620-1807). Lisboa: Estampa, 1998, p. 123.

tumes, na moral que normatizava a relação entre as pessoas e a Igreja que, por sua vez, era fonte de legitimação do poder real.¹²

Ainda que as taxonomias sociais se apresentassem rigorosamente fixas no Antigo Regime, a relação entre os estados se redesenhava no transcorrer do tempo e se tornava cada vez mais complexa. As hierarquias não se constituíam apenas na relação entre os corpos sociais, se estabeleciam também dentro de cada estatuto. Esses matizes e imprecisões se encontram inscritos nos próprios conceitos e terminologias do Setecentos. Em seu *Vocabulário*, o padre Raphael Bluteau localiza entre os mecânicos e os nobres, o "Estado do meio", uma "classe de gente" que seria "de uma quase nobreza". São aqueles que buscam a distinção pelo "trato da pessoa, andando a cavalo, e servindo-se com criados, ou pelo privilégio e estimação da arte, como são os pintores, cirurgiões e boticários".¹³ Como observou Silvia Lara, além dos critérios jurídicos, as diferenças entre as ordens se baseavam em comportamentos e valores. Nessa sociedade, as desigualdades e as distinções não deveriam ser escondidas, antes precisam ser vistas de modo patente, já que a honra se confirmava na esfera pública.¹⁴

Dentro do terceiro estado, o povo, para citar um exemplo que elucide questões pertinentes a este estudo, havia ao menos duas subdivisões: os "limpos" (letrados, lavradores, militares) e os "vis" (como os oficiais mecânicos).¹⁵ Aqueles que maculados pela vilania do trabalho manual se localizavam entre os de menor condição na arquitetura social. A partir do final do século XVI, com a institucionalização dos

---

12 É preciso observar que "de todos os poderes coexistentes na sociedade moderna, a Igreja é o único que se exerce com bastante eficácia desde os âmbitos mais periféricos, como as famílias e as comunidades, até ao âmbito internacional, onde só coexiste com o império". Antônio Manuel Hespanha, "O poder eclesiástico, aspectos institucionais", em José Mattoso (dir.). *História de Portugal*, vol. 4, *O Antigo Regime* (1620-1807), p. 287-90.
13 Raphael Bluteau, *op. cit.*, verbete "Estado do Meio (Ordo Medius)".
14 Silvia Hunold Lara, *op. cit.*, p. 87.
15 Angêla Barreto Xavier e Antônio Manuel Hespanha, "A representação da sociedade e do poder", *op. cit.*, p. 131.

critérios de limpeza de sangue em Portugal, o rebaixamento social dos mecânicos se tornou ainda mais patente.[16] Parte da legislação portuguesa discorre sobre uma série de restrições nos usos dos símbolos de distinção social para os estigmatizados pelo defeito mecânico; um exemplo é o porte de armas e insígnias reservado aos nobres. Na Pragmática de 24 de maio de 1749 em que se condena o luxo e a ostentação nas Cortes prevendo severas sanções aos desobedientes, o uso de espadas ou espadim foi proibido aos "aprendizes de ofícios mecânicos, lacaios, mochilas, marinheiros, barqueiros e fragateiros, negros e outras pessoas de igual ou inferior condição".[17] Talvez a indiferenciação das categorias arroladas tenha causado a modificação da norma em 21 de maio de 1752. Alegando a necessidade de corrigir alguns inconvenientes por "faltarem assim os empregos ao útil, e necessário tráfico dos artífices, e pessoas que dele se costumavam sustentar", El-Rei determinou que a "proibição de trazer espada, ou espadim a cinta" deveria se restringir aos "mancebos obreiros, que trabalham por jornal". Os "artífices, e mestres encartados, e embandeirados mestres ou arráis[18] de Caravellas, e Barcos de transporte, e de pescaria e todos os Pescadores agregados às Confrarias dos Marítimos do Reino", por sua vez, poderiam fazer uso desses símbolos de nobreza.[19]

---

16 Fernanda Olival descrevendo quais critérios de limpeza de sangue foram adotados pelas Ordens Militares, cita a bula de Pio V, *Ad Regie Maiestatis*, de 18 de Agosto de 1570, "que afastava os descendentes de judeus e mouros. A partir desta data podemos com segurança falar em estatutos de pureza nas três Ordens sob a tutela perpétua da Coroa desde 1551: Avis, Cristo e Santiago. O diploma invocado mandava também excluir os mecânicos (filhos e netos), ou seja, quem trabalhava com as mãos para sobreviver não era considerado limpo de ofícios e também ficava de fora". Fernanda Olival, "Rigor e interesses: os estatutos de limpeza de sangue em Portugal", *Cadernos de Estudos Sefarditas*, Lisboa, n. 4, 2004, p. 156.
17 Silvia Hunold Lara, *op. cit.*, p. 89.
18 "Patrão de galé, barco", Raphael Bluteau, *op. cit.*, verbete "arráis".
19 "Alvará de 21 de Maio de 1752. Declarando vários capítulos da Pragmática de 24 de maio de 1749", In: Antonio Delgado da Silva, *Collecção da Legisla-*

Ficam demarcadas aqui as hierarquias intrínsecas ao aprendizado dos ofícios. Os "mestres" com aprovação de seus pares e do Concelho Municipal, ou seja, que portavam Carta de Exame de Ofício e compunham as bandeiras, não poderiam ser comparados a "mancebos obreiros". As desigualdades se davam também entre ocupações, homens envolvidos em atividades imprescindíveis ao Império português como os "Marítimos do Reino" poderiam se distinguir de outros oficiais pela valorização ou pela utilidade de sua perícia para o "bem comum". A estrutura social se formava, então, eivada de relações hierárquicas, pois "cada lugar social derivava sua posição a partir de uma comparação com outra".[20]

O ordenamento das posições respondia à articulação de critérios variados (jurídicos, comportamentais, civis, econômicos). Na definição do lugar hierárquico dos mecânicos soma-se às diferenciações já citadas, a distinção "pelo privilégio e estimação da arte". Os pintores, cirurgiões e boticários estavam mais próximos das Artes Liberais e por isso tinham maior prestígio entre os oficiais mecânicos. Neste caso, além do desnível de prestígio social entre mestres e aprendizes, havia também diferenças entre os ofícios pautadas, no caso, na "qualidade"[21] da clientela, no valor dos serviços prestados e na estima da arte.

O padre Raphael Bluteau, em seu *Vocabulário*, descreveu as "artes mecânicas ou artes servis" como as que

> são opostas às artes liberais, porque aquelas não só se ocupam na fábrica de máquinas matemáticas, mas também em todo o gênero de obras manuais, e ofícios necessários para a

---

ção Portugueza desde a última Compilação das Ordenações. Lisboa: Typografia Maigiense, 1828, v. III, p. 59-62.
20 Silvia Hunold Lara, *op. cit.*, p. 86.
21 Noção central na cultura política das elites setecentistas referia-se à "qualidade do nascimento", ao estatuto que cada um tinha antes mesmo de nascer. Nuno Gonçalo Monteiro, "O 'Ethos' Nobiliárquico no final do Antigo Regime: o poder simbólico, império e imaginário social". *Almanack Braziliense*, São Paulo, n. 2, 2005, p. 5.

vida humana, como são os de carpinteiro, pedreiro, alfaiate, sapateiro. Algumas vezes se poderá dizer artes fabrilis.[22]

E ainda na mesma descrição continuou "excogitou o sábio todas estas coisas [referentes às artes manuais], mas parecendo-lhe indignas dele, entregou-as a homens mecânicos". As Artes Liberais seriam "próprias de homens nobres, e livres não só da escravidão alheia, mas também da escravidão das suas próprias paixões".[23] As diferenças apontadas por Bluteau delineiam aspectos do processo de aprendizagem e exercício de cada arte (o ócio dos sábios e a mecânica corporal dos artesãos), marcam a qualidade dos envolvidos (nobres e "baixos, humildes"), trazem a observância quanto à condição social (liberdade e escravidão) e comentam aspectos dos preceitos morais, das virtudes nobres (submetidos ou livres das paixões).[24]

Tais elementos não estavam presentes apenas nas definições destas categorias, também poderiam ser acionados para obter benefícios e exceções. Em Lisboa, por exemplo, o mestre pintor Diogo Teixeira conseguiu de D. Sebastião a dispensa dos encargos da bandeira de São Jorge, enfatizando que a pintura era uma arte liberal e não mecânica.[25] Se havia

---

22 Raphael Bluteau, *op. cit.*, verbete "artes mecânicas".
23 *Ibidem*, verbete "artes liberais".
24 Como esclareceu o desembargador Diogo Guerreiro Camacho de Aboim, no século XVII: "com as virtudes se adquirem as riquezas, mas com as riquezas não se compram as virtudes; (…) donde bem pode ser rico o que é virtuoso, mas não é consequência que seja virtuoso, o que é rico". Diogo Guerreiro Camacho de Aboim, *Escola moral, política, cristã e jurídica*, 3ª edição, Lisboa: oficina de Bernardo Antonio de Oliveira, 1754, p. 54. *Apud* Roberta Giannubilo Stumpf, "Nobrezas na América portuguesa: notas sobre as estratégias de enobrecimento na capitania de Minas Gerais". *Almanack Braziliense*, São Paulo, n. 1, 2011, p. 121.
25 "O conceito subjacente à fala do pintor da imaginária deitaria raízes em solo português, como fizera no território italiano. Aliado a um movimento mais amplo de promoção das artes plásticas, nas centúrias seguintes, *pari passu* ao galardão de nobre atribuído aos pintores da arte, estes artífices estariam ausentes da bandeira de São Jorge e de qualquer outra com assento na Casa dos Vinte e Quatro. Mas o processo de redefinição dos parâmetros de classifica-

disputas quanto ao estatuto de arte a que pertencia cada mester, o desempenho de cargos oficiais junto ao Concelho dos homens bons também representava uma forma de distinção e honra para os mecânicos. Havia estruturas administrativas que davam origem a privilégios específicos. Dentre os principais cargos da Casa dos Vinte e Quatro destacavam-se o do presidente, que a partir do século XVII passou a ser chamado Juiz do Povo, e o dos Procuradores dos mesteres. O primeiro tinha assento na Câmara, regulamentava e fiscaliza as lojas e os ofícios, determinava feriados, assessorava questões administrativas junto à Câmara caso envolvessem a ordem pública, representava os oficiais em requerimentos à Câmara e ao rei, e era o representante do povo junto a festividades e comemorações. Os procuradores deliberavam no Senado as questões referentes à cidade.

Os cargos dos ofícios mecânicos na Câmara eram "uma dignidade para quem os exercia". Entretanto, os privilégios concedidos à Casa dos Vinte e Quatro poderiam ser revogados e ainda que o Juiz do Povo, seu escrivão e os Procuradores dos mesteres ingressassem na Câmara, continuavam portadores do defeito das mãos, e, por conseguinte, permaneciam impedidos de ser nomeados para os ofícios camarários – juiz, vereador, almotacé.[26]

Cada ofício estruturava-se como uma agremiação, também chamada corpo de ofício ou bandeira. O "corpo funcional" de cada agremiação era formado pelos oficiais, aqueles trabalhadores já licenciados pela Câmara. Dois juízes com a função de "vedores" eram responsáveis por inspecionar e fiscalizar as tendas, oficinas ou lojas, além de serem os examinadores da perícia dos oficiais. Acompanhando os juí-

---

ção das atividades profissionais, assinalado por mestre Diogo, atravessaria o mundo do trabalho durante toda a Era Moderna, derrubando velhas paredes e erguendo novos muros entre as artes liberais e as artes mecânicas". Georgina Silva dos Santos, op. cit., p.123.

26 Wilson de Oliveira Rios, *A Lei e o Estilo, a inserção dos ofícios mecânicos na sociedade colonial brasileira, Salvador e Vila Rica, 1690-1790*. Tese (Doutorado) - Universidade Federal Fluminense Niterói, 2000, p. 79.

zes, o "escrivão do ofício" documentava as decisões que eram tomadas. Quando um oficial era aprovado pelos juízes e escrivão de seu ofício, pagava uma taxa ao escrivão que lhe passava a certidão de exame que, ao ser apresentada a Câmara, seria substituída pela carta de exame, o que permitiria ao oficial ter sua própria loja ou tenda. O *oficial examinado* tinha direito à tenda própria. O *mestre* executava obras, "podendo empregar obreiros e receber aprendizes". Já o *obreiro* era o oficial que, sem ter sido examinado, trabalhava em troca de salário. Por fim, o *aprendiz* ficava sob a responsabilidade de um mestre para receber a formação em seu ofício.[27]

O processo de eleição dos juízes, mordomo[28] e escrivão de cada bandeira ocorria a cada um ou dois anos, na maioria das vezes em janeiro ou dezembro. O mordomo convocava os mestres de tenda a um "ajuntamento" de presença obrigatória, em que selecionavam, dentre os que sabiam ler e escrever, aqueles que seriam responsáveis pela "examinação" dos aspirantes ao ofício e pela "visitação" mensal das lojas. Além disso, as posturas gerais compiladas pelo licenciado Duarte Nunes Lião, em 1572[29] e ainda vigente no século XVIII, declaravam que os examinadores deveriam:

> fazer correição com o escrivão de seu cargo de trinta em trinta dias, ou de quinze em quinze se por seu regimento o tiverem assim ordenado, e cada vez que necessário for, e as obras que acharem que não são feitas como devem as trarão

---

27 José Newton Coelho Meneses, *Artes Fabris e Serviços Banais: ofícios mecânicos e as Câmaras no final do Antigo Regime*. Minas Gerais e Lisboa (1750-1808), Tese (Doutorado) - Universidade Federal Fluminense, Niterói, 2003, p.48.
28 Responsáveis por convocar assembléias e ordenar as receitas e despesas da bandeira.
29 A Câmara de Lisboa, em 1569, designa Duarte Nunes Lião para organizar as posturas da cidade e compendiar os regimentos dos ofícios. Essa compilação resultou no *Livro dos Regimentos dos officiaes mecânicos da cidade de Lixboa*, de 1572, que traz as regras que condicionavam a nomeação dos ofícios junto à Câmara, o processo de ensino/aprendizagem e a confecção e comercialização de produtos.

a Câmara, ou as levarão aos almotacés das execuções para se fazer nelas execução conforme as posturas da cidade, e todas às vezes que a dita diligência fizerem, virão a esta Câmara dar conta de como a fizeram e do que acharem para se saber o que nisso fazem e quando não puderem vir a Câmara o irão fazer saber ao vereador das execuções que tem o pelouro[30] delas, e os que assim não fizerem pagarão do tronco dez cruzados, a metade para as obras da cidade e a outra para quem os acusar.[31]

Segundo os regimentos e as posturas da Câmara, os juízes, o escrivão e o mordomo eram escolhidos por meio de voto direto, quando dos "ajuntamentos" do ofício, ou de representantes. A ausência injustificada às assembleias implicava em pagamento de multa ao corpo do ofício ou ao santo padroeiro do ofício. Os barbeiros, por exemplo, puniam o não comparecimento aos encontros com a multa de "duzentos reais" destinados a comprar cera para São Jorge, o santo protetor de seu mester.[32]

Até aqui, expomos os critérios que discriminavam os oficiais mecânicos nas mais variadas esferas da sociedade: na própria estrutura do corpo político, nos desníveis de distinção social entre as Artes Liberais e as Artes Fabris, nos variados graus de aprendizado e experiência na prática do ofício, na ocupação de cargos administrativos na Casa dos Vinte e Quatro e na Câmara. Entre os homens mecânicos do ferro e fogo, a associação com o culto e devoção a São Jorge foi outro

---

30 "É o escritinho, em que vão os nomes das pessoas, que hão de servir de Juiz, Vereadores e Procurador do Concelho" envoltos por bolas de cera. "Tira um moço de sete anos, metendo a mão no facco (sic) em cada compartimento, e o que sai, é o oficial do ano". Raphael Bluteau, *op. cit.*, verbete "pelouro".
31 Duarte Nunes Lião, *Livro dos Regimentos dos officiaes mecânicos da cidade de Lixboa* [1572]. Publicado pelo Dr. Vergílio Correia, Coimbra: Imprensa da Universidade, 1926, p. 234.
32 Georgina Silva dos Santos, *op. cit.*, p. 127.

fator de diferenciação social. Por isso, nas páginas seguintes, faremos um breve histórico da bandeira de São Jorge em Lisboa.

A associação entre ofícios e santos padroeiros é bastante antiga e era comum no Setecentos. As confrarias de mesteres precederam as associações de caráter exclusivamente ocupacional e as regulamentações quanto à organização dos ofícios, registradas em documentos régios e camarários de fins do século XV. No interior das confrarias, os oficiais mecânicos, que faziam parte de um mesmo ramo de ofícios, inspirados por um "discurso religioso fomentado pelas ordens de pregadores e mendicantes", reuniam-se em nome de um santo e de um pacto de ajuda mútua, o "compromisso". Esse documento era um acordo de livre vontade entre os confrades em caso de pobreza, doença ou morte, garantindo ao oficial um enterro digno. Alguns dos mesteres conduziam sua própria bandeira nas procissões, festas e outras solenidades públicas. A princípio o estandarte era "um painel retangular rígido, pintado com o orago do ofício, sustendo numa lança e de cujos ângulos pendiam cordões de seda cujas borlas eram levadas por outros tantos oficiais".[33]

São Jorge passou a ser o patrono e defensor do Reino quando D. João I o elegeu como orago protetor do exército lusitano, em 1385, na vitória contra os espanhóis na batalha de Aljubarrota. Para "perpetuar a memória desse feito", o monarca introduziu o santo na procissão mais importante da Igreja, a festa de *Corpus Christi*, e entregou seu estandarte e seu culto aos oficiais mecânicos que eram imprescindíveis ao funcionamento das tropas: aos ferreiros, ferradores, barbeiros, cuteleiros, armeiros, entre outros representantes dos ofícios que lidavam com o ferro e fogo. Como ressalta Georgina Silva dos Santos, a escolha de São Jorge como patrono de Portugal não foi gratuita, pois a associação à memória de Aljubarrota, vitória que subjugou o "dragão castelhano", assegurou a unidade do Reino e garantiu a seu líder "o epí-

---

33 Marcello Caetano, *op. cit.*, p. 294.

teto de rei de boa memória, reunindo-se a um mito cristão, capaz de 'ordenar o caos desconcertante dos fatos e dos acontecimentos', vinculando-os a um sentido profético". Por outro lado, certo é que a bandeira de São Jorge superou as intervenções régias e municipais valendo-se do culto ao santo como "escudo e instrumento de negociação".[34]

Um exemplo do protagonismo dos irmãos de São Jorge na disputa pelas regras e controle dos ofícios é a reforma que ocorreu em 1539. Nesse ano, os mordomos e procuradores dos ofícios de São Jorge encaminharam a D. João III uma petição em que solicitavam a regulação da Casa dos Vinte e Quatro. Entre as dificuldades que alegavam enfrentar se encontrava a subversão das hierarquias entre os ofícios e a necessidade em manter as normas para eleição dos representantes da Casa na Câmara, haja vista que a Casa dos Vinte e Quatro já contava com 27 ofícios. Para por fim às disputas entre os mesteres, visando coibir "ódios, malquerensas e differensas", o rei estabeleceu as hierarquias entre as bandeiras e determinou os ofícios que ficariam à "cabeça" de cada associação. À frente da bandeira de São Jorge encontravam-se barbeiros e armeiros, os ofícios anexos eram os ferradores, espadeiros, pintores, ferreiros, bainheiros, serralheiros, cuteleiros, entre outras 29 ocupações. Essa bandeira era a mais diversa em mesteres e representava com seus 1344 oficiais aproximadamente 2,8 % do total dos mecânicos da cidade de Lisboa.[35]

A reforma dos ofícios do século XVI acompanhara uma nova configuração da cidade de Lisboa fundamentada no crescimento demográfico, na expansão marítima e nos Descobrimentos. Contudo, é preciso ressaltar que foram os próprios mecânicos que haviam solicitado ao monarca as mudanças na Casa dos Vinte e Quatro. Outra

---

34 Georgina Silva dos Santos, *op. cit.*, p. 67 e 108. Segundo a autora a legenda do santo se assemelha aos traços biográficos da figura de D. João I: "a origem nobre, a valentia diante da adversidade – a princípio insuperável – e o prêmio da 'boa memória' após a vitória sobre provas insuperáveis impostas por outros mortais".
35 Georgina Silva dos Santos, *op. cit.*, p. 111.

observação importante é o fato de que os requerentes foram os oficiais do ferro e fogo, o que nos possibilita inferir que a bandeira do padroeiro do Reino,

"pelos muitos aniversários, por seus deveres cívicos e pelo compromisso de zelar pelas aparições públicas de um santo que era objeto de devoção dinástica, mantinha certa precedência pelas demais, revelando, em 1539, o seu nível de inserção política".[36]

A bandeira de São Jorge já abrigava diversas ocupações em fins do século XVI, tornando-se uma "fábrica de metais" que eram forjados ao calor do fogo. Especializações tão correlatas motivavam constantemente disputas que movimentavam as fronteiras entre os ofícios. Entre o grupo dos ferreiros de "obra grossa e delgada" havia duas subdivisões: os que se dedicavam às "obras do mar" e aqueles que se voltavam para as "obras da terra". Ambos deveriam saber "mui bem fazer ferragem para bestas e cravo para ela[s] bem feita e desenganada" e conhecer a natureza do ferro, "se agro se doce", porém somente os primeiros poderiam fazer âncoras e os demais instrumentos necessários para atender uma cidade com vocação marítima. Aos que lidavam em terra firme, a aprovação em seu exame dependia de fornecer aos demais ofícios ferramentas como machados, enxós, martelos, foices, ferros para os arados, entre outras.[37]

As especialidades dos ofícios de ferreiros e ferradores muitas vezes se confundiam, tornando os oficiais rivais na oferta de serviço. Os ferreiros podiam atender a caminhantes que necessitassem de "lançar ferraduras" e "atarracar cravos", para "comodidade" da clientela, atividades próprias de um oficial examinado como ferrador. Essas seme-

---

36 *Ibidem*, p. 117.
37 "Regimento dos Ferreiros de Obra Grossa e Delgada". In: Duarte Nunes Lião, *op. cit.*, p. 51-54.

lhanças entre os serviços oferecidos por cada mester geravam conflitos que permitem observar o processo de especialização das ocupações.[38]

As linhas que dividam esses ofícios e as que se delineavam no interior de um mesmo mester não eram fixas. Se, por um lado, o ferrador dividia uma frente do seu trabalho com os ferreiros, por outro, deveria especificar quais eram suas habilidades testadas em seu exame para se localizar em uma das ramificações de seu ofício: ferrador ou ferrador e alveitar.[39] Sobre isso, o regimento declarava: "todo ferrador assim da cidade como dos lugares do termo tenha a porta de sua tenda uma tábua em que serão escritas e declaradas as cousas de que cada for examinado". Esse cuidado diferenciava os ferradores que foram inquiridos no exame sobre os princípios da arte ferrar e a respeito da "qualidade dos cascos das bestas, e pelos remédios para curar as encravaduras", daqueles que também dominavam a arte da alveitaria. Um oficial que levava o título de ferrador e alveitar deveria "saber conhecer todas as veias e sangrá-las em seus lugares", "as manqueiras e a cura que cada uma [...] e saber lhe por o fogo", além de dominar os "emplastos e venturas", "lançar sedenhos e espelhos", enfim "conhecer as dores que vêm às bestas pelos sinais que elas vêm, se lhe procedem de sangue, se de frio, se de inchamento ou de muito trabalho".[40]

Os regimentos ordenavam as hierarquias que se formavam entre ofícios e as clivagens internas a cada mester. O licenciado Duarte Nunes Leão em seu *Livro dos Regimentos dos officiaes mecânicos da cidade de Lixboa*, de 1572, apresentou além das posturas gerais, os regimentos que regulavam cada ofício, alguns foram apenas revisados, outros foram elaborados pelo licenciado. O regimento era o conjunto de regras a que cada ofício estava subordinado e que determinava o funcio-

---

38 *Ibidem*, "Regimento dos Ferradores".
39 O ferrador é o oficial que prega ferraduras às bestas, e alveitar é aquele que "sabe pensar cavalos e curar seus males". Raphael Bluteau, *op. cit.*, verbetes "ferrador" e "alveitar".
40 "Regimento dos Ferradores". In: Duarte Nunes Lião, *op. cit.*, p.66.

namento de cargos e o exercício das atividades. Após ser estabelecido pelos mesteres o texto era confirmado pela Coroa ou aprovado pela Câmara. Podemos dividir o conteúdo desses documentos, no geral, em quatro partes: eleição dos corpos gerentes; condições de exercício de indústria; condições de trabalho; sanções de caráter monetário, penal e impeditivo de exercício de direitos.[41]

Até aqui, observamos que no regramento diretamente relacionado aos ofícios, predominavam as questões hierárquicas e políticas. Muitos elementos relativos à prática do ofício estão fora dessas regras. Os espaços de sociabilidade construídos pelos oficiais mecânicos possibilitaram compartilhar experiências, costumes, crenças, usos, saberes, técnicas comuns que se traduziam no controle da jornada de trabalho, dos oficiais, da abertura de novas tendas e lojas e outros regulamentos. Esses valores que definiam o comportamento entre oficiais mecânicos de um mesmo mester, também orientavam a construção de uma identidade ocupacional e social e constituem o que Georgina dos Santos chamou de *cultura de ofício*. Um fator que contribuiu para esse compartilhar de práticas cotidianas foi a lei do arruamento de 05 de junho de 1391, em que D. João I "para bom regimento e maior formosura e nobreza da cidade" autorizava a Câmara a "ordenar que morem todos os mesteirais cada uns juntos e apartados sobre si".[42] Bairros inteiros surgiram voltados para a oferta de serviços específicos como o dos ferradores, que eram arruados na freguesia de Santiago, ao pé do castelo de São Jorge, ou o dos serralheiros, que tinham suas tendas na Ferraria Pequena de São Julião, nas Ferrarias Velhas das Freguesias de São Bartolomeu e de Santa Maria Madalena.[43]

---

41 Modelo proposto por Glaydson Gonçalves Matta, *op. cit.*, p. 174.
42 Marcello Caetano, *op. cit.*, p. 287. O arruamento era obrigatório e definia a disposição de cada ofício na cidade, facilitava a fiscalização das obras e ofícios, a arrecadação de tributos e organizava a procura da clientela por serviços e produtos. Para conhecer as diversas disputas que envolveram a lei do arruamento, ver: Glaydson Gonçalves Matta, *op. cit.*, p. 65 e ss.
43 Georgina Silva dos Santos, *op. cit.*, p. 119 e 120.

Como vimos, as classificações hierárquicas no Antigo Regime se instituíam de formas variadas. A participação em um dos cargos destinados aos mecânicos na Câmara (Juiz do Povo e Procuradores), a representação na Casa dos Vinte e Quatro como juiz, escrivão ou mordomo de um ofício, o pertencimento a um ofício cabeça da bandeira representam apenas alguns dos modos de distinção com as quais os homens mecânicos operavam. Esses elementos se referem às leis que o costume, a Coroa, a Câmara e o Colégio dos Mesteres sancionaram e que estavam intimamente relacionados ao caráter religioso da organização dos ofícios, em especial da bandeira de São Jorge. Assim, não é possível dissociar os controles régio e concelhio do eclesiástico a que os oficiais mecânicos estavam subordinados.

Em alvará datado de 1654, o rei D. João IV ordenou que "nenhum oficial dos anexos a dita Bandeira [de São Jorge] tivesse voto nas eleições de seus ofícios", sem primeiro ligar-se à irmandade. A mesma ordem atingia aqueles que desejassem retirar carta de exame. A licença geral para atuar na cidade tornara-se restrita aos que se filiassem à irmandade de São Jorge. O exercício legal de qualquer ofício da bandeira dependia da adesão à confraria, ou seja, ocorria um "predomínio da mesa espiritual sobre a mesa temporal".[44] A própria interdependência entre os cargos exercidos na irmandade e na bandeira reflete a subordinação à mesa espiritual. Para ocupar o cargo de mordomo do estandarte era requisito ter sido mordomo da irmandade, enquanto que a função de escrivão geral só poderia ser exercida pelo oficial que tivesse ocupado ao menos três lugares na mesa espiritual. Dessa forma, a regulação dos ofícios de ferro e fogo estava relacionada tanto à hierarquia entre os ofícios quanto ao culto a São Jorge, em um tempo em que religião e política eram esferas de poder interligadas e a moral cristã organizava os mais variados âmbitos da vida.

---

44 *Ibidem*, p. 142 e 143.

Esta estrutura hierárquica, modo de organizar e operar vigoraram por séculos sem grandes modificações até o Setecentos. Já na segunda metade do século XVIII, ocorreu transformações significativas. O quadro geral de Portugal é o de grande crise causada pelo terremoto de 1755, pelas relações comerciais com os ingleses e pela queda da produção aurífera na América portuguesa. As chamadas reformas pombalinas surgiram não só como resposta a esse momento histórico, mas, sobretudo, como estratégias que levariam à concentração de poderes nas mãos de Pombal e dos grupos sociais que o apoiavam. Em outras palavras, "os grandes suportes econômicos dos grupos interessados, com quem Pombal se havia ligado e a quem favorecera por meio da política governamental, permaneceram largamente intactos".[45]

A organização dos mesteres, tal como as demais instituições sociais, sofreu grandes modificações frente à política pombalina. De modo geral, os corpos de ofício deixaram de ser ordenados pelas instâncias tradicionais – a Câmara, as agremiações, o rei – para serem regulamentados por particulares, pela Junta de Comércio e pelo ministro Sebastião José de Carvalho e Mello. A economia dos ofícios antes ordenada pela tradição, em que a aprendizagem era estabelecida na oficina por uma *cultura dos ofícios*, teria de conviver com o incentivo a produção manufatureira, em que a mão-de-obra dos antigos mesteres seria utilizada em condições distintas, em um "corporativismo sem corporações".[46]

---

45 Kenneth Maxwell, *Marquês de Pombal: paradoxo do iluminismo*, Tradução de Antônio de Pádua Danesi. Rio de Janeiro: Paz e Terra, 1996, p. 142. É preciso considerar que as reformas econômicas estavam relacionadas a "um programa mais alargado que tinha por objetivos estratégicos de médio-longo prazo tornar o país menos dependente das importações, reforçar a articulação (exclusiva) entre a economia metropolitana e a economia colonial e recuperar atraso". José Vicente Serrão, "O quadro econômico", em José Mattoso (dir.), *História de Portugal*, vol. 4, *O Antigo Regime* (1620-1807), p. 92.

46 Nuno Luís Madureira, *Mercado e Privilégios*. A indústria Portuguesa entre 1750 e 1834, Lisboa: Editorial Estampa, 1997. Segundo José Newton Meneses, "essa nova etapa traduz um período efetivo de novos diálogos e interações, entre a tradicional organização dos mesteres e o poder central, com intermediação do poder local da Câmara e da Junta do Comércio". José Newton Meneses, *op. cit.*, p. 124.

O *Novo Regimento da Administração da Meza do Estandarte do M. S. Jorge* foi escrito, entre outras razões, com o intuito de combater as normas da Junta do Comércio, reativada pelo Marquês de Pombal em 30 de setembro de 1755. A instituição visava regularizar tanto a "mercancia em grosso", o grande comércio, quanto o "miúdo", das lojas e vendas. Esse último aspecto interferia significativamente nas formas de ordenação dos corpos de ofício.[47]

Após o terremoto, ocorrido pouco mais de um mês depois, os oficiais da Câmara passaram a conceder licenças a oficiais "nacionais ou estrangeiros" para trabalharem nos ofícios de ferro e fogo sem a filiação a irmandade, com o objetivo de acelerar a reconstrução da cidade e substituir a mão-de-obra perdida. Este é outro contexto em que as reformas pombalinas fizeram frente aos interesses das corporações.

Motivadas pelos conflitos com a política de Pombal e "pelas desordens e perturbações que [reinavam] entre os ofícios que [formavam] o corpo da Casa dos Vinte e Quatro", novas demandas foram apresentadas pelos oficiais ao Senado da Câmara no que ficou conhecida como a reforma dos ofícios de 1771. O juiz do povo Joaquim Pereira Caroço requereu, principalmente, novos regimentos e nova reorganização dos ofícios anexos às bandeiras, uma vez que muitas das ocupações descritas em fins do século XVI, à época, já não existiam e outras que surgiram nesse intervalo de tempo necessitavam de normas específicas. Essas transformações que também atingiram a bandeira de São Jorge, associação de ofício que sofreu a maior perda de mesteres, contando a partir da reforma com oito ofícios a menos. Assim, os oficiais do estandarte de São Jorge procuraram, no decorrer do século XVIII, se adequar aos desafios que lhes eram apresentados;

---

47 Entre outros objetivos, a Junta de Comércio se comprometia na "criação de inúmeras novas 'fábricas', muitas de propriedade régia, na atribuição de subsídios financeiros ou benefícios fiscais, na concessão de privilégios, (...) e no aproveitamento da experiência, mais do que dos cabedais, de técnicos e homens estrangeiros". José Vicente Serrão, *op. cit.*, p. 92.

mais uma vez o culto ao padroeiro do Reino seria evocado como instrumento de negociação, escudo, emblema e arma de defesa.[48]

Os barbeiros de barbear e de espadas lideravam a bandeira de São Jorge e, em função das práticas de seu ofício, muitos se tornaram familiares do Santo Ofício,[49] trabalhando nos cárceres da Inquisição, e, por conseguinte, o privilégio beneficiou os demais mesteres da irmandade, ferreiros, serralheiros, latoeiros, que passaram a integrar o cortejo dos penitenciados. Apesar de sentenças severas com penas corporais e o recurso à tortura, o Santo Ofício era um tribunal eclesiástico, comprometido, portanto, com a caridade e não poderia negar o atendimento médico aos doentes sentenciados. Saber fazer sangrias e intervenções cirúrgicas possibilitava um caminho para entrar nos quadros funcionais da instituição. Por outro lado, as regras de funcionamento da bandeira de São Jorge inspiraram-se nos estatutos do Santo Ofício. Como observado por Georgina dos Santos, "a arte dos barbeiros arrastou consigo a irmandade de São Jorge para as malhas da Inquisição" e favoreceu, assim, a disseminação dos conceitos de "pureza de sangue" e "raça infecta".[50]

---

48 Georgina Silva dos Santos, *op. cit.*, p. 154-161.
49 O Tribunal do Santo Ofício da Inquisição "gozava de competência exclusiva em matéria de heresia, apostasia, blasfêmia e sacrilégio, bem como de certos crimes sexuais. (...) Junto a cada um destes tribunais existia um juízo do fisco, que decida as questões relativas ao confisco dos bens dos condenados (...), bem como as questões em que uma das partes fosse um oficial da Inquisição ou um seu privilegiado (familiar do Santo Ofício)". António Camões Gouveia, "A Igreja", em José Mattoso (dir.), *História de Portugal*, vol. 4, *O Antigo Regime* (1620-1807), p. 180. Observamos que em fins do século XVIII, o Santo Ofício enfrentou uma crescente perda de poder. A "*Dedução Cronologia e Analítica*, concebida em forma de memorial acusatório contra os jesuítas e a Cúria Romana (...) constituí o mais acabado ensaio de política regalista sobre matérias jurisdicionais consideradas exclusivas do poder régio". Articulada por Pombal, marca "o início da reforma legislativa censória, deixando antever, paralelamente, a "transformação da estrutura funcional da Inquisição Portuguesa, convertida (...) em tribunal régio". Ana Cristina Araújo, *O Marquês de Pombal e a Universidade*, Coimbra: Imprensa da Universidade, 2000, p. 19 e 20.
50 Georgina Silva dos Santos, *op. cit.*, p. 242-251. Os mecânicos teriam sido familia-

Uma série de critérios restringia a filiação à irmandade de São Jorge, que, vale lembrar, era a condição para participar da bandeira e exercer o ofício de acordo com os aditamentos da Casa dos Vinte e Quatro. Aqueles que quisessem ingressar na irmandade deveriam ser de "boa vida, e costumes", não poderiam ser acusados de "crime de lesa majestade Divina ou humana" e não poderiam ser sentenciados ou condenados. Esses requisitos se estendiam até a terceira geração de ascendentes e também às consortes e esposas. Os candidatos a incorporar-se à Casa de São Jorge deveriam enviar uma petição à Mesa da confraria em que declarassem seu nome, o de sua esposa, se casado, o ofício em que trabalhava, a rua, a freguesia, as terras de onde um ou ambos eram naturais, as freguesias em que foram batizados, os nomes dos avós paternos e maternos, suas ocupações e as terras onde estes eram assistentes ou naturais. Todo esse inquérito correspondia às mesmas exigências dos postulantes ao cargo de familiar do Santo Ofício. Por isso, um oficial que já pertencesse a essa instituição estava dispensado de prestar todas essas informações.[51]

As principais regras que organizaram os ofícios de ferro e fogo em Lisboa sofreram modificações no decorrer do tempo, algumas aqui comentadas. Tais normas estiveram sob o controle de variadas instâncias – o poder local, a vontade régia, os regimentos das agremiações e os compromissos das confrarias - e tornaram o exercício dos mesteres de São Jorge uma possibilidade pouco atraente para muitos obreiros e aprendizes, que, sem alternativas legais tinham como único caminho a clandestinidade. Os sufrágios para alma, o sepultamento, os acordos de

---

res do Santo Ofício até meados do século XVI. De acordo com Fernanda Olival, "até quase à Restauração, os familiares eram recrutados entre os mecânicos com algumas posses. Numa visita ao Tribunal de Coimbra, em 1592, chegou-se a recomendar que fossem expulsos os que o não eram e que se optasse por 'homens de menor condição, mas de confiança e fazenda', que efetivamente servissem e não almejassem o cargo apenas pelos privilégios". Fernanda Olival, "Rigor e interesses: os estatutos de limpeza de sangue em Portugal", *Cadernos de Estudos Sefarditas*, Lisboa, n. 4, 2004, p. 180.
51 Georgina Silva dos Santos, *op. cit*, p. 179.

ajuda mútua, o direito à propriedade de uma tenda eram prerrogativas reservadas aos que podiam justificar por ofício e por sangue sua entrada na Casa de São Jorge, o santo protetor e defensor lusitano. Essas estratégias de controle do grupo sobre cada oficial construíram a "identidade social e religiosa dos homens de ferro e fogo, definindo em longo prazo o perfil destes oficiais mecânicos, que, salvo alguma exceção, foi composto de cristãos-velhos, ou seja, de homens brancos e católicos".[52]

Nas Minas

Nas Minas, não se tem notícia da existência de uma Irmandade de São Jorge no período colonial ou de mecanismos tradicionais de controle do ofício como as agremiações ou a Casa dos Vinte e Quatro. Assim, na ausência de instituições exclusivamente voltadas para os ofícios, as Câmaras se tornaram a principal instituição organizadora dos mesteres. Os Concelhos ordenavam o processo de exame e aprovação dos oficiais, concediam licenças e proviam anualmente juízes e escrivães de ofício. Além disso, os camaristas fiscalizavam o mester por meio de regimentos, posturas e da instituição de louvados para a avaliação de obras públicas e particulares.[53]

Essas normas, regimentos e modos de organizar os ofícios, vigentes na América portuguesa, tinham como inspiração as regras e controle e funcionamento dos mesteres da capital do Reino. Em Vila Rica e Mariana, esses modelos metropolitanos estavam presentes no exercício do ordenamento e da fiscalização do trabalho mecânico realizado pelos funcionários das Câmaras, mas, sobretudo, foram

---

52 Ibidem, p. 304.

53 Sobre as posturas, vale dizer que; "Para além da licença e do horário de funcionamento dos espaços de trabalho – tendas, oficinas e vendas – as posturas do decorrer do século XVIII regulamentam as formas de aferição de pesos e medidas, de almotaçaria dos produtos, o envolvimento de negros e de negras escravos na produção e no comércio de produtos artesanais, a imposição de penas pecuniárias adequadas ao exercício negligente ou danoso". José Newton Coelho Meneses, op. cit., p. 232.

acionados pelos próprios artesãos, de acordo com seus interesses, para obterem privilégios.

O juiz do ofício de ferreiro, em 1750, Baltazar Gomes de Azevedo,[54] em uma petição enviada a Câmara de Vila Rica, denunciou que "pessoas menos idôneas" estavam tendo acesso às licenças para exercer seus ofícios sem antes passar pelo exame dos mestres – os juízes e escrivães de cada ofício. O ferreiro advertia que o escrivão do Senado deveria "observar o estilo das terras mais antigas", o que significava delegar aos mestres a confirmação de cada aspirante a oficial ou aprendiz como era costume em Portugal. Com o objetivo de visar o que é conveniente para o bem público, corrigindo assim, esses "não beneméritos", o que estava em jogo nessas linhas é o controle do processo de exame e aprovação de novos oficiais, que era disputado entre os artesãos e o Concelho. Nossa proposta é comparar o ordenamento lisboeta dos ofícios do ferro - "das terras mais antigas" -, com as normas que se efetivaram em terras coloniais e, especificamente a organização dos ofícios do ferro e fogo em Vila Rica e Mariana. Enfatizamos nessa análise que as relações que se estabeleceram entre os artesãos do ferro e as Câmaras foram permeadas de conflitos[55].

Os documentos camarários que compõem esse estudo revelam o cotidiano de normalização dos ofícios mecânicos na região mineradora, abarcam para Vila Rica o período de 1722 a 1802 e para Mariana

---

54 Baltazar Gomes de Azevedo era natural da Vila dos Cabeçais, bispado do Porto, filho legítimo de Silvestre Gomes e de sua mulher Maria Paes, ambos já falecidos à data de seu testamento, em 1789. Testamento de Baltazar Gomes de Azevedo. Vila Rica, 1789. Casa dos Contos, Arquivo Judiciário, Rolo 04, Volume 12, fl. 69v-71.

55 Petição de Baltazar Gomes de Azevedo e Bento Soares Guimarães, juízes do ofício de ferreiro, enviada à Câmara de Vila Rica, 21 de janeiro de 1750. APM – Coleção Casa dos Contos, Cx. 140, Documento 21256. "(...) o quanto é prejudicial ao bem público a facilidade com que se prometem licenças para usarem do dito ofício pessoas para isso menos idôneas prometendo se lhes ordenar licenças continuadas e sucessivas umas e outras [em] que se não observa[m] o estilo das terras mais antigas" (grifo nosso).

o intervalo de tempo de 1737 a 1805. Trazem informações, principalmente, sobre o processo de avaliação de novos oficiais, que foi evocado acima na petição redigida pelo ferreiro Baltazar Azevedo.

Em um dos livros da Câmara Municipal de Mariana, encontra-se o registro da carta de exame de Antônio José Pereira. O cabeçalho do documento adianta que o conteúdo é composto por uma petição e uma carta de exame do ofício de serralheiro. Antônio se identificou como morador na cidade de Mariana, oficial examinado no ofício de armeiro e rogou ao Senado que registrasse sua carta de exame no "Livro das cartas de exame". O despacho da Câmara datou de 28 de fevereiro de 1750, em que se lê: "Cumpra-se e registre-se".[56]

Primeiramente, Antônio José Pereira requisitou ao juiz do ofício que o examinasse em "toda obra pertencente" à sua ocupação[57]. Esse exame era baseado no regimento de cada ofício, que determinava quais obras deveriam ser executadas com maestria pelos postulantes ao oficialato. Algumas cartas de exame trazem uma cópia do regimento anexa, como acontece no caso da licença geral passada a Antônio Crioulo, escravo de José Martins de Carvalho. As obras são arroladas seguidas de seus valores. "Por uma ferradura ordinária" cobrava-se à época do documento, 26 de julho de 1799, 1 cruzado de ouro e "uma dobradiça de porta" era feita por 1 tostão[58]. Nas vilas mineiras, ao contrário do que ocorria em Portugal, os regimentos não continham

---

56 AHCMM, Livro de Registros das cartas de exames de ofício, 1737-1755, Códice 146, fls. 108-109 v. O registro da certidão não é a carta em si e alguns documentos não trazem toda a estrutura que iremos transcrever, entre outras razões, porque são traslados rotineiros anotados pelo escrivão da Câmara.

57 Esse registro de carta de exame mostra como as fronteiras entre as ocupacionais eram ainda mais fluídas nos domínios coloniais. A própria ausência de mestres especializados em determinados ofícios tornaria possível as confusões entre os ofícios serralheiro, armeiro e ferreiro que constam no documento. Antônio José Pereira, oficial de armeiro foi examinado por mestres ferreiros e identificado pelo escrivão da Câmara como serralheiro.

58 Licença para exercer o ofício de ferreiro. Vila Rica, 26 de julho de 1799. APM – Coleção Casa dos Contos, Documentos Avulsos, Cx. 29, Documento 10599.

regras sobre o aprendizado e exercício de cada ofício. Mais simplificados, eles se limitavam a determinar os preços de cada obra.

Logo após a criação de Vila Rica, em fevereiro de 1713, os oficiais da Câmara, "acordaram", pela primeira vez, que os mecânicos deveriam elaborar seus regimentos, pois, segundo os camaristas, "se seguia grande prejuízo aos moradores o muito grande preço que os oficiais de todos os ofícios leva[vam] pelas obras que faziam, e que era muito conveniente pôr-se lhe taxas e darem-se regimentos para se governarem por ser da lei expressa da ordenação". Na descrição do "Regimento dos oficiais ferreiros", o feitio de um almocafre foi avaliado em uma oitava e meia, se o oficial fornecesse o ferro, e, uma pataca e meia, se o dono apresentasse a matéria-prima.[59] Observamos aqui que tanto a normatização a respeito do registro das cartas de exame, quanto a que regulava a confecção de regimentos segue um padrão: primeiro são elaboradas no interior dos corpos de ofício para só então serem registradas pelo Concelho municipal. O que era particular aos ofícios não fazia parte da jurisdição camarária.

Segundo os costumes dos mesteres do Reino, o regimento deveria estar à vista, fixado nas portas das lojas e tendas "donde todas as pessoas os [pudessem] ver".[60] Desse modo, o oficial que não portasse seu regimento sofreria as penas do Senado, que à época era o pagamento de 16 oitavas de ouro e 30 dias de cadeia. Essas sanções foram alteradas no decorrer do tempo, Manoel Rodrigues, por exemplo, morador na rua

---

59 "Actas da Câmara Municipal de Vila Rica". In: *Anais da Biblioteca Nacional*. Rio de Janeiro, vol. 49, 1927, p. 260 e 261.
60 *Ibidem*, p. 260 e 261.

debaixo do Ouro Preto em 1717, pagou 2 oitavas de ouro ao rendeiro do ver da aferição[61] por não ter regimento.[62]

Voltando ao registro da certidão de exame de Antônio José Pereira, segundo os documentos, o oficial foi considerado "capaz e suficiente" em tudo referente ao ofício pelo juiz do ofício de ferreiro Gonçalo Brandão e o escrivão Custódio Correa Salazar. Em 15 de julho de 1734, em Vila Rica, após ter sido aprovado, Antônio recebeu sua carta de exame de ofício[63] dos examinadores. Com a licença geral em mãos, Custódio poderia ter sua própria "loja aberta" em Vila Rica. No entanto, antes disso, restava ainda obter a aprovação do Senado da Câmara – a Carta de Confirmação. Esse documento, escrito em 24 de julho de 1734, portanto, nove dias após obter a carta de exame, declarava que os vereadores e o procurador da Câmara permitiam que o oficial usasse de sua habilidade sem "impedimento de pessoa alguma".

Como acompanhamos, a carta de exame de Antônio José Pereira foi registrada em Vila Rica, em 1734. Dezesseis anos depois, em 28 de fevereiro de 1750, o oficial registrou sua licença geral na Câmara de Mariana para que também pudesse exercer seu ofício nessa localidade. Esse percurso burocrático possibilita acompanhar o deslocamento do oficial de armeiro que, a princípio, obteve sua carta de exame em Vila Rica e, em 1750, registrou a mesma na cidade de Mariana, para onde provavelmente se deslocava com freqüência nesse intervalo de tempo. Nos registros das cartas de exame e provisão de juiz e escrivão

---

61 O rendeiro da aferição e do ver era um dos funcionários da Câmara encarregados pela fiscalização do comércio e dos ofícios. No Códice Costa Matoso, encontramos a definição de sua função: "aquele que contrata a administração da aferição. Acompanha o almotacé nas visitas de correição, devendo averiguar os pesos e medidas, multando os infratores". Luciano Figueiredo (coord. geral), *Códice Costa Matoso*, Belo Horizonte: Fundação João Pinheiro, Centro de Estudos Históricos e Culturais, 1999, 2 v, p. 119.

62 APM – CMOP, Livro das Correições, 1716-1717, Códice 5, fl. 8v.

63 A carta de exame de ofício ou licença geral requeria o exame prévio do candidato e não necessitava ser renovada. As licenças eram retiradas mediante a fiança e eram renovadas a cada seis meses ou um ano.

de ofício para Vila Rica e Mariana, Antônio José aparece ainda em 08 de janeiro de 1749 eleito para o cargo de Juiz do ofício de ferreiro e, 10 dias depois, seu nome é elencado entre aqueles que procederam ao Juramento naquele ano, prometendo "cumprir inteiramente com as obrigações de seu cargo, guardando em tudo o seu Regimento".[64]

Após acompanhar os passos de Antônio José em sua trajetória para registrar sua carta de exame em duas localidades, cabem algumas considerações sobre os gestos de produção dessas fontes. Em geral, para Vila Rica, os registros possuem três datas: a primeira é a da certidão do juiz do ofício encaminhada à Câmara, informando que o oficial foi examinado, se acha aprovado e com a carta em mãos; a seguir há a data do despacho da Câmara para que se passe carta de confirmação do exame; a última data se refere a da própria carta de confirmação passada pela Câmara.[65] Analisando os registros de carta de exame dos oficiais do ferro para Vila Rica foi possível estabelecer a média de tempo que se levava para percorrer esses trâmites burocráticos, conforme se mostra a seguir:

---

64 APM - CMOP, Livro de Registro de cartas de exame e provisão de ofícios e respectivas petições e despachos, 1749-1751, Códice 57, Rolo 27, fotogramas 830-832. No mesmo ano, ao lado do juiz do ofício de ferreiro, Tomas Dias da Mota, Antônio José Pereira examinou a Domingos Ferreira Diniz.

65 Não há registro para os oficiais que constituem o objeto desse estudo para todos os anos. Os anos que constam cartas de ofício de cuteleiro, ferreiro, ferrador, latoeiro, serralheiro, caldeireiro: 1722, 1723,1724, 1726, 1727, 1728, 1729, 1730, 1731, 1732, 1734, 1735, 1736, 1740, 1741, 1742, 1743, 1749, 1750, 1751, 1752, 1753, 1754, 1755, 1756, 1757, 1758, 1759, 1760, 1765, 1767, 1768, 1769, 1775, 1776, 1777, 1778, 1779, 1780, 1781, 1782, 1783, 1784, 1785, 1786, 1787, 1788, 1789, 1790, 1791, 1792, 1793, 1794, 1795, 1796, 1797, 1798, 1799, 1800, 1801.

Tabela 1: Prazo para registro de Carta de Exame de Ofício em Vila Rica, 1722-1802

Período	Prazo para confirmação da carta de exame (em dias)	Média (em dias)	Mediana (em dias)	Moda (em dias)	Quantidade de registros no intervalo de tempo*
1722-1732	2 a 218	31	7	0**	23
1734-1742	1 a 297	65	26	0	30
1743-1752	4 a 127	42	24	Amodal	9
1753-1760	0 a 186	35	12	6	13
1765-1774	21 a 306	90	73	73	7
1775-1784	0 a 183	33	0	0	22
1785-1794	0	0	0	0	12
1795-1801	0 a 288	86***	28,5	0	4

Fonte: APM/CMOP, Registro de Carta de Exame de Ofício, Códices: 57, 58, 66, 74 e 85.

* Registros que contém todas as datas: a da certidão do juiz do ofício encaminhada à Câmara; a seguir há a data do despacho da Câmara para que se passe carta de confirmação do exame; a última data se refere a da própria carta de confirmação passada pela Câmara.

**O número 0 significa que o processo foi concluído no mesmo dia.

***Apenas 2 registros das datas, em que o intervalo de tempo foi de 57 e 288 dias.

De acordo com a tabela, ao longo do século XVIII, o prazo médio para que o oficial mecânico pudesse legalizar sua atividade era de um a três meses. Segundo o cálculo da moda, a ocorrência mais frequente na variação do tempo de emissão dos registros é a que indica "no mesmo dia", isto é, o processo de registro da certidão de exame, a carta de confirmação e o juramento ocorriam no mesmo dia. A mediana é a medida de tendência central, e também uma medida separatriz, que "separa", que divide o conjunto em duas partes iguais. A tendência central do prazo para registrar a carta de exame também variou muito no decorrer do tempo: de zero, "no mesmo dia", até mais de dois meses.

Para Mariana, os registros das cartas de exame apresentam outra dinâmica. As certidões de exame eram registradas em um livro exclusivo. O mesmo não acontecia em Vila Rica, em meio aos livros camarários, esses documentos se misturam a provisões para juízes e escrivães de ofícios e para outros cargos camarários que não dialogam diretamente com a regulamentação do trabalho mecânico. Aventamos que essa diferença se refere ao próprio modo como esses registros foram anotados pelos escrivães.

Os registros da Câmara de Mariana são muito mais detalhados e apresentam: a certidão do exame, a carta de confirmação passada pela Câmara, o Juramento e a data em que esses documentos foram registrados nos livros do Senado. Para essa Vila, o prazo médio para a confirmação da carta de exame se aproxima ao quadro analisado para Vila Rica - de quatro dias a três meses –, a ocorrência mais frequente na variação do tempo de emissão dos registros também é "no mesmo dia" e a mediana também é muito variada, de "no mesmo dia" a dois meses, como indicam os números da tabela abaixo:

Tabela 2: Prazo para registro de Carta de Exame de Ofício em Mariana, 1737-1805

Período	Prazo para confirmação da carta de exame (em dias)	Média (em dias)	Mediana (em dias)	Moda (em dias)	Quantidade de registros no intervalo de tempo*
1737-1747	0** a 281	61	51	0	23
1748-1757	0 a 193	45	15	0	27
1758-1767	4 a 114	28	15,5	9	12
1768-1777	0 a 169	42,5	22,5	Amodal	14
1778-1787	3 a 221	91	50	Amodal	5
1789-1797	1 a 286	77	42	Amodal	9
1798-1805	0 a 20	4	0	0	7

Fonte: AHCMM Códices: 146, 218 e 381.

* Registros que contém todas as datas: a da certidão do juiz do ofício encaminhada à Câmara; a seguir há a data do despacho da Câmara para que se passe carta de confirmação do exame; a última data se refere a da própria carta de confirmação passada pela Câmara.

**O número 0 significa que o processo foi concluído no mesmo dia.

A análise quantitativa dessas fontes mostra que, em geral, o prazo para a obtenção da carta de exame era relativamente curto, o que se explicaria pelo próprio interesse das Câmaras e dos juízes e escrivães de ofício em fiscalizar as atividades dos oficiais mecânicos[66]. Alguns casos mostram uma maior morosidade do processo, em que se levava, por exemplo, mais de um ano para registrar a carta de exame. Essa diferença temporal traz a luz outros fatores que colocam em questão o próprio alcance da fiscalização da Câmara, como se pode verificar a partir das informações abaixo.

Quadro 1: Prazo para registro de Carta de Exame de Ofício em tempo superior a um ano, Vila Rica, 1722-1802

Prazo para confirmação de carta de exame	*Ano da Carta de Exame*	*Observação*
3 anos 1 mês 3 dias	1727	solteiro, filho de Manoel de Souza da Freguesia de São Vicente [?]
7 anos 11 meses 17 dias	1735	passada em S. Salvador
9 anos 5 meses e 18 dias	1741	morador na Vila de Torres, comarca de Tomas
10 anos 3 meses e 2 dias	1742	passada em Vila Nova do Tapo
10 anos 4 meses e 17 dias	1742	passada na Cidade do Porto
2 anos 5 meses e 7 dias	1743	Não consta.
9 anos 5 meses e 13 dias	1750	Juramento - 23/05/1750 - Dada e passada na Cidade de Lisboa Ocidental.
4 anos e 11 dias	1760	Carta passada na Vila de São José
1 ano 11 meses e 28 dias	1768	Não consta.
2 anos 4 meses e 1 dia	1775	morador no Arraial do Rio das Pedras termo de Vila Real de Nossa Senhora da Conceição do Sabará
8 anos 6 meses e 4 dias	1786	Não consta.
2 anos e 9 meses	1801	morador no Arraial de São Bartolomeu

Fonte: APM/CMOP, Registro de Carta de Exame de ofício, Códices: 57, 58, 66, 74 e 85.

O maior espaço de tempo indicado na tabela pode ser explicado pelo fato de a carta ter sido passada em outra localidade, em arraiais

---

66 O processo de exame tinha um custo pago aos juízes e escrivão dos ofícios, que nem sempre seguiam os valores determinados pelas Câmaras. Veja-se, por exemplo, o caso do oficial de ferrador Veríssimo Pereira da Cunha, morador na freguesia da Cachoeira, que enviou uma petição à Câmara de Vila Rica em 1741. Nela Veríssimo acusava o juiz e o escrivão de seu ofício de ignorarem a licença que o Senado lhe havia passado e cobrarem 8 oitavas de "custo do exame", quando o mesmo valia 2 oitavas, uma para o Juiz outra para o escrivão. Segundo o ferrador, "anda[va] o tal Juiz procurando meios vingativos, contra o suplicante" por isso rogava a proteção dos camaristas. APM – Coleção Casa dos Contos, Cx. 78, Documento 20084, [fl. 1].

distantes do centro político-administrativo, como é o caso de São Bartolomeu, ou em outras cidades e vilas, como a Vila de São José ou do Sabará. Outro fator que tornava o empreendimento mais demorado é o caso de oficiais portugueses, em que o registro do exame havia sido realizado anos antes em Portugal.

Este era o caso João Gonçalves de Carvalho, ferrador, que passou pela avaliação dos mestres de seu ofício em 23 de janeiro de 1741, na cidade de Lisboa Ocidental, mas somente em 23 de maio de 1750 teve seu registro passado em Vila Rica. Os dados indicam que, no intervalo de 9 anos, 5 meses e 13 dias, João passou de Lisboa para Minas e nesses dois espaços exerceu sua habilidade. No período em que esteve em Vila Rica, sem sua carta de exame de ofício, João Gonçalves teria recebido alguma punição da Câmara? Apesar de não termos informações que possam responder a essa pergunta, vale questionar se a Câmara teria privilegiado os oficiais reinóis na fiscalização quanto ao porte de carta de exame.

No documento abaixo, datado de 12 de dezembro de 1740, o mestre ferrador Manoel de Oliveira Gioto pediu o prazo de um ano para mandar vir sua carta de exame do Reino:

> Diz Manoel de Oliveira Gioto mestre ferrador e examinado em Portugal e como a sua carta de examinação lhe ficasse no Reino para poder exercer o dito ofício, necessita de licença deste Senado concedendo-lhe o tempo de um ano, para mandar vir a dita sua carta e no dito tempo não [poderão] os juízes do ofício [contender] com ele nem obrigá-lo a fazer exame.[67]

O reinol se valeu do poder regulador que o Senado possuía em relação aos oficiais para se proteger das exigências dos representantes dos corpos de ofício – "juízes de ofícios" - durante o tempo que

---

67 Petições diversas. Vila Rica, 1740. APM – Coleção Casa dos Contos, Documentos Avulsos, Cx. 133, Documento 21104.

permanecesse sem a carta de exame em mãos. Nota-se que os oficiais mecânicos conheciam a estrutura do poder a que estavam submetidos e, em muitos momentos, instrumentalizam essas instâncias – ora da Câmara, ora dos corpos de ofício – para obterem benefícios.

O processo de exame e licenciamento dos oficiais mecânicos e a composição dos regimentos só era possível por meio da participação dos juízes e escrivães de ofício, que eram os responsáveis por assegurar o cumprimento das regras impostas e, em caso de transgressão às normas, por aplicar sanções. Esses mestres eram eleitos anualmente, ainda que muitos permanecessem no cargo por vários anos consecutivos. Uma das principais funções dessas autoridades era de avaliar a habilidade de candidatos que pretendiam estabelecer a própria loja ou tenda.

Em 27 de janeiro de 1714, a Câmara de Vila Rica lançou um edital para que os oficiais mecânicos comparecessem ao Senado em dia determinado para que se elegessem "aos mais votos" os juízes e os respectivos escrivães dos ofícios. Após a convocação da Câmara, os mecânicos em um "ajuntamento" (reunião),[68] deveriam votar em "quem concorressem os requisitos necessários para a dita ocupação". Os nomes eleitos seriam enviados a Câmara, que os ratificava. O não comparecimento à votação seria punido, na ocasião, com o pagamento de 16 oitavas de ouro e prisão por tempo não declarado.[69]

Quatro dias após o lançamento desse edital, na ata da Câmara de 31 de janeiro de 1714, os oficiais da Câmara mandaram "vir da cadeia os oficiais que dos ofícios se achavam presos por não vir (sic) votar para Juízes dos ofícios na forma dos editais".[70] As ameaças do edital de dias antes se confirmaram com a efetiva prisão dos oficiais.

---

68 O local em que se reuniam nem sempre é mencionado pela documentação. Em Salvador, algumas vezes constam os nomes das confrarias de ofício em que ocorriam as eleições: Santa Luzia para os alfaiates, São Crispim e Crispiano do ofício de sapateiro e São Jorge que abrigava os ofícios de caldeireiro, ferreiro, serralheiro e latoeiro. Wilson de Oliveira Rios, *op. cit.*, p. 142.

69 *Op. cit.*, p. 279.

70 *Ibidem*, p. 307.

A partir desse relato, fica ainda mais evidente a disputa entre o Concelho e os oficiais pelos mecanismos de controle do ofício. Resta saber as razões que levaram ao não comparecimento nas eleições por parte do oficialato. Talvez esses conflitos resultassem da ausência de corporações de ofício nas Minas, o que faria com que, tal como observou José Newton, os oficiais mecânicos se articulassem "por interesses mais individuais e menos articulados por estruturas organizacionais inerentes ao trabalho".[71]

Na votação que se seguiu a esse episódio, foi eleito para Juiz do ofício de ferreiro Domingos Gonçalves. Depois de eleito, o juiz ou escrivão devia ser provisionado. Uma provisão emitida pelo Senado se encarregava de tornar pública sua eleição para o cargo. Feito isso, o eleito realizava o juramento e todos os atos eram devidamente registrados nos livros da Câmara. Vejamos um exemplo deste registro, feito depois da eleição de Baltazar Gomes de Souza (em outros documentos é chamado Baltazar Gomes de Azevedo), ferreiro em fevereiro de 1751:

> Fazemos saber aos que a presente nossa provisão virem que [...]somos servidos mandar passar provisão de Juiz do ofício de ferreiro a Baltazar Gomes de Souza, pelo tempo deste presente ano, se no entanto assim o havermos por bem Sua Majestade não mandar o contrário, lhe recomendamos cumprir inteiramente com as obrigações de seu cargo, guardando em tudo o seu Regimento e tomará posse e juramento perante o Juiz Ordinário e Presidente do Senado de que se fará assento nas costas desta, e registrará na forma que se pratica.[72]

No verso da folha, como informa a provisão, se encontra o juramento, em que Baltazar prometeu servir no cargo de juiz de ferreiro com sua mão direita sobre um exemplar dos Santos Evangelhos. Bal-

---

71 José Newton Coelho Meneses, *op. cit.*, p.183-184.
72 Provisão de juiz do ofício de ferreiro. Vila Rica, 1751. APM – CMOP, Documentos Avulsos, Cx. 24, Documento 50.

tazar aparece nos livros camarários de Vila Rica de 1750 a 1783 - uma vez como escrivão e oito como juiz de ofício.

O mesmo procedimento ocorria com o escrivão, oficial que era responsável por acompanhar o juiz em suas visitas de inspeção a tendas ou lojas e por documentar cartas de exame e petições. Por mais que a série documental dos registros de provisão mostre um processo de normatização como coeso e recorrente, alguns documentos avulsos permitem apontar lacunas e omissões por parte dos camaristas. Em 25 de janeiro de 1755, o ferreiro Nicolau Correa Arouca pediu à Câmara que o isentasse de ser escrivão do ofício por um motivo fundamental: não sabia ler ou escrever. Por fim, Arouca solicitou aos camaristas: "Pede a vossas mercês lhe façam mercê declará-lo por isento do dito emprego em atenção ao referido nomeado ser pessoa mais idônea que de ler e escrever saiba alguma cousa".[73]

A nomeação de Nicolau Arouca nos leva a questionar o cumprimento do processo de nomeação dos juízes e escrivães de ofício pela Câmara. Por que teria sido nomeado para o cargo de escrivão se só os que "sabiam ler e escrever" poderiam receber os votos? Talvez seja um indício de que houve nomeações por parte da Câmara sem a participação dos oficiais mecânicos. Podemos aventar de igual modo que, nas Minas, ao contrário de como o processo ocorria em Lisboa, saber ler e escrever não seria um requisito para o cargo de juiz de ofício. Assim, teria havido um engano por parte da Câmara ao nomear Nicolau como escrivão ao invés de juiz. Essa hipótese fica reforçada porque Nicolau foi nomeado como primeiro juiz do ofício de ferreiro em 1760.[74]

Ainda tratando das aparentes omissões e falhas da administração municipal e do funcionamento dos corpos de ofício, nota-se que grande parte do trabalho mecânico fugia dos parâmetros legais e das

---

73 Petição enviada por Nicolau Correia Arouca à Câmara de Vila Rica, 1755. APM – CMOP, Documentos Avulsos, Cx. 32, Documento 17.

74 Livro de registro de patentes, cartas de exame e provisões de ofício. Vila Rica, 1759 e 1760. APM – CMOP, Códice 74, fl. 542-44.

normas lisboetas de organização dos ofícios. Outro engano aconteceu com José Martins de Carvalho, que não era ferreiro e foi nomeado para escrivão do ofício de ferreiro:

> Diz José Martins de Carvalho que ele por carta do Escrivão da Câmara se viu que saiu eleito por escrivão do ofício de ferreiro que dele suplicante nunca teve [semelhante] ofício só assim um escravo por nome Antônio como mostra da licença que tem tirado e regimento que apresenta o que ainda está trabalhando debaixo de preceito do mestre e a quem o suplicante paga porque não fez ainda suficiente para trabalhar sobre se aprovadas estas circunstâncias requer a vossas mercês se digne aliviar o suplicante do cargo visto que o suplicante não é oficial nem o dito seu escravo pode inda ser [?] a oficial.[75]

José tinha um escravo que era aprendiz de ferreiro, o que parece ter sido suficiente para considerá-lo como um mestre seja pelos oficiais da mesma ocupação, seja pelos camaristas. A análise de incoerências como essas expõem as fragilidades do controle do sistema de funcionamento dos corpos de ofício. Essas faltas chegaram muitas vezes a embates, que eram protagonizados ora pelos mecânicos, ora pelo Senado. Os oficiais registraram suas queixas e exigiram que a Câmara interferisse na organização "para evitar muitos prejuízos", em atenção ao bem comum, como se pode verificar pelo requerimento a seguir, sobre a nomeação de juízes e escrivães de ofício:

> Dizem os ferradores desta Vila e termo que eles suplicantes necessitam que este Senado dê providência em eleger Juiz do ofício e escrivão.

---
75 Petição encaminhada à Câmara de Vila Rica por José Martins de Carvalho, 1800. APM - CMOP, Cx. 72, Documento 33.

Pedem a vossas mercês sejam servidos em atenção do referido e bem comum de modo que se proceda a dita eleição para evitar muitos prejuízos que se acham feitos por muitos oficiais.[76]

Em resposta, o Senado declarou: "que sejam notificados os oficiais do dito ofício para o se acharem quarta-feira que se há de contar 28 do corrente se acharem (sic) neste Senado para [que] se proceda a eleição".[77] A conturbada relação dos oficiais entre si e com a Câmara mostra como uma tradição do ordenamento e das culturas de ofício que se configurou no Reino também se fez presente nas Minas setecentistas, embora não tenha existido uma institucionalização desses laços de dependência em terras coloniais. Certo é que os mecânicos instrumentalizavam o poder concelhio quando desejavam proteger seus interesses – como no caso acima, em que os ferradores solicitaram aos senhores do Senado que convocassem novas eleições para juiz e escrivão do ofício.

Apesar dessas incoerências, quando é possível acompanhar as diferentes datas de nomeação, posse e juramento de um juiz ou escrivão de ofício, se pode compreender como se davam os trâmites burocráticos. As médias calculadas (Tabela 4) apontam para o prazo máximo de no máximo 38 dias entre a eleição e a posse, já a moda indica que a ocorrência mais frequente é "no mesmo dia", o que significa que todo o processo ocorria em apenas um dia. As tendências centrais nos diferentes períodos de tempo se fixaram nos limites de 2 a 16 dias.

---

76 Petição encaminhada à Câmara de Vila Rica pelos ferradores de Vila Rica, 1740. APM - CC, Cx. 132, Documento 21100.
77 Petição encaminhada à Câmara de Vila Rica pelos ferradores de Vila Rica, 1740. APM - CC, Cx. 132, Documento 21100.

Tabela 3: Prazo para provisão de juiz e escrivão de ofício, Vila Rica, 1742-1801

Período	Prazo até a data do juramento (em dias)	Média (em dias)	Mediana (em dias)	Moda (em dias)	Número de registros*
1742-1752	0** a 69	13,4	2,5	0	9
1753-1765	N/C	N/A	N/A	N/A	26
1774-1783	0 a 194	38	16	1	26
1784-1794	N/C	N/A	N/A	N/A	48
1795-1801	N/C	N/A	N/A	N/A	29

Fonte: APM/CMOP, Registro de Cartas de Exame de Ofício, Códices: 57, 58, 66, 74 e 85.
Obs.: * Registros que contém todas as datas: a da certidão do juiz do ofício encaminhada à Câmara; a seguir há a data do despacho da Câmara para que se passe carta de confirmação do exame; a última data se refere a da própria carta de confirmação passada pela Câmara.
**O número 0 significa que o processo foi concluído no mesmo dia.
N/C: não consta na fonte.   N/A: não se aplica.

Providos, os mestres estavam aptos para avaliar a habilidade de aprendizes livres, libertos ou cativos. Os registros das Câmaras identificam apenas um grupo de trabalhadores: aqueles reconhecidos pela municipalidade que muitas vezes chegaram a serem mestres, eleitos como juízes e escrivães. Assim, é preciso considerar que a maioria dos oficiais que consta das cartas de exame e provisões de ofício faz parte da elite dos trabalhadores manuais: aqueles que eram brancos e livres e arrematavam as principais obras na região. Outro ponto relevante é o maior alcance da fiscalização dos funcionários das Câmaras nos núcleos urbanos, ao contrário do que poderia acontecer em localidades mais distantes como os arraiais menores que circunscreviam Mariana e Vila Rica.

Como vimos, a bibliografia alerta para a não participação de escravos e seus descendentes nos registros de carta de exame. De fato, em um primeiro momento entre os oficiais do ferro de Vila Rica há somente 13 representantes desse segmento – 3 pardos, 2 pardos forros, 1 crioulo forro, 1 preto forro e 6 escravos[78] – o que constitui apenas 3,3 % de todos

---

78 Os escravos são levados pelos senhores, muitas vezes mestre do ofício, para registrarem carta de exame. Cita-se Antônio, preto de nação Angola, que re-

os registros levantados. Entretanto, ao que parece, não foi constante a preocupação em demarcar a qualidade ou a condição dos trabalhadores nos registros feitos pelos fiscais da Câmara, pois tanto Eusébio Ataíde quanto Manoel Rosa, por exemplo, homens que se declaram pardos em outras fontes, não têm suas origens relatadas pelos oficiais da Câmara.

Constatamos que, embora haja ressalvas na utilização das informações acima, o cruzamento de dados trazidos por outros documentos mostra a relevância das fontes da Câmara para constituir trajetórias e conhecer os percursos burocráticos da organização dos ofícios.

O caráter fragmentário de outras listas também dificulta analisar quantitativamente a representação dos diferentes grupos sociais. O livro que contém licenças para vendas, lojas e ofícios dos anos 1753 a 1758 traz algumas informações a respeito, mas também evidencia as lacunas da fiscalização.[79] Só para o ano de 1753, Antônio, nação Cobu, escravo de Manoel Gomes da Cruz, morador em Ouro Branco, aparece 6 vezes retirando sua licença, o que seria improvável, uma vez que os registros deviam ser anuais e, no máximo, semestrais. Não se trata de um caso isolado, pois a maioria dos registros se repete, talvez por descuido do escrivão, ou porque o mesmo não tinha um compromisso de relatar uma lista fidedigna, pois como registros ordinários, serviam para conferência imediata. O pesquisador deve estar atento a essa repetição de dados para que não chegue a resultados quantitativos duvidosos. Por outro lado, a documentação é útil para conhecer o local de moradia dos trabalhadores, sua qualidade e condição, além de outros detalhes que surgem em alguns momentos.

---

gistrou sua carta de exame em 17 de novembro de 1753, escravo do mestre ferrador Manoel Ribeiro de Carvalho. Livro de registro de patentes, provisões, cartas de exame de ofícios e respectivas petições e despachos. Vila Rica, 1750-1755. APM - CMOP, códice 58.

79 APM - CMOP 64A, Termo de Abertura: "Este livro há de servir para nele se registrar o Escrivão da Câmara todas as licenças de vendas, lojas e ofícios que pelo [?] passarem e todo vai numerado e rubricado com a minha rubrica que é Almeida: Vila Rica, 5 de junho de 1752".

Para citar algumas minúcias que mostram aspectos importantes para esse estudo, observamos que algumas vezes, diferentes ocupações são anotadas para um mesmo oficial. Matias Alves Rodrigues é identificado como ferreiro em certas ocasiões e como serralheiro em outras; Eusébio Ataíde chegou a ter 3 ofícios diferentes: cuteleiro, ferreiro e serralheiro. Francisco Mendes Carneiro, ora ferreiro, ora ferrador, tirou também licença para estabelecer uma venda. Essas referências demonstram a fluidez na delimitação dos ofícios e permitem também conhecer a diversidade de atividades empreendidas por esses homens mecânicos.[80]

Grande parte das práticas camarárias coloniais de controle e regulamentação do trabalho dos oficiais mecânicos seguia a norma metropolitana. As tradições consolidadas pela antiga Irmandade de São Jorge em Lisboa no interior da Casa dos Vinte e Quatro eram evocadas pelos mecânicos das Minas – exigiam que o Senado observasse "o estilo das terras mais antigas"– que transformavam a regulação externa e interferiam nas resoluções camarárias como os documentos que acompanhamos permitem afirmar. Em muitos momentos de conflito com a administração metropolitana e colonial, as estratégias dos indivíduos sobre as quais nos debruçamos se tornaram mais flagrantes.

Agremiações e hierarquias sociais

Nossa análise, até aqui, se voltou para os artesãos do ferro em Minas, no Setecentos. Como já observamos, nesse contexto, não encontramos indícios da existência de corpos de ofício ou irmandades relacionadas, exclusivamente, aos ofícios do ferro e fogo, como a Irmandade de São Jorge de Lisboa. Todavia, em outras localidades da América portuguesa, há registros dessa irmandade. Outrossim, em Vila Rica, temos notícia da confraria de São José

---

80 APM - CMOP 64A.

dos homens pardos, formada em sua maioria por oficiais mecânicos de diversas ocupações.⁸¹

Daniel Gonçalves fez um panorama do regime de trabalho dos oficiais mecânicos do Rio de Janeiro colonial e concluiu que a organização dos ofícios correspondia somente em alguns casos, a das corporações, confrarias e bandeiras, ou seja, à estrutura existente em Portugal. O autor pondera que apenas em Salvador a estrutura das corporações de ofício teria seguido mais fielmente a organização dos ofícios que havia se instaurado em Lisboa desde 1383, com a criação da Casa dos Vinte e Quatro.⁸²

Em outras localidades, também há corporações e confrarias de ofícios mecânicos. De acordo com Luiz Geraldo Silva, em Pernambuco, os canoeiros se reuniam em "verdadeiras corporações, encabeçadas por um governador, ao qual eram subordinados vários cargos inferiores – capitães, coronéis, mestres de campo". Além disso, os canoeiros possuíam suas próprias confrarias como a dedicada à Nossa Senhora da Conceição dos Canoeiros.⁸³

---

81 A confraria de São José dos Bem Casados dos Homens Pardos de Vila Rica foi estudada por Daniel Precioso, que encontrou vários irmãos oficiais mecânicos. Daniel Precioso, "Legítimos vassalos": pardos livres e forros na Vila Rica colonial, Dissertação (Mestrado) – Universidade Estadual Paulista, São Paulo, 2010.

82 O autor descreve a criação da "Casa dos Doze", pois em Salvador eram apenas 12 mesteres representados junto a Câmara. Daniel Lopes Gonçalves, "As Corporações e as Bandeiras de Ofícios", *Revista do IHGB*, Rio de Janeiro, 1950, v.206, p. 187-189. Maria Helena Flexor, que estuda sobre os mecânicos em Salvador, considera que "dois fatores contribuíram para enfraquecer a organização das corporações dentro dos moldes de Lisboa. Em primeiro lugar, a presença do braço escravo, diferenciando as classes sociais, econômicas e profissionais (...). Em segundo, por causa da instabilidade e das restrições político-administrativas a que estava sujeita a Câmara de Salvador, impostas, quer pelo Governo Geral, quer pela Corte". Maria Helena Ochi Flexor, "Oficiais mecânicos na cidade notável do Salvador", em Artistas e Artífices e a sua mobilidade no mundo de expressão portuguesa, *Actas do VII Colóquio Luso-Brasileiro*, Porto, Departamento de Ciências e Técnicas do Patrimônio da Faculdade de Letras da Universidade do Porto, 2007, p. 374.

83 Luiz Geraldo Silva, *A faina, a festa e o rito, uma etnografia histórica sobre as gentes do mar (sécs. XVII ao XIX)*. Campinas: Papirus, 2001, p 145.

Embora as irmandades tenham se tornado importantes redutos de sociabilidade para os artesãos, essa associação entre o corpo de oficiais e a irmandade variava de acordo com a cidade.[84] No Rio de Janeiro, os artífices de ferreiro, ferrador, serralheiro, latoeiro passaram a se organizar ao redor da Irmandade de São Jorge por volta de 1740. O primeiro compromisso data de 1757, nele o perfil dos participantes da confraria é definido de acordo com os critérios presentes na irmandade lisboeta:

> são obrigados a ser irmãos nesta Irmandade todos os Mestres que tiverem loja aberta dos ofícios anexos a mesma Irmandade, ou seja, os de Serralheiro, Ferreiro, Cuteleiro, Espingardeiro, Latoeiro, Funileiro, Caldeireiro, Ferrador, Espadeiro, Dourador e Barbeiro e todos os mais ofícios que na corte costumam pagar para a confraria deste Glorioso Santo[85].

No mesmo documento, há outros requisitos de admissão na irmandade que atualizam os critérios de limpeza de sangue já vigentes na congênere de Lisboa.

> § 1 Não poderá entrar nesta Irmandade pessoa que não seja de sangue puro; porque sendo Judeu, Mouro, negro ou mulato ou de outra infecta nação não será de forma nenhuma a ela admitido: porém se algum destes infectos usar de algum

---

84 Em Recife, os tanoeiros faziam parte da Irmandade de São José e no Rio de Janeiro, se reuniam junto aos irmãos de São Jorge. Durante o século XVIII no Recife os oficiais mecânicos dos ofícios de pedreiro, carpinteiro, marceneiro e tanoeiro estabeleceram a Irmandade de São José, chamada de São José do Ribamar. Henrique Nelson da Silva, "Os oficiais mecânicos e a irmandade de São José dos quatro ofícios, pedreiros, carpinteiros, marceneiros e tanoeiros no Recife, século XVIII", em *I Colóquio de História da Universidade Federal Rural de Pernambuco*, 2007, Disponível em: http://www.pgh.ufrpe.br/brasilportugal/anais/12c/Henrique%20Nelson%20da%20Silva.pdf/. Acesso em: 03/04/2010.

85 Compromisso da Irmandade do Glorioso São Jorge no Rio de Janeiro (1757). AHU, Compromissos. Códice 1949, CD- 25, *Apud* Beatriz Catão Cruz Santos. "Notas sobre os ofícios mecânicos na festa do Corpo de Deus", em *Anais do XII Encontro Regional de História, Usos do passado*, ANPUH- RJ, 2006, p. 4.

destes ofícios com loge (sic) aberta será obrigado a pagar o anual de seiscentos, e quarenta e seis, como todos os irmãos, e a Irmandade lhe dará sepultura querendo-a.

§ 2 Para que se evite o entrar por Irmão pessoa de nação infecta tomará o Juiz primeiro que se admita informação de sua pessoa, e naturalidade para servir no conhecimento de sua pureza, ou mácula, e a que achar a proporá a Mesa para se admitir, ou recusar com justo parecer.[86]

Dessa forma, não era suficiente exercer o ofício de ferreiro ou serralheiro (que eram os ofícios de ferro e fogo com maior número de mesteres), além disso, era necessário ter "sangue puro; porque sendo Judeu, Mouro, negro ou mulato ou de outra infecta nação" não poderia ser admitido. Entretanto, ao contrário da confraria de Lisboa, na irmandade do Rio de Janeiro havia espaço para proprietários de escravos, cativos e forros que exercessem um dos ofícios da irmandade. Ressaltamos que esse acesso era restrito, pois como irmãos de menor condição pagavam menor valor de entrada e recebiam menos privilégios.[87] A principal diferença entre a irmandade lisboeta em comparação com a do Rio de Janeiro é a presença do oficial cativo ou forro. Esse novo elemento permitiu o surgimento de múltiplas hierarquias no interior dos corpos de ofício coloniais.

Nesse ponto, Janeth Xavier de Araújo traz a descrição de um acontecimento interessante no estudo em que se dedica a traçar a trajetória de Manoel da Costa Ataíde. Descreve como Ataíde foi acusado "pelos mesários da irmandade [do Rosário dos Pretos de Mariana por] ter deixado a obra 'a cargo de seus moleques, por se tratar de *serviço*

---

86 Compromisso da Irmandade do Glorioso São Jorge no Rio de Janeiro (1757). AHU, Compromissos. Códice 1949, CD- 25. *Apud* Beatriz Catão Cruz Santos, *op. cit.*, p. 4.

87 "Os 'infectos', sendo livres ou cativos, tornar-se-íam irmãos de menor condição, eventualmente 'jornaleiros' e com acesso à sepultura, um primeiro patamar de privilégio". *Ibidem*, p. 5.

de negro".[88] Pode-se inferir que as desigualdades já evidentes só se intensificaram com o agravo da escravidão estrutural, que trouxe novas formas de distinção, pois a utilização da mão-de-obra escrava, empregada por Ataíde, poderia ser uma forma de dissociar sua imagem do trabalho mecânico, que seria realizado pelos escravos e, apenas, supervisionado pelo mestre.

Outro exemplo do impacto da presença da escravidão nos corpos de ofício da América portuguesa é o tema dos ornatos, que mostra a necessidade extrema de exposição das hierarquias sociais nas terras brasílicas e que tinha um significado específico para os negros, pardos e os mulatos, livres ou forros. Além de delimitar um status, cuidar bem das roupas e adornos era também uma forma de se afastar das marcas da escravidão. Toma-se o exemplo de uma petição enviada ao rei pelos "homens pardos, Irmãos da Confraria do Senhor São José, de Vila Rica", em 1758, em que solicitavam o direito de usar espadim à cinta citando o capítulo mencionado anteriormente da pragmática de 1749:[89]

> (…) pelo capítulo quatorze da pragmática, de 24 de maio de 1749, se proibira o uso de espada ou espadim à cinta, às pessoas de baixa condição, como eram os aprendizes de ofícios

---

88 "E ainda (é acusado por) ter assumido simultaneamente trabalho na Capela de Nossa Senhora do Carmo de Ouro Preto, onde (pelo depoimento de testemunhas) ficava a maior parte do tempo sem dar assistência à obra de Mariana. Fato excepcional é que os nomes destes moleques foram citados por algumas testemunhas e reaparecerem entre os bens de raiz do pintor, inventariados após sua morte". Janeth Xavier de Araújo, "A pintura de Manoel da Costa Ataíde no contexto da época moderna", em Adalgisa Arantes Campos (org.), *Manoel da Costa Ataíde: aspectos históricos, estilísticos, iconográficos e técnicos*, Belo Horizonte: Editora Arte, 2005, p. 60-61 (*grifo nosso*).

89 Quando se trata de procurar as formas de recepção de legislação e justiça do Reino é preciso perguntar quais distâncias e silêncios se interpõem nesse trânsito de informações, dito de outro modo, "nos níveis mais baixos da administração, nomeadamente em matérias de justiça, existiam novos fatores de incoerência e autonomia, originadas pelas deformações, intencionais ou não, do direito, às mãos 'de pessoas simples e ignorantes, que não sabem ler nem escrever', facilmente corrompidas ou assustadas pelos poderosos das terras". Antonio Manuel Hespanha, *op. cit.*, p. 144.

mecânicos, lacaios marinheiros, negros e outros de igual ou inferior condição, com as penas no mesmo capítulo declaradas e que, publicando-se a mesma lei nos Estados da América [...] ficaram os suplicantes inibidos do dito uso, por se suporem compreendidos no capítulo mencionado (...).

Os irmãos reivindicavam o privilégio por que

> (...) sendo legítimos vassalos de V. Majestade e nacionais daqueles domínios, onde vivem com reto procedimento, sendo uns mestres aprovados pela Câmara da dita Vila em seus ofícios mecânicos e subordinados a estes trabalham vários oficiais e aprendizes; que outros se vem constituídos mestres em artes liberais, como os músicos, que o seu efetivo exercício é pelos templos do Senhor e procissões públicas, aonde certamente é grande indecência irem de capote, não se atrevendo a vestirem corpo por se verem privados do adorno e compostura dos seus espadins, com que sempre se trataram e que, finalmente, outros aspirando a mais, se acham mestres em gramática, cirurgia e na honrosa ocupação de mineiros, sendo muitos destes filhos de homens nobres, que como tais são reconhecidos (...).[90]

Os mecânicos eram numerosos entre os confrades de São José. Esse fato explicaria um dos argumentos para conseguir um parecer favorável ser o de figurarem entre os "mestres aprovados pela Câmara". É evidente, nesse trecho, a busca por diferenciar o mestre, ou seja, aquele que subordina outros oficiais e aprendizes e que tem a aprovação da Câmara – encartado – do artesão pobre ou escravo. O sentido da argumentação dos "homens pardos de São José" é de que o mestre

---

90 Requerimento dos homens pardos da Confraria de São José de Vila Rica das Minas, solicitando o direito de usar espadim à cinta (06.03.1758). AHU_ACL_CU_011, Cx. 73, D. 6079 *Apud. Revista do Arquivo Público Mineiro*, Belo Horizonte: Imprensa Oficial, Ano XXVI, 1975, p. 223-4.

deveria ocupar uma posição de destaque, marcando sua posição com a compostura de seu espadim.[91]

Ostentar uma posição por meio de adornos e comportamentos era uma constante no além-mar, Russell-Wood comenta que "a sociedade ultramarina portuguesa tinha ainda maior consciência da posição social e da hierarquia do que a metropolitana". Acrescenta ainda que "(...) as pessoas que embarcavam como plebeus assumiam ares de nobreza quando chegavam à América ou a Ásia".[92]

Como já observamos, o defeito mecânico foi um condicionante de classificação social relevante na América portuguesa, na medida em que, associado a outros fatores - como cor e condição social -, determinava as hierarquias que se constituíram nesse contexto. Em outras palavras, ponderamos que é um conceito que só faz sentido ao reconstituirmos as redes hierárquicas coloniais, que foram marcadas pela exploração do trabalho de africanos e seus descendentes:

> À hierarquia dos mestres, oficiais e aprendizes se misturam as categorias de homens livres, escravos e alforriados ou libertos; de brancos, negros, e crioulos, pardos ou mulatos, e mais as de 'negro da terra' ou 'negro do cabelo corredio' - o índio, peça ou servo de administração. Na base, a classe dos

---

91 Cabe observar que apesar de diferentes origens, os próprios confrades de São José adotaram a designação "homens pardos". Muitos estudiosos têm analisado a polissemia dos termos que aparecem nas fontes setecentistas, que ora determinariam a cor da tez, ora a condição social. Considera-se importante compreender como a terminologia se desenvolveu em situações históricas específicas. Nesse sentido, Silvia Lara pondera que a associação entre cor e condição social "(...) não caminhava de modo direto, mas transversal, passando por zonas em que os dois aspectos se confundiam ou se afastavam, e em que critérios díspares de identificação social estavam superpostos". Silvia Hunold Lara, *op. cit.*, p. 131.

92 A. J. R. Russell-Wood, "Grupos Sociais", em Francisco Bethencourt e Kirti Chaudhuri (orgs), *História da Expansão portuguesa*. Lisboa: Temas e Debates e Autores, 1998, v. 2, p. 174.

serventes, numerosa: estes se identificam com o grosso da população escrava, com a massa da mão-de-obra colonial.[93]

Essas tensões quanto à busca de um melhor posicionamento na arquitetura social, que permeavam o cotidiano dos homens de ofício, podem ser apreendidas em outros espaços que não estavam diretamente relacionados ao trabalho mecânico. A participação dos mecânicos do ferro e fogo na festa de Corpus Christi também possibilita comparar as peculiaridades da experiência colonial na ordenação dos corpos de ofício.

Pagando as fintas para São Jorge

O papel das festas na sociedade portuguesa, na época moderna, visava consolidar os instrumentos de mando seja do poder régio, seja da administração local. As celebrações religiosas, promovidas pela monarquia, poderiam ser classificadas como "festa por contemplação", na expressão elaborada por Maravall. A noção é utilizada para caracterizar as festas públicas barrocas, marcadas pela noção de espetáculo, uma vez que, organizadas pelas autoridades – as Câmaras, a igreja ou irmandades e o rei - para demarcar posições sociais e ostentar o poder, cabia ao "povo" o papel de espectador. Contudo, a "festa por contemplação" pretendia também envolver seus participantes por meio de símbolos e sentidos.[94]

No caso da festa de *Corpus Christi*, havia os ornamentos, o ostensório, as cores, as músicas, as salvas, as danças que, no final do cortejo, se desfazia em folias protagonizadas pela multidão que acompanhava

---

93 Jaelson Bitran Trindade, "Arte colonial: corporação e escravidão", In: *A Mão Afro-brasileira: significado da contribuição artística e histórica*, Emanoel Araújo, São Paulo: Imesp, p. 119.

94 José Antônio Maravall, *La cultura del Barroco: análisis de uma estructura histórica*, 3 ed. Barcelona: Ariel, 1986. Apud Iris Kantor, *Pacto festivo em Minas colonial: a entrada triunfal do primeiro bispo na Sé de Mariana*. Dissertação (Mestrado) - Universidade de São Paulo, São Paulo, 1996, p. 77.

ou assistia a solenidade. Neste estudo, consideramos que as relações hierárquicas em que os oficiais mecânicos estavam inseridos nas Minas podem ser traçadas ao seguir os passos dos corpos de ofício que participavam da procissão do Corpo de Deus em Portugal, focalizando, especialmente, aqueles responsáveis pelo Estado de São Jorge.[95]

São Jorge e a festa de Corpus Christi em Portugal

A festa e procissão de *Corpus Christi* surgiu em 1264 quando o Papa Urbano IV instituiu a cerimônia em toda Cristandade pela Bula *Transiturus de hoc Mundo*. O centro da festa religiosa, que existe até hoje, é a devoção ao sacramento da eucarística estabelecido na última ceia, materializado na hóstia consagrada. Em Portugal, sua instauração ocorreu para comemorar a vitória da dinastia de Avis na Batalha de Aljubarrota (1385). Segundo a historiografia sobre o tema, os festejos do Corpo de Deus sofreram "dupla ordenação", tendo sido encomendados tanto pela Igreja quanto pela Monarquia. Era uma celebração religiosa sob o patrocínio da Monarquia portuguesa. Um exemplo dessa apropriação pelas autoridades temporais é a exaltação da figura do Rei D. João V, representado como a hóstia no ostensório, que em procissão assemelhava-se ao sol.[96]

> No reinado de D. João V as procissões do Corpo de Deus tornar-se-iam instrumentos oficiais da propaganda régia em todo o império. Refundindo modelos festivos de longa duração - Triunfos Romanos, entradas régias e festas de Corpus Christi - a procissão triunfal transformou-se na imagem mais representativa da sociedade portuguesa da

---

95 O Estado de São Jorge refere-se ao santo e sua bandeira que era formada pelo corpo de ofícios responsáveis por sua guarda.

96 "Desde seus primórdios lusitanos, a festividade esteve intimamente vinculada ao aparato simbólico de representação dos poderes temporais, sendo prescrita, inclusive, nas Ordenações do Reino". Carla Fernanda Guimarães Santiago, *As festas promovidas pelo Senado da Câmara de Vila Rica (1711-1744)*. Dissertação (Mestrado) - Universidade Federal de Minas Gerais, Belo Horizonte, 2001, p. 74.

primeira metade do século XVIII. Desta vez, o uso político da procissão do Corpo de Deus caracterizou-se pela ênfase dada à mitologia solar da eucaristia associada ao monarca.[97]

A devoção ao corpo místico de Cristo esteve presente em outras monarquias europeias, em que seus benfeitores eram os mercadores e os representantes das categorias sociais mais abastadas. Na tradição lusitana, a festa agregou negociantes e mesteres, concedendo o "sentido comunitário experimentado pelo ritual do Corpo de Deus". Soma-se a essa peculiaridade, o acréscimo do Estado de São Jorge à celebração. O santo foi feito "patrono nacional", o preparo do orago protetor e defensor da monarquia portuguesa foi encarregado aos oficiais do ferro e fogo.[98]

A organização e as despesas da festa ficavam sob a responsabilidade das Câmaras, que promoviam também outros importantes festejos anuais, como a celebração do Anjo Custódio do Reino (terceiro domingo de julho) e a festa da Visitação de Nossa Senhora à Santa Izabel (2 de julho). Casamentos, nascimentos e exéquias de membros da família real eram, igualmente, incumbência dos oficiais camarários. Os preparativos para as festas começavam com a convocação do Senado. Era o poder local que divulgava a data da procissão e o percurso do cortejo, mandava caiar as casas, limpar as ruas, "deitar-lhe areia e folhas", nomeava quem seguraria as varas do pálio, entre outras atribuições.[99]

---

97 Iris Kantor, *op. cit.*, p. 77.
98 "Custeada pela Câmara e seus vizinhos, a cerimônia lisboeta envolvia diretamente os membros das inúmeras confrarias da cidade, vereadores, juízes, procuradores, padres e monges, que desfilavam na procissão, portando castelos, bandeiras, invenções e círios, para dar vez às aparições de São Jorge, do Santíssimo, do patriarca e, dadas vezes, ao próprio monarca. Concebido como um espetáculo, como um espelho no qual os grupos podiam mirar-se a si mesmos, o desfile realizado na principal cidade portuguesa reproduzia, à Época Moderna, a lógica de uma sociedade centrada na figura régia, regulada pela opinião social construída sobre o prestígio e, por isso, escrava da etiqueta e mestra na arte da observação". Georgina Silva dos Santos, *op. cit.*, p. 89.
99 Carla Fernanda Guimarães Santiago, *op. cit.*, p. 41. *Código Filipino, ou, Orde-*

A presença da municipalidade dividia espaço com a Igreja, a Monarquia e os ofícios, em um contexto em que a religião e política eram instâncias indissociáveis. Beatriz Catão Cruz cita a *Consulta do senado de 7 de maio de 1660* para identificar os participantes que compunham a procissão, o Corpo de Deus: "os reis", "os ofícios e mesteres", "os prelados e o cabido da sé metropolitana de Lisboa" e "o senado da Câmara".[100]

Aos reis e "os prelados e o cabido da fé" cabia ordenar a festa, à Câmara e aos ofícios "se cobra[va] 'a participação pessoal' e o 'acompanhamento da procissão', respectivamente".[101] Os ofícios ocupavam a dianteira do cortejo e se estendiam, uns após os outros, até a Gaiola, no final da procissão, que abrigava o Santíssimo Sacramento. A composição seguia uma hierarquia guiada pela hóstia consagrada: quanto mais próximos os participantes daquela, maior era seu prestígio social. Para Beatriz Santos, a figura de São Jorge era um dos aspectos populares do Corpo de Deus que se manteve no decorrer do tempo e foi assimilado nas regiões coloniais.

Os ofícios conferiam os elementos populares da festa: as tourinhas, o gigante, a serpente, o dragão, as danças, os mouros que costumavam ir junto com São Jorge. Durante o reinado de D. João V, houve muitas modificações quanto ao ato da procissão. O espaço festivo foi delimitado e os elementos populares foram excluídos.

Na cidade de Lisboa, a procissão que servia de modelo para as demais localidades do Reino, no século XVIII, determinava: "Em primeiro lugar irão as Bandeiras dos ofícios e a imagem do glorioso São

---

nações e Leis do Reino de Portugal: recompiladas por mandado d'el-Rei D. Filipe I, edição fac-similar da 14ª edição de 1821 por Cândido Mendes de Almeida. Brasília: Senado Federal, Conselho Editorial, 2004, Livro I, título LXVI, parágrafo 48, p. 152-153.

100 *Consulta do senado de 7 de maio de 1660*. Livro Primeiro de conselhos e decretos Del Rey D. Affonso VI, f. 414. Apud. Beatriz Catão Cruz dos Santos, *O corpo de Deus na América*. São Paulo: Annablume, 2005, p. 112 e 113.

101 *Ibidem*, p.113.

Jorge, como é costume".[102] Á frente do santo vinha um conjunto de músicos negros que compunham a "orquestra de São Jorge": "vestiam casemira branca, mantos vermelhos, com galeões amarelos e enormes chapéus arredondados, com abas descidas".[103]

A preparação do santo era realizada pelo mordomo de sua agremiação, maior bandeira de Lisboa nos setecentos. O santo representava "um famozo Capitão General", vestindo armas brancas prateadas, no braço direito empunhava uma lança, "em modo que remetia com ela a derribar os inimigos da cruz". Movendo-se sobre um cavalo branco, ao seu lado seguia um pajem, com capacete em cocar de plumas e uma comprida lança às costas, e um alferes. Os irmãos de São Jorge acompanhavam logo atrás com a bandeira dos homens de ferro e fogo, fazendo valer, "pela antiguidade, a máxima que garantia sua precedência sobre as demais confrarias lisboetas".[104]

---

102 *Tabella da Solemne Procissão do Corpo de Deus e forma com que hão de ir as cruzes das confrarias, irmandades, comunidades regulares e clero*. Lisboa: Miguel Rodrigues, 1743. ANTT/ Real Mesa Censória, Cx. 523, Documento 8509 – A-B. *Apud*. Beatriz Catão Cruz dos Santos, *O corpo de Deus na América*, p.116. De acordo com Rui Bebiano "as bandeiras dos ofícios mecânicos seguem adiante, precedendo as sonantes trombetas; depois os cavalos de raça da Casa Real, a irmandade de S. Jorge, tímbales e mais trombeteiros, outras irmandades, as confrarias, clero regular, o clero secular, os párocos de toda Lisboa, cónegos vários, a Cúria patriarcal, a nobreza (na ordem hierárquica em crescendo), o Conselho de Estado, o Conselho da Fazenda, os órgãos superiores dos Tribunais, as ordens militares, os pagens e capelães do patriarca, os cantores da igreja patriarcal, o seu cabido, os altos dignatários eclesiásticos e, finalmente, o pálio, transportado pelo rei e pelos seus irmãos, que se revezavam com a principal nobreza do Reino, e cobrindo a representação do Santíssimo Sacramento, conduzido pelo patriarca". Rui Bebiano, *D. João V - poder e espetáculo*. Aveiro: Livraria Estante, 1887, p. 128-129.

103 Beatriz Catão Cruz dos Santos, *O corpo de Deus na América*, p.149 e 150. A participação de negros em festividades nacionais era ampla, "fosse a título individual, fosse através das suas confrarias". Didier Lahon, *O negro no coração do império: uma memória a resgatar, séc. XV-XIX*. Lisboa: Casa do Brasil de Lisboa, 1999, p. 73. Tinhorão lança a hipótese de ocorrer uma identificação de São Jorge com o deus Marte dos iorubas. José Ramos Tinhorão, *Os negros em Portugal: uma presença silenciosa*. Lisboa: Caminho, 1988, p. 172 e ss.

104 Georgina Silva dos Santos, *op. cit.*, p. 94-97. "Montado sobre um corcel bran-

Em especial, os festejos de *Corpus Christi* delimitavam o lugar dos corpos sociais no interior do corpo político por meio de símbolos e "conotações político-ideológicas", refletindo e reiterando as hierarquias sociais. Por isso mesmo, estas ocasiões constituíam momentos privilegiados de exaltação da figura régia, representada na eucaristia em trânsito. No império português[105], esses procedimentos e rituais divulgavam a presença do Rei e reafirmavam seu domínio nas áreas coloniais por meio da criação de uma "aura mística".

Por outro lado, também mostravam os padrões de sociabilidade e da participação dos oficiais do ferro e fogo. Os irmãos de São Jorge estabeleceram vínculos de dependência mútua com o orago protetor. Como observamos no início do capítulo, o culto ao padroeiro foi utilizado pelos homens do ferro e fogo como escudo de proteção contra as intervenções régias e camarárias, conferindo prestígio àqueles que eram responsáveis pelo custeio e preparativos do mártir nos festejos religiosos.

O "Estado de São Jorge" em Vila Rica

Existem registros para a festa do Corpo de Deus, no Setecentos, para Salvador, Rio de Janeiro, São Paulo, Vila Rica e Belém.[106] A seguir, analisaremos a participação dos oficiais do ferro e fogo no cortejo de *Corpus Christi* ordenado pela Câmara de Vila Rica.

---

co, sua aparição ligara-se de tal modo à memória da festa, que qualquer alteração em sua composição o público reagia". Entre os portugueses, a força da imagem de São Jorge estava ligada à monarquia e ao perfil militar de sua estratificação social, no entanto, sem o zelo dos oficiais que foram encarregados de seu culto e preparo, pouco restaria dessa memória. Nas procissões do Corpo de Deus, o Estado de São Jorge proporcionava uma "narrativa visual" da história da vitória lusitana sobre os espanhóis em Aljubarrota.

105 A festa de Corpus é encontrada em todo o mundo português: na América, na Ásia e na África.

106 O Estado de São Jorge permaneceu na procissão no Rio de Janeiro, São Paulo e Vila Rica até o século XIX.

A mobilização anual do Senado de Vila Rica nos meses de abril a junho pode ser acompanhada desde 1718, por meio dos Acórdãos firmados entre os camaristas. Tal como no Reino, a Câmara da vila se empenhava nos preparativos,

> exigindo do povo a limpeza das ruas e decoração das janelas para a passagem do préstito, providenciando a cera necessária, convocando os oficiais mecânicos para fazer suas danças, requerendo do pároco celebração de missa e sermão, convidando o Ouvidor para comparecer e muito mais.[107]

Nos acórdãos de 1721, as despesas com a procissão se apresentam com detalhes, gastos com incenso, cera, música, vinho da missa do Corpo de Deus. Nota-se que a única imagem que aparece financiada pelo Senado é a de São Cristóvão: "quatro oitavas pelos reparos à imagem de São Cristóvão que vai na procissão". Nesse ano, o dispêndio com a festa chegou a 359 oitavas, o equivalente a 8,5 % das despesas gerais da Câmara (que chegaram a 4 233,5 oitavas de ouro e 120 réis).[108]

Conforme determinavam as *Ordenações Filipinas*, a Câmara era responsável por "ordenar" a "festa e solenidade" do Corpo de Deus, entretanto, em alguns momentos, os camaristas tenderam a fugir da obrigação.[109] Em junho de 1762, os vereadores de Vila Rica encaminharam uma representação ao Rei solicitando que deixassem de custear a solenidade do Corpo de Deus e que o cortejo da cidade fosse somente aquele organizado pela irmandade do Santíssimo Sacramento, que ocorria oito dias depois do primeiro: "Com uma só procissão,

---

107 Carla Fernanda Guimarães Santiago, *op. cit.*, p. 88. Segundo a autora, não há indícios de que a festa ocorreu entre 1711, ano da criação da Vila, a 1717, de acordo com os registros camarários. Santiago recorre aos livros de receita e despesa da Irmandade do Santíssimo Sacramento, em que constam gastos com a festa de Corpus Christi em 1715 e 1716.

108 *Ibidem*, p. 91. A referência para tais dados se encontra em: Livro de Receitas e Despesas do Senado. Vila Rica, 1721-1724. APM - CMOP Códice 12, fls. 02-05.

109 *Ordenações filipinas*, livro I, título LXVI, parágrafo XLVIII. Código Filipino, *op. cit.*

e festividade feita pela irmandade do Santíssimo assistida do Clero, e Pároco estava satisfeita a Solenidade, sem que a Câmara seja obrigada contribuir com despesa alguma". Mais adiante, os camaristas argumentam que a festa "por ser uma das procissões comuns ao Povo", este estado devia uma "contribuição".[110]

No cortejo da festa, os membros do Senado se destacavam por meio de privilégios, vestimentas e símbolos em que ostentavam sua posição social. Ao demarcarem seu lugar na hierarquia social, os funcionários camarários também garantiam seu poder, principalmente nas Minas do início do século XVIII, em que a exploração aurífera havia atraído pessoas em busca de aventuras das mais variadas procedências e camadas sociais. Algumas fontes permitem afirmar que, na vila mineira, as prerrogativas destinadas aos senhores do Senado eram "ordinárias". O engenheiro Luiz D'Alincourt afirmava que, na procissão, "não tem a Câmara tratamento distinto. As suas regalias reduzem-se a sair dos paços do Concelho em corpo, com suas varas, e estandarte arvorado".[111]

Voltando à contribuição do "Povo", citada pela Câmara, os oficiais de ferreiros, ferradores e serralheiros, principalmente, arcavam anualmente com as despesas do Estado de São Jorge na procissão do *Corpus Christi*. Os registros mais antigos que encontramos sobre o assunto datam de 1730 e 1731, localizados junto aos avulsos da Câmara Municipal de Ouro Preto.[112]

---

110 Representação dos oficiais da Câmara de Vila Rica, contra a obrigação da despesa com a celebração religiosa pelas irmandades, solicitando ordem para por fim ao abuso. Vila Rica, 16 de junho de 1762. AHU_ACL_CU_011, Cx. 80, D. 6646.

111 Luiz D'Alincourt, "Descobrimento de Minas Gerais" (02/06/1834), *Revista do Instituto Histórico, Geográphico e Etnográfico do Brasil*, Rio de Janeiro, Tomo 29, 1866, p. 34. *Apud* Beatriz Catão Cruz Santos, *op. cit.*, p. 66.

112 Documentos avulsos. Vila Rica, 1730-1735. APM- Coleção Casa dos Contos – Cx. 73, Documento 30814.

Os oficiais mecânicos dirigiram uma petição ao Senado da Câmara em que relatavam os custos do preparo do Santo. Os juízes e escrivão do ofício de ferreiro, em nome dos "mais agregados da bandeira de São Jorge", solicitaram ao Senado que procedesse à divisão das despesas entre os oficiais. A estrutura dessa fonte se repete em outros documentos estudados, indicando que, ao contrário do que ocorria na metrópole, onde os barbeiros lideravam a bandeira de São Jorge, em Vila Rica, eram os ferreiros que encabeçavam a instituição.[113] Os dirigentes da bandeira eram incumbidos do preparo do santo, restando aos demais oficiais a participação na dianteira do cortejo, carregando a bandeira do ofício e protegendo sua imagem.

Os oficiais do ferro e fogo apresentaram uma conta de 149 oitavas, três quartos e quatro vinténs de ouro que ainda deviam dos cortejos de 1730 e 1731. O rol anexo à petição informava entre os motivos dos gastos: 30 oitavas para preparar o Santo e "pô-lo na Rua com cavalo aparelhado", uma oitava e meia por 3 penas de plumas, 4 pares de fitas de várias cores, uma oitava para "pôr o Alferes na Rua", 25 oitavas e um quarto de ouro para o seleiro que fez a sela, uma oitava e meia para o "feitio da capa do santo", 4 oitavas "que se deram aos negros trombeteiros". A contribuição costumeira para arcar com esse dispêndio era de 2 oitavas por oficial, entretanto esse valor não seria suficiente para o pagamento das despesas e dívidas que se acumularam nesses anos.

As despesas foram divididas entre 54 mecânicos que eram ferreiros, ferradores, funileiros, espadeiros, latoeiros, caldeireiros e barbeiros, moradores em Vila Rica ou em freguesias e arraiais próximos, como Cachoeira, São Bartolomeu, Congonhas, entre outras localidades. A lista com os nomes dos trabalhadores e seu local de moradia foi anexada ao rol de despesas para que o alcaide da Câmara pudesse proceder à cobrança. Os juízes e escrivão advertiram que o Senado deve-

---

113 Fato que pode estar relacionado ao maior número de ferreiros entre os mecânicos de Vila Rica como apontamos ao analisar as licenças e registros de cartas de exame de ofício.

ria passar "mandado executivo contra os [oficiais] que duvida[ssem] satisfazer" a "obrigação de contribuir para a bandeira do Senhor São Jorge". Podemos afirmar que a devoção ao orago protetor, símbolo da dinastia de Avis, também esteve presente entre os homens do ferro e fogo na América portuguesa.

Os outros registros do século XVIII seguem a mesma estrutura das despesas com o preparo do santo, declarando também a divisão do montante entre os oficiais que compunham a bandeira de São Jorge. Vejamos dois documentos do início do Oitocentos, que apesar de, extrapolarem nosso recorte temporal, trazem elementos importantes para identificar os conflitos que se instauravam entre os oficiais do ferro e fogo e a Câmara quanto à participação da bandeira no *Corpus Christi*.

Carla Santiago declara que não encontrou oposições por parte dos oficiais em contribuir como toda a despesa do desfile de São Jorge no Corpo de Deus.[114] Talvez a autora tenha afirmado isso por tratar apenas da primeira metade do século XVIII, pois na petição enviada ao Senado em 01 de agosto de 1821, os juízes e oficiais dos ofícios mecânicos dos ofícios do ferro se recusaram a "lançar finta", ou seja, a pagar a tributação aos camarários citando as Ordenações Filipinas sobre a obrigação da Câmara em custear as despesas.[115]

A motivação da escrita dessa petição foi uma notificação emitida pelos camaristas que ordenava que cada um "dos suplicantes" pagasse 450 réis para as despesas do Estado de São Jorge sob a conhecida ameaça de serem penhorados. A petição também foi apresentada ao "Senhor D. Manoel de Portugal e Castro Governador, e Capitão General [da] Capitania", para que fosse suspenso "todo, e qualquer procedimento" que os camaristas pudessem "intentar contra" os signatários:

---

114 Carla Fernanda Guimarães Santiago, *op. cit.*, p. 100.
115 Petição enviada ao Senado da Câmara de Vila Rica pelos oficiais dos ofícios mecânicos de ferreiro, serralheiro, caldeireiro, latoeiro, e ferradores. Vila Rica, 1821. APM – Coleção Casa dos Contos, Cx. 23, Documento 10463.

"o Juiz, o Escrivão e mais oficiais dos ofícios mecânicos de ferreiro, serralheiro, caldeireiro, latoeiro, e ferradores".

Resguardados de qualquer punição por parte Senado da Câmara, os dirigentes dos ofícios da bandeira dos homens do ferro e fogo afirmaram que não havia lei ou ordem alguma "de Sua Majestade" que os obrigasse a pagar o tributo. Para tanto, citam as Ordenações do Reino em que se determinam as benfeitorias que deveriam ser feitas pelas Câmaras e as fintas que o Senado estava autorizado a "lançar". Tais Ordens visavam "evitar a opressão dos Povos".[116]

Os oficiais declaravam que sempre haviam contribuído como "voluntários" para a festa; à sua custa fizeram "a Capa Rica que adorna[va] o Santo, e todos os preparativos dos Pretos", que o acompanhavam. Além disso, os mestres do ferro e fogo teriam entregado "certo dinheiro" ao procurador Capitão Manoel José Pimenta.

De acordo com os relatos, o governador D. Bernardo José Maria Lorena e Silveira, o Conde de Sardezas (1797-1805), teria mandado fazer a Imagem do Santo que compunha o cortejo do Corpo de Deus e "recomendou a Câmara tê-lo a seu cargo para a Festa", pois seria

---

116 Conforme o documento, os oficiais citam o que estava nas Ordenações. "*Livro I, título LVIII, parágrafo XLIII* quais são as obrigações digo quais são as obras públicas que ficam a cargo do Concelho faze-las aprontar somente lhes permite lançar mão da finta, quando não chegarem as rendas do mesmo Concelho não excedendo a quatro mil réis e quando disso passar; não pode-lo fazer, nem alcançar para isso licenças em dar parte a S. Majestade para resolver o que for servido no *título LXVI, parágrafo XL* só permite se lance finta para aquilo que o Senado é obrigado a fazer, mais que no caso de ser necessário, e não houver dinheiro do Concelho, senão poder fazer sem dar parte ao Corregedor da Comarca, e informar-se este da necessidade que há das duas coisas, e parecendo-lhe, que se devem fazer, ou parte delas, saberá quanto rendem as Rendas do Concelho, e se das despesas ordinárias sobeja, e quanto baste para se fazerem as tais coisas, e saberá outrossim quanto há que se lançou outra finta, e parecendo-lhe que podem algumas ficar para outro tempo, em que com menos opressão se possa lançar a finta a escreverá, e achando que se deve conceder sempre dependerá a Câmara de faculdade Régia a evitar a opressão dos Povos". Petição enviada ao Senado da Câmara de Vila Rica pelos oficiais dos ofícios mecânicos de ferreiro, serralheiro, caldeireiro, latoeiro, e ferradores. Vila Rica, 1821. APM – Coleção Casa dos Contos, Cx. 23, Documento 10463.

um "abuso" que ficasse a cargo da Bandeira de São Jorge, uma vez que "na Corte, e em nenhuma outra Província jamais foram semelhantes oficiais compelidos a tanto". Por fim, os oficiais rogavam ao Concelho "os mand[asse] aliviar de semelhante finta", pois era "duro" aos suplicantes pagarem os tributos sem saber "em que [era] tanto dinheiro despendido".

Não conhecemos o desfecho do requerimento, mas por meio dele podemos vislumbrar aspectos das culturas de ofício próprios da irmandade lisboeta dos ofícios do ferro e fogo quando os oficiais alertaram que, em "último caso", levariam a Imagem de São Jorge (reproduzida a seguir) para a Capela lateral dedicada ao santo na Igreja Matriz, caso o Concelho insistisse na cobrança das fintas. Como em Lisboa, o santo tornara-se instrumento de pressão na manutenção das prerrogativas conquistadas pelos oficiais mecânicos.

Figura 1: Imagem de São Jorge articulada, que saía na procissão de Corpus Christi a cavalo, atribuída a Aleijadinho

Fonte: [Ouro Preto – S. Jorge, pelo Aleijadinho]. Cartão-Postal Emulsionado. APM/ Fotografias. MM (Municípios Mineiros) – 205.

Os contribuintes para os festejos de 1826 deveriam ser os 52 oficiais arrolados na lista do escrivão da Câmara, sob pena de penhora. O interessante nessa fonte é que ao lado de cada nome constam sinais como "pg" que indicam quem cumpriu seu compromisso para com a bandeira. À frente de alguns nomes, as seguintes anotações foram registradas: "disse ao escrivão que não deve pagar" ou simplesmente "disse que não paga". Certamente os mestres da bandeira de São Jorge conheciam seus deveres junto à procissão de Corpus Christi como analisamos na petição de 1821. Quando a Câmara não cumpria suas obrigações para arcar com a procissão, os oficiais se manifestavam contra o "abuso" e a "opressão dos povos", pois alegavam que não era seu *dever* pagar. Podemos considerar essas breves frases como outros fragmentos, além dos já apontados nesse capítulo, das relações conflituosas dos oficiais com o Senado no tocante ao pagamento de todos os adornos dispendiosos do cortejo de São Jorge.[117]

Na procissão de Corpus Christi, nas ruas e vielas das cidades coloniais, a estratificação da sociedade se desenhava e se tornava pública para ser "contemplada" e reproduzida "passivamente". Representados enquanto corpos sociais coesos no Corpo de Deus, os participantes da festa se distinguiam dos "espectadores" em honra e estima, pois faziam parte do corpo político que se reunia hierarquicamente ao redor do Santíssimo Sacramento, em que se localizavam as autoridades do poder local e régio.

---

117 Lista dos ferreiros, serralheiros, funileiros, caldeireiros, latoeiros e ferradores, que são obrigados a apagarem por [racta] o que aqui lhes vai arbitrado para pagamento da despesa que se fez no presente ano com o Estado de São Jorge. Vila Rica, 1826. APM – Coleção Casa dos Contos, Cx. 11, Documento 21261. Stuart Schwartz comenta que as faltas dos mestres de ofícios em procissões eram frequentes em Salvador na segunda metade do século XVIII. Segundo o autor, esse quadro se explicaria porque para os oficiais mecânicos acompanhar as bandeiras dos seus ofícios ao lado dos pobres e malvestidos jornaleiros era motivo de desonra. Stuart Schwartz, "Ceremonies of public authority in a colonial capital. The king's processions and the hierarquies of power in the seventeenth century, Salvador", In: *Anais de História de Além-mar*. Lisboa, v-V, 2004, p. 7-26.

Os oficiais tinham um lugar definido ao longo da procissão, à dianteira dos festejos, e estavam muito distantes da nobreza e da figura real, pois como "baixos" e "humildes", como descreveu Bluteau, seu lugar no corpo político era junto às camadas populares. Contudo, o lugar dos homens de ofício era reconhecido e reiterado anualmente na festa. Entre os próprios ofícios se delineavam diferenças de prestígio. Os oficiais do ferro e fogo abriam a procissão: "logo à frente do cortejo so[avam] os pandeiros e os instrumentos de sopro dos músicos negros, que preced[iam] o Estado de São Jorge".

Seguro nas laterais pelos os oficiais do ferro e fogo, o santo surgia "sobre um cavalo branco ajaezado". Esses homens mecânicos se distinguiam dos demais oficiais pela presença emblemática de São Jorge, que lhes conferia notoriedade e distinção. As clivagens das hierarquias entre os ofícios mecânicos se inscreviam também na composição social do Estado de São Jorge. Destacados do restante dos oficiais, o juiz e escrivão dos ofícios que compunham a bandeira acompanhavam o desfile "vestidos de capa e volta".[118]

Durante os festejos do Corpo de Deus em Vila Rica, os variados segmentos sociais desfilavam exibindo seus privilégios e demarcando suas posições hierárquicas. Em um mundo guiado pelas aparências, o préstito se apresentava como um todo coeso e harmônico, que celebrava e reforçava os laços da dominação colonial. Nos bastidores do espetáculo, a dinâmica é outra, entram em cena os que eram meros espectadores, revelam-se os conflitos de interesses e multiplicam-se os estatutos sociais.

No cortejo do Estado de São Jorge, estão representadas as principais discussões que nos propomos fazer sobre as regras que organizavam o funcionamento dos corpos de ofício ferro e fogo na capital do Reino e nas terras brasílicas, em especial nas Minas. Os ferreiros, ferradores, serralheiros de Lisboa e Vila Rica compartilhavam tradições, normas, saberes, enfim, um idioma comum do universo dos ofícios.

---

118 Beatriz Catão Cruz Santos, *op. cit.*, p. 149.

Como pessoas diferentes, vivendo em localidades e contextos sociais igualmente diversos, os homens do ferro e fogo atribuíram sentidos variados e até mesmo contrários às mesmas práticas culturais e sociais. Enfatizamos, ao longo desse capítulo, que em todas as instâncias, que envolveram os homens de ofício e a normatização de seu trabalho, predominaram relações de conflito. Esses embates foram identificados na estrutura dos corpos de ofício lisboeta que foi caracterizada por disputas entre a Câmara e a Casa dos Vinte e Quatro, entre oficiais mecânicos de diferentes bandeiras e, especificamente, entre os artesãos que compuseram a bandeira de São Jorge. O mesmo vale para a situação colonial, na qual as tensões entre o poder local e os artífices e, destes com outros artesãos do mesmo ofício, puderam ser verificadas na investigação dos documentos das Câmaras de Vila Rica e Mariana.

As temáticas variadas que abordamos – regulamentação dos ofícios, hierarquias sociais, festa do Corpus Christi – se encontram em um objetivo comum: compreender como se dava o funcionamento do corpo dos ofícios do ferro e fogo a partir da visão dos oficiais que o constituíam. Em outras palavras, nossa meta foi marcar qual era lugar dos oficiais mecânicos no corpo político da colônia. Essa preocupação nos levou a questionamentos que estão no cerne do debate historiográfico atual.[119] O percurso pelas variadas etiquetas sociais as-

---

119 Entre esses debates historiográficos estaria o que aborda a temática das relações entre metrópole e a sua colônia a partir de fontes sobre a política e administração na América portuguesa. Essas questões de cunho mais geral configuraram um campo de discussão importante e bastante atual sobre quais critérios conferiam especificidade à Luso - América no que diz respeito as suas instituições, normas e hierarquias sociais em relação à metrópole. Em nosso estudo, acreditamos que, na América portuguesa, uma via de mão dupla marcava as relações entre metrópole e colônia e que a realidade colonial, marcada pela escravidão estrutural, possibilitou o surgimento de novas práticas, regras e costumes no interior dos corpos de ofícios. Sobre os autores que discutem esse assunto, há os que defendem a possibilidade de ter sido instaurado na América portuguesa uma versão tropical do Antigo Regime. Por exemplo, citamos o livro clássico de João Fragoso, Maria Fernanda Bicalho, Maria de Fátima Gouvêa, *O Antigo Regime nos trópicos: a dinâmica im-*

sociadas aos homens de ofício nos permitiram descrever quais foram os critérios que construíram as divergências internas a cada ofício, as desigualdades entre ofícios distintos e as diferenças de prestígio em comparação a estrutura estamental externa às corporações.

A escravidão para alguns autores seria o fator desarticulador do sistema corporativista das associações de artífices na colônia.[120] Sobre isso, vale considerar que "em Portugal, a produção artesanal manufatureira absorveu relações de trabalho escravistas, o que aconteceu com mais intensidade no Brasil, para onde se dirigia o grosso do fluxo de escravos africanos".[121] Por mais que a escravidão na metrópole tenha sido residual ao se comparar com as proporções que essa forma de exploração tomou no Brasil, não podemos deixar de levar em conta que nas oficinas e nas tendas da metrópole já se convivia com o braço escravo e que o processo de ensino de um ofício a cativos foi frequen-

---

perial portuguesa (séculos XVI-XVIII). Rio de Janeiro: Civilização Brasileira, 2001. Por outro lado, há autores, como Laura de Mello e Souza, que acreditam que não houve uma transposição do modelo europeu de Antigo Regime para os trópicos, "o que houve nos trópicos foi, sem dúvida uma expressão muito peculiar da sociedade de Antigo Regime europeia, que se combinou com o escravismo, o capitalismo comercial, a produção em larga escala de gêneros coloniais, com a existência de uma condição colonial que, em muitos aspectos e contextos, opunha-se à Reinol e que, durante o século XVIII, teve ainda de se ver com mecanismos de controle econômico nem sempre eficaz e efetivo, mas que integravam, qualificavam e definiam as relações entre um e outro lado do Atlântico: o exclusivo comercial". Laura de Mello e Souza, *O Sol e a Sombra: política e administração na América portuguesa do século XVIII*, São Paulo: Companhia das Letras, 2006, p.67. Há ainda estudos que nos mostram que ainda que as especificidades do mundo colonial tenham de ser enfatizadas e, com isso, que as diferenças ou semelhanças com a metrópole também devam ser sublinhadas, é preciso lembrar (e é nessa perspectiva que inserimos este estudo) que "os localismos não eram contraditórios com o domínio metropolitano, que precisava deles para governar e dominar tão vastas regiões". Silvia Hunold Lara, *op. cit.*, p. 77.

120 Entre os autores já citados: José Newton Coelho Meneses, Wilson de Oliveira Rios, Maria Helena Flexor, Fabiano Gomes Silva.

121 Luis Antônio da Cunha, *O ensino de ofícios artesanais e manufatureiros no Brasil escravocrata*. 2ª edição, São Paulo: Editora UNESP; Brasília: FLACSO, 2005, p. 46.

te. Como exemplo, citamos o caso de Cledernus, que em 1537, era um dos senhores que instruía seus escravos negros, os ensinou latim para que o auxiliassem na sua escola de Évora: "Quando se entregou à tarefa de escrever uma gramática latina (...) intitulou o livro *Grammatica Aethiopica*, em honra dos seus assistentes".[122]

É inegável que o grande contingente de africanos escravizados transportado para a América portuguesa determinou muitos aspectos da organização do trabalho mecânico. Como procuramos mostrar, a presença de escravos, e seus descendentes, trouxe novas clivagens à hierarquia interna dos ofícios. Além disso, muitos deles foram encartados e exerceram as funções de juiz e escrivão de ferreiro (são exemplos disso, Eusébio da Costa Ataíde e Manoel Rodrigues Rosa). Esses apontamentos suscitam outras questões que enfrentaremos em outro momento. Uma delas seria: no âmbito da convivência com cativos, lado a lado nas oficinas, os oficiais mecânicos senhores de escravos não teriam forjado uma "relação escravista menos desnivelada e mais solidária"?[123]

O trabalho de africanos na prática dos ofícios do ferro e fogo torna ainda mais singular o modo como essas ocupações se desenvolveram nas Minas, pois cativos de determinadas procedências dominavam as técnicas metalúrgicas. Dessa forma, as condições materiais de trabalho e as técnicas que se desenrolavam no interior das tendas de ferreiro po-

---

122 A. C. de C. M. Saunders, *História social dos escravos e libertos negros em Portugal (1441-1555)*. Lisboa: Imprensa Nacional, 1994, p. 139.

123 "A situação desses oficiais mecânicos que se transformam em senhores de escravos é, no mínimo, contraditória: se o trabalho braçal é para a sociedade escravista ato de escravo e se o senhor de escravo, normalmente não utiliza as mãos para o trabalho, como seria a relação desse senhor de escravo que trabalha como oficial mecânico? E que estatuto teria, nessa relação, o escravo artesão semi-especializado, ou mesmo, especializado? (...) Supõe-se, de forma preliminar, que a relação entre esses homens, artesãos de mesmo ofício ou de ofícios distintos, localizados em estratos sociais que tendiam a opor-se um ao outro e, por fim, unidos por laços da relação escravista, era menos desnivelada e mais solidária, quando comparada a de outros senhores e escravos sem especialização". José Newton Coelho Meneses, *op. cit.*, p. 330.

dem trazer novos elementos que revelem as especificidades das práticas desse ofício na colônia em comparação ao que ocorria em Portugal.

2. Elementos materiais do ofício

Em Vila Rica e Mariana setecentistas, muitos aspectos da vida dos artífices do ferro foram determinados pelas as condições técnicas e materiais de seu ofício. Isso porque, entre outras razões, esses homens lidavam com uma matéria-prima essencial para subsidiar as demais atividades econômicas da região mineradora: o ferro. Uma abordagem puramente técnica desses condicionantes poderia levar a descrições vazias que pouco informaria sobre os significados sociais, políticos e econômicos que permeiam a história dos saberes e métodos dos ofícios de ferreiro, ferrador, serralheiro, entre outros.

Mais do que isso, a descrição por si mesma de ferramentas, de instalações, das mudanças na forma de produzir ferro deixaria de lado aqueles que transformaram e reinventaram materiais, saberes, habilidades, em um ambiente intenso de conflitos. Esse seria um caminho que apagaria a ação dos protagonistas de nossa narrativa: os artesãos do ferro.

Nesse sentido, "as técnicas são indissociáveis das ações/relações" e os elementos materiais da cultura são vistos "como documentos de realidades sociais, não como reflexos destes, mas integrados à sua construção". Dessa forma, consideramos importante a análise do saber fazer desses artesãos, pois "o homem, ao construir culturas, faz coisas concretas e essas são dignas de serem historiadas, oferecendo possibilidades de construírem-se como manifestações sociais identitárias".[1]

Nas próximas páginas, nosso esforço em abordar assuntos que, à primeira vista, não se relacionam, vai ao encontro de um objetivo mais geral: conhecer de onde vêm e quem são os homens que dominavam os disputados segredos da fundição do ferro e como algo, aparentemente tão simplório, tal como o trabalho de um ferreiro em sua tenda, se relaciona aos interesses fulcrais das autoridades coloniais e metropolitanas nas duas margens do Atlântico português.

Antes de iniciar a discussão das temáticas brevemente enunciadas, é preciso voltar a atenção aos termos da época que definiram algumas palavras-chave que usamos ao longo do texto e que podem dizer muito sobre o que vem em seguida. Para tanto, lançamos mão, mais uma vez, do *Vocabulário portuguez e latino*, elaborado pelo padre Raphael Bluteau, nas primeiras décadas do século XVIII, e do *Diccionario da língua portugueza* de Antonio Moraes Silva (1789) que, ape-

---

1   José Newton Coelho Meneses, "Apresentação", *Varia História*, Belo Horizonte, v. 27, n. 46, 2001, p. 397-399. Maria Eliza Linhares ao analisar as culturas de ofício ressalta a importância do uso de diversas fontes de pesquisa, inclusive os elementos materiais: "Quanto mais a historiografia diversifica suas fontes de pesquisa, maiores e mais variadas são as listas de produtos oriundos do saber e do fazer desses artesãos. Machados, foices, enxadas, ferraduras e cravos para cascos de animais, rodas de madeira, teares, fornos de ferreiro, plantas para a cura de animais e pessoas e para o uso culinário, confecção de móveis, panos, cerâmicas, vidro, peças de arte sacra, adornos variados, instrumentos musicais são apenas uma amostra de como o par tradição/ inovação foi manuseado pelos artesãos para suprir as demandas – rural, e sobretudo urbana – do Brasil colonial e imperial". Maria Eliza Linhares Borges, "Cultura dos ofícios: patrimônio cultural, história e memória", *Varia História*, Belo Horizonte, v. 27, n. 46, 2001, p. 488.

sar de ser apresentado como uma versão "reformada" e "acrescentada" do primeiro possui diferenças substantivas em relação a ele.[2] Na maioria dos documentos a que tivemos acesso, os ferreiros apresentam seus bens de ofício a partir de suas "tendas" e/ou "lojas". Bluteau assegura ser "necessário distinguir Tenda de Loja", pois enquanto a primeira era garantia de maior mobilidade - "coberta por fora de pano ou tabuado, como as das mulheres, que vendem cousas de comer na Ribeira, e em outras partes da Cidade" - a loja seria a "oficina, ou casa de vender", portanto, fixa.[3]

Na leitura dos inventários e testamentos dos artesãos do ferro, os significados dos termos citados acima se confundem, já que as tendas contavam com uma série de ferramentas e instalações (como fornos e foles) que impediriam que o conjunto fosse facilmente transportado. Eusébio da Costa Ataíde, em seu testamento (1806), não declarou ter uma loja, citou apenas duas tendas de ferreiro "com tudo o necessário e duas pequenas bigornas" e a casa em que vivia na Ladeira do Ouro Preto.[4] Entretanto, no recenseamento de 1804, Eusébio foi identificado como ferreiro e serralheiro, tendo "loja aberta" com o mesmo endereço de suas casas de morada.[5]

---

2   Raphael Bluteau, *op. cit*, e Antonio Moares Silva, *Diccionario da língua portugueza*, Lisboa, Officina de Simão Thaddeo Ferreira, 1789. Segundo Maria Clara de Sousa, "a reestruturação é radical: a obra de 1789 corresponde a apenas 30% do volume do *Vocabulário* completo, e aproveita não mais que 5% de suas entradas. Por outro lado, o Dicionário de 1789 apresenta acréscimos significativos em relação à anterior: além de se terem adicionado 22.000 novas entradas, as grafias forma cuidadosamente regularizadas, as definições simplificadas, as informações gramaticais sistematizadas". Maria Clara Paixão de Sousa, *"Diccionario da Lingua Portugueza" Moraes (1789)*. Texto de apresentação, disponível em: http://www.brasiliana.usp.br/node/316. Acesso em: 01/05/2010.

3   Raphael Bluteau, *op. cit.*, verbete "tenda".

4   Testamento de Eusébio da Costa Ataíde, ano de 1806. AHMI, Livro de Registro de Testamentos, 1805-1807, fl.18.

5   Dados do recenseamento de 1804, realizado em Vila Rica. Herculano Gomes Mathias. *Um recenseamento na Capitania de Minas Gerais* [1804]. Rio de Janeiro: Ministério da Justiça/ Arquivo Nacional, 1969, p. XXIII e 98.

Ao que parece, o lugar de trabalho para os ferreiros era a sua tenda, que muitas vezes era fixa e se confundia com a loja e, no caso de Eusébio, com a própria moradia. A tenda também podia ser carregada por animais ou escravos para as diversas localidades em que o trabalho do ferreiro era ser solicitado. De acordo com o inventário do ferreiro Arcângelo Ribeiro de Queiroz (1800), morador em Sabará, quando era necessário se deslocar para "fazer ferraduras, dobradiças, pregos, cravos e, as imprescindíveis foices e enxadas", transportava "produtos e até a pesada bigorna" nas costas de seus escravos.[6]

O produto do trabalho dos oficiais do ferro era "fabricado" ou "forjado" porque era feito em uma "fábrica", que podia ser a "casa ou oficina em que se fabricam alguns gêneros" como descreveu Bluteau, mas também o conjunto da tenda, oficiais e materiais: "a gente, animais de serviço, máquinas, provimentos para alguma obra", portanto como acrescentou Moraes Silva. Os termos "loja", "oficina" e "fábrica" se apresentam como sinônimos, que também estavam relacionados ao significado de "manufatura", que seria a "fábrica, mecânica, e oficina de artefatos" e "a obra feita nelas", e de "indústria", que remeteria às "obras mecânicas" e à "arte e destreza para ganhar a vida" por meio do ofício.[7]

A ausência de fronteiras nítidas nas definições dessas palavras é evidente; se descartarmos alguns complementos, as distinções praticamente desaparecem. Com isso queremos dizer que, em Portugal, no século XVIII, o significado de manufatura se aproximava dos sentidos que teriam as palavras "fábrica" e "oficina" que, em momento algum, podem ser associados às grandes indústrias do Sistema Fabril.

---

6   Inventário de Arcângelo Ribeiro de Queiroz, ano de 1800. Banco de Dados da Comarca do Rio das Velhas/UFMG (07)12, Inventário195. O ferreiro faleceu aos 40 anos, em 1800, em seu local de domicílio. *Apud* José Newton Coelho Meneses, *Artes servis e serviços banais: ofícios mecânicos e as Câmaras no final do Antigo Regime. Minas Gerais e Lisboa (1750-1808)*. Tese (Doutorado) - Universidade Federal Fluminense, Niterói, 2003, p.365-326.

7   Raphael Bluteau, *op. cit.*, verbetes "fábrica", "oficina", "indústria". Antonio Moraes Silva, *Diccionario da língua portugueza*, verbetes "fábrica", "manufatura", "indústria".

Essas observações são importantes para compreendermos a que as autoridades coloniais e metropolitanas se referiam quando buscaram o incentivo a manufatura do ferro nos últimos anos da colônia. Não acreditamos que as fábricas de ferro instituídas no período colonial (como a Fábrica de Ferro do morro de Araçoiaba, em Santo Amaro, no início do século XVII e a Fábrica de Ferro de Nova Oeiras, na África Central, em fins do Setecentos) equivalessem ao trabalho dos oficiais mecânicos em suas tendas individualmente, mas que representavam uma reunião desses artesãos, nas palavras de Bluteau, um "lugar em que muitos do mesmo ofício se ajuntam a fazer o mesmo gênero".[8]

Uma boa empreitada?

A Unidade Geomorfológica conhecida por "Quadrilátero Ferrífero" localiza-se na região central de Minas Gerais. Com uma reserva total de minérios que supera 29 bilhões de toneladas. Segundo arqueólogos, essa área traz marcas de ocupação a partir do século XVII, que "estão concentradas em regiões de rochas metassedimentares, ricas em ferro, e metavulcânicas, ricas em ouro".[9] Essa riqueza mineral foi retratada em memórias, alvitres e estudos de agentes da Coroa portuguesa ao longo do Setecentos, na sua *Breve descrição corográfica da Capitania de Minas Gerais* João José Teixeira Coelho, em 1782, informa que a região tinha "minas de pedra-ume, de salitre e de ferro", que só não se promoviam "por falta de indústria".[10]

---

8 Raphael Bluteau, *op. cit.*, verbete "fábrica".

9 José Newton Coelho Meneses, Danielle Piuzana, Marcelino Morais, Marcelo Fagundes, "Espaços de minerar e caminhos do abastecer: as paisagens, os lugares e o território do Quadrilátero Ferrífero", *Tarairiú*, Campina Grande, v. 1, n. 2, 2011, p. 133.

10 José João Teixeira Coelho, *Instrução para o governo da capitania de Minas Gerais* [1782], Organização, transcrição documental e textos introdutórios Caio César Boschi; preparação de texto e notas Melânia Silva Aguiar. Belo Horizonte: Secretaria de Estado de Cultura/Arquivo Público Mineiro; Rio de Janeiro: Instituto Histórico e Geográfico Brasileiro, 2007, p. 173.

O ilustrado José Vieira Couto em sua *Memória sobre as minas de cobalto da capitania de minas Gerais*, de 1805, declarou sobre o ferro: "este metal mais precioso que o ouro, se nos falta, esta míngua será sempre parte grande, atrasamento (sic) e perda incalculável na perfeição do trabalho das nossas minas".[11]

Vieira Couto traçou uma descrição detalhada das Minas e de seus recursos naturais, recolheu uma série de amostras de minérios e analisou a viabilidade prática e econômica de erigir "fábricas de ferro ou fundições e forjas deste metal". O memorialista arrazoou a favor da produção local de ferro ("nas vizinhanças das minas") para o aprimoramento das técnicas mineratórias, pois a importação do metal era "um estorvo, e funesto freio aos progressos da mineração".[12] Os argumentos ao incentivo ou a proibição da exploração das jazidas de ferro foram frequentes também em outros pareceres emitidos por estudiosos, viajantes e funcionários da Coroa, ao longo do século XVIII e início do XIX, como veremos a seguir.

Em princípios do século XIX, o Barão Eschwege, ao chegar às Minas, também descreveu os aspectos naturais que havia encontrado nas paisagens onde o Intendente Câmara[13] instalou a Real Fábrica de Ferro do Morro do Pilar:

---

11 Memória sobre as minas de cobalto de Minas Gerais, composta por José Vieira Couto [1805] anexa a Carta do desembargador José Bonifácio de Andrada e Silva, para o Visconde de Anadia. Coimbra, 1806. AHU_ACL_CU_011, Cx. 182, D. 13451, [fl. 25].

12 Memória sobre as minas de cobalto de Minas Gerais, composta por José Vieira Couto, [fl.25].

13 Manoel Ferreira da Câmara Bethencourt e Sá, o Intendente Geral das Minas e dos Diamantes, foi o primeiro a conseguir autorização e financiamento para a primeira fábrica de ferro do Brasil – Real Fábrica de Ferro do Morro do Pilar (1812). Marcos Carneiro de Mendonça, *O Intendente Câmara, Manoel Ferreira da Câmara Bethencourt e Sá, Intendente Geral das Minas e dos Diamantes, 1764-1835*. São Paulo: Companhia Editora Nacional, 1958, p. 38. Em São Paulo, as primeiras tentativas de exploração do ferro datam do século XVI. Cf: Anicleide Zequini, *Arqueologia de uma fábrica de ferro: Morro de Araçoiaba, séculos XVI-XVIII*. Tese (Doutorado) - Universidade de São Paulo, São Paulo, 2006, p. 83-109.

> A ocorrência frequente nessa província do minério de ferro, que aparece em serras inteiras, as águas numerosas que ali se encontram em quase todos os vales e gargantas, facilitava muito a escolha de um lugar próprio para o estabelecimento de casa de fundição. Mais difícil, porém, é encontrar ali matas necessárias, que as queimas de uma lavoura bárbara têm devastado em quase todas as regiões, sobretudo naquelas onde justamente é maior a ocorrência de ferro.[14]

Nesse trecho de suas memórias, o autor de *Pluto Brasiliensis* apontou as condições necessárias para a instalação de ferrarias: a grande ocorrência de ferro somada ao acesso à madeira, que nessa localidade era dificultado pelas queimadas, para a fundição, e à água, para prover de força hidráulica o maquinário. De acordo com esse relato, a grande devastação das matas mostrava-se como um empecilho à indústria do ferro. Como afirma Warren Dean, seiscentos quilômetros quadrados de floresta teriam sido destruídos na região mineradora no século XVIII.[15]

---

14 Wilhelm Ludwig Von Eschwege, *Pluto Brasiliensis* [1833], Tradução de Domício de Figueiredo Murta. Belo Horizonte: Itatiaia/ São Paulo: Editora da Universidade de São Paulo, 1979, p.187. Ao relatar o empreendimento do Intendente Câmara, acrescenta a respeito da região do Morro do Pilar: "(...) onde não só se encontram montanhas inteiras de ferro magnético, de oligisto specular e micaceo, de hematite, como também a aguada do Rio Picão com uma grande queda podendo mover 20 e mais rodas, e finalmente uma mata próxima, que ele [Intendente Câmara] acreditou poder dar o combustível necessário a 3 fornos altos e 12 de refinação, quando entretanto qualquer prático fundidor, que examine um pouco a região, se convence logo que não há ali sequer o suficiente para o meneio de um só forno". Idem, p.88.

15 Segundo o autor, "grande parte dessa queimada se repetiria na floresta secundária, acessível às vilas e lavras de ouro. (...) A remoção exploratória, hidráulica e manual da superfície dos solos da floresta sugerem que o empreendimento minerador do século XVII exigiu mais da Mata Atlântica que os primeiros dois séculos de lavoura de subsistência e as plantações de trigo e açúcar". Warren Dean, *A ferro e fogo: a história e a devastação da Mata Atlântica Brasileira*. São Paulo: Companhia das Letras, 1996, p. 116.

Consideramos que, se por um lado, como indica o engenheiro alemão, os recursos naturais da região não seriam suficientes para suprir as carências de uma fábrica com muitos fornos de fundição (fornos altos), por outro, poderiam satisfazer os usos de pequenas oficinas em que o metal podia ser fabricado para atender as demandas cotidianas das comunidades. O viajante Saint-Hilaire, na segunda viagem do Rio de Janeiro a Minas Gerais e a São Paulo (1822), ao ter cruzado com tropas carregadas de sal e ferro que iam para Minas, assombrou-se com a suposta ausência de produção local: "É verdadeiramente vergonhoso que num país onde este metal é tão abundante, proceda ainda do estrangeiro grande parte do que consome".[16]

O ferro, em barras, ou já obrado, fazia parte de um grupo de mercadorias necessárias e não disponíveis na Capitania das Minas: como o aço, o chumbo, o cobre e o estanho. Havia proibições à exploração do minério de ferro e ao comércio de ferro em obras (já transformado em instrumentos), bem como restrições ao estabelecimento de fundições na colônia, o que aumentava a taxação sobre esse produto.[17] Prática tributária que era lucrativa para a Coroa, mas onerosa para os colonos, que chagavam a pagar em "um quintal de ferro o mesmo que

---

16 Auguste de Saint-Hilaire, *Segunda viagem do Rio de Janeiro a Minas Gerais e a São Paulo*, [1822], (trad. de Vivaldi Moreira). Belo Horizonte: Itatiaia/ São Paulo: Editora da Universidade de São Paulo, 1974, p. 99.

17 Russell-Wood completa: "Até mesmo quando Portugal não era o próprio produtor dos itens essenciais ao uso doméstico ou à produção colonial, Lisboa era apresentada como o principal porto para o envio dos produtos de origem européia destinados ao Brasil. Tais produtos eram taxados pesadamente e de forma repetitiva. Nada muito diferente daquilo que ocorrera na Ásia portuguesa, muitos dos rendimentos que afluíam aos cofres régios eram derivados de quotas e taxas. Monopólios reais foram impostos em diferentes períodos ao pau-brasil, sal, vinho, óleo de oliva e pesca da baleia, dentre outros produtos. A Coroa portuguesa não havia apenas investido o menos possível na colônia, mas havia também desviado fundos destinados inicialmente a fins coloniais". A. J. R. Russell-Wood, "Centros e Periferias no Mundo Luso-Brasileiro,1500-1808", *Revista Brasileira de História*, São Paulo, vol. 18, n. 36, 1998, p. 189.

costumam pagar [em] fazendas finas (tecidos finos), de grande valor, em igual proporção de peso".[18]

A produção e a comercialização de ferro nas Minas se tornaram temas recorrentes para autoridades metropolitanas e coloniais que estavam inseridas, a partir da segunda metade do século XVIII, na política pombalina de fomento industrial e de incremento da colonização. Viajantes e representantes da elite ilustrada portuguesa elaboraram pareceres que indicam a necessidade básica de instrumentos de ferro durante todo o período abordado, principalmente no que diz respeito aos usados na mineração e na agricultura.

Como essas memórias e pareceres permitem afirmar, o reformismo ilustrado português é, antes de tudo, utilitarista, pragmático. Em Portugal, em fins do século XVIII, uma geração de letrados se ocupava das questões ligadas à filosofia e à educação, buscando por meio desse conhecimento promover mudanças sociais e econômicas. Um período de caráter diverso e contraditório que pode ser resumido nas palavras do colaborador do Marquês de Pombal, Antonio Ribeiro dos Santos: "[Pombal] quis civilizar a nação e, ao mesmo tempo, escravizá-la. Quis fundir a luz das ciências filosóficas e, ao mesmo tempo, elevar o poder real do despotismo".[19]

O paradoxo do reformismo do ministro de D. José I pode ser visto como uma confluência de saberes inicialmente opostos que se articulam e, por fim, expressam um esforço político para associar forças sociais conflituosas. Um paradoxo percebido não somente pelos historiadores que revisitam esse passado, mas, sobretudo, por Pombal e a geração de intelectuais que o cercava. Tal situação assumiria outros contornos com os projetos fabris de D. Rodrigo de Sousa Coutinho,

---

18 João Pandiá Calógeras, *As Minas do Brasil e Sua Legislação*. Rio de Janeiro: Imprensa Nacional, v. 2, 1905, p.55. O fim das restrições ao fabrico de ferro só ocorreu em 1795.

19 Kenneth Maxwell, *Marquês de Pombal: paradoxo do Iluminismo*. Rio de Janeiro: Paz e Terra, 1996, p.2.

que, de igual forma, motivava a produção de estudos e memórias resultantes de viagens, expedições e explorações, com a finalidade de intervir diretamente no crescimento econômico de Portugal.

A exposição do governador D. Rodrigo José de Menezes dirigida ao ministro Martinho de Melo e Castro, que governou as Minas de 1780 a 1783,[20] "sobre o estado de decadência da Capitania de Minas Gerais e meios de remediá-lo" traz elementos importantes para pensar como se insere a manufatura do ferro no quadro maior da política colonial portuguesa do fim do século XVIII. Como um "fiscal vigilante", o governador assim que nomeado pela Rainha D. Maria I se empenhou em analisar os condicionantes econômicos das Minas.

Para remediar a situação de decadência da produção aurífera, o Governador se encontrava "obrigado" a propor "um novo estabelecimento que à primeira vista [parecia] oposto ao espírito e sistema da administração" da Capitania, "mas que bem examinado se conhece pelas razões (...), as mais sólidas e convenientes, a sua utilidade". Esse novo "remédio [era] o estabelecimento de uma fábrica de ferro".[21] Outros estudos sobre as formas exploração das minas auríferas também indicavam a necessidade de incrementar a metalurgia em Portugal e nos domínios ultramarinos. No final do século XVIII, foram escritos memórias e alvitres para as diversas localidades do Império. Surgiram pareceres sobre a fábrica de pedra-ume na ilha de São Miguel, a extração de chumbo na região do rio Pisco, as fábricas de ferro de Figueiró, entre outros.[22]

Vale ressaltar que o fomento a produção de ferro na colônia era reconhecido por D. Rodrigo, "à primeira vista", como oposto à polí-

---

20 Exposição do Governador D. Rodrigo José de Menezes sobre o estado de decadência da Capitania de Minas - Gerais e meios de remedia-lo, 04/08/1780, In: Livro Primeiro de registro dos ofícios dirigidos à Corte Pelo Ilmo. e Exmo. Senhor D. Rodrigo José de Menezes, Governador e Capitão General desta Capitania de Minas Gerais, APM - Seção Colonial, Códice 224, f. 139 e ss.
21 Exposição do Governador D. Rodrigo José de Menezes, fl. 314.
22 Fernando A. Novais, *Portugal e Brasil na Crise do Antigo Sistema Colonial* (1777-1808). São Paulo: Hucitec, 1995, p. 283.

tica metropolitana, pois era contrário aos monopólios régios e diminuiria a arrecadação de tributos vindos dos direitos do Contrato das Entradas[23] sobre o ferro importado. Além disso, parecia contraditório incentivar o desenvolvimento de uma atividade econômica que favorecesse a autonomia da colônia. A postura do governador confirma as dificuldades encontradas por um ilustrado português diante da necessidade de responder de forma pragmática à realidade complexa da Minas, uma vez que "a norma seria não estimular na colônia tais indústrias; mas as circunstâncias impunham-na".[24]

Dando seguimento aos argumentos elaborados por D. Rodrigo de Menezes, ressaltamos (como em outros momentos) a importância conferida pelo governador à elaboração de ferramentas de ferro que subsidiassem tanto atividades agrícolas quanto a própria mineração: "Se em toda parte do mundo é este metal necessário, em nenhuma o é mais, que nestas Minas; qualquer falta que dele se experimente cessa toda qualidade de trabalho: seguem-se prejuízos irreparáveis, e é uma perdição total".[25] Outras razões são articuladas, no sentido de que, se os utensílios de ferro fossem produzidos nas Minas, seu preço seria muito mais "módico".

O governador analisou então, uma conjuntura internacional que incluía um comércio para além das fronteiras da América Portuguesa, já que a importação do ferro, comprado a "avultadas somas", de suecos, hamburgueses e biscainhos, encarecia muito o produto. Menezes continuou seu raciocínio afirmando que "a este inconveniente, já em si

---

23 O direito das Entradas era cobrado em postos fiscais e impunha taxas sobre os produtos que entravam nas Minas. Tratava-se, igualmente, de uma das principais formas de fiscalizar a circulação das mercadorias, inclusive o ouro. A cobrança deste tributo por meio de contratos existia desde 1715 e representava um meio de pagar os quintos devidos para a Coroa. O sistema de cobrança por contratos vigorou até 1789, quando a Fazenda Real passou a se encarregar pela arrecadação. Cláudia Maria das Graças Chaves, *Perfeitos negociantes: mercadores das Minas Setecentistas*. São Paulo: Annablume, 1999, p. 85.
24 Fernando A. Novais, *op. cit.*, p. 285.
25 Exposição do governador D. Rodrigo José de Menezes, fl.315.

mesmo bem prejudicial, pod[iam] acrescer outros muito mais essenciais, que não saem da ordem da natureza das coisas: aquelas nações podem simultâneas, ou separadamente ter uma guerra", impedindo que os portos coloniais recebessem o "precioso metal". Por fim, a iminência de um conflito, que resultasse do quadro de forte competição internacional, poderia incluir Portugal "nas agitações da Europa", o que dificultaria o comércio com a colônia e, assim, o abastecimento de ferro para as Minas. Nas palavras do governador: "que perda não resultaria ao Real Erário, *se por falta de ferro parasse o trabalho das Minas*".[26]

Findas as justificativas que defendiam a manufatura do ferro como uma boa empreitada, D. Rodrigo José de Menezes listou as condições para o estabelecimento dessa indústria. Principiou comprovando a existência de ferreiros que dominavam o processo de transformação do ferro. O governador procurou em sua localidade (Vila Rica) alguém que lhe mostrasse o "segredo" para fabricar ferro:

> Estas condições tão importantes e dignas da maior atenção me obrigam a *ouvir um segredo para o fabricar*. Eu lhe dei licença para fazer uma amostra, com proibição expressa de ampliar esta permissão à mínima quantidade para pessoa alguma, até que eu recebesse a este respeito as ordens necessárias. Pouco depois me trouxe a que remeteu em barra, depois de ter feito nela todas as experiências que me persuadiram ser verdadeiro e bom ferro (...) e capaz de ser empregada em todas as obras em que se necessita daquele metal. Não me contentando com esta primeira experiência, para mais me capacitar das suas verdadeiras propriedades, mandei fazer fechadura, que também remeteu, a qual tira toda duvida da sua bondade e préstimo.[27]

Como o trecho relata, o governador concedeu uma exceção a um ferreiro com "expressa proibição" de mostrar seu "préstimo" a outras

---

26 Exposição do governador D. Rodrigo José de Menezes, fl.316. *grifo nosso*.
27 Exposição do governador D. Rodrigo José de Menezes, fl.316.

pessoas. Assim, o segredo selaria mais uma vez o compromisso do governador com o monopólio da Coroa sobre a exploração do ferro. Prosseguindo a narrativa da exposição, o oficial mecânico não teria sido somente capaz de fabricar uma barra do metal, que se mostrou "verdadeiro e bom ferro", como também elaborou uma peça – fez uma fechadura. Na colônia havia, portanto, formas de obter não somente massas de ferro resultantes de processos metalúrgicos, mas também o ferro trabalhado na forja e transformado em objetos para os mais variados fins.

Segundo os planos da boa empreitada de D. Rodrigo de Menezes, a Coroa contaria com os devidos direitos sobre os lucros da produção. O governador propôs um projeto com diversas formas de aplicar a taxação sobre o ferro para remediar a citada oposição que poderia haver entre o incentivo à produção desse metal nas Minas e a política econômica metropolitana. Primeiramente, na fábrica deveria haver um "homem de confiança" que fosse marcando o ferro à medida que fabricado. O descobridor do "segredo" de produzir e manufaturar o ferro deveria administrar a fábrica com lucro de "um tanto por cento sobre as vendas". Em terceiro lugar, a Fazenda Real seria proprietária da fábrica, "recompensando o inventor com um bom Ofício de Justiça, ou fazenda". Por fim, D. Rodrigo considera "deste modo em lugar de diminuírem, estou persuadido crescerão as Rendas Reais".[28] Quando se refere à exposição de Menezes, João Pandiá Calógeras pondera: "Pela primeira vez advoga um representante de Portugal a criação desta indústria nova com argumentos econômicos e políticos".[29]

Para D. Rodrigo de Menezes, havia saberes e técnicas já consolidados nas Minas, assim como a fabricação e a comercialização de produtos de ferro era evidente e havia se tornado cada vez mais usual, devido à própria mineração do ouro. O governador não desconsiderou a centralidade da mineração para a economia da Capitania e da

---

28 Exposição do governador D. Rodrigo José de Menezes, fl.317.
29 João Pandiá Calógeras, *op. cit.*, p.52.

Monarquia e propunha reverter o quadro de decadência das Minas por meio da instalação de fábricas de ferro e de outras iniciativas, como a proibição da circulação do ouro em pó e a criação de uma casa da moeda em Vila Rica.

Na Capitania de Minas, a inexistência de instrumentos de ferro que auxiliassem na mineração era uma temática recorrente não somente entre as autoridades, viajantes e letrados, mas percebida, analisada e denunciada pelos próprios moradores. Em 1769, o reinol Manoel Álvares Correia, morador no arraial de Nossa Senhora da Piedade da Paraopeba, no Curral del-Rei, solicitou uma licença para abrir uma fábrica de ferro na região. O suplicante adiantou que já havia obtido licença do Governador Gomes Freire de Andrade "para fazer a experiência de fazer ferro" e que havia "gasto muitos cabedais" no empreendimento.

O texto segue com promessas de que a fábrica serviria "de benefício ao bem comum em razão de haver muitos mineiros que deixa[vam] de minerar, pelo muito ferro de que necessita[vam]", que era adquirido por "um avultado preço o qual os desanima[va] de minerar". Tal como o governador D. Rodrigo José de Menezes, anos depois, Manoel Álvares conhecia o monopólio régio, por isso argumentava que sua fábrica resultaria "em benéfico ao bem comum e só pode[ria] aumentar os Reais Quintos".[30]

Não temos notícia da resposta do requerimento de Manoel Álvares, contudo podemos considerar que as estratégias utilizadas para convencer as autoridades da necessidade da instalação de manufaturas de ferro na região das Minas são semelhantes às que encontramos em outros textos de natureza mais formal como os estudos mineralógicos e os diplomas legais. Resumidamente, a questão central que se coloca é a de que as fábricas de ferro não seriam contrárias à po-

---

30 Requerimento de Manoel Álvares Correia pedindo licença para abrir um fábrica de ferro. Arraial de Nossa Senhora da Piedade de Paraopeba, 17 de março de 1769. AHU_ACL_CU_011, Cx. 94, D. 7712, f.1.

lítica econômica metropolitana porque seriam fundamentais para o aprimoramento das técnicas de mineração e agricultura e, além disso, renderiam tributos.

Nesse sentido, é de se destacar que, ao estímulo às fábricas de ferro na colônia aqui tão repetidamente enfatizado, tenha se contraposto, em 1785, a proibição da manufatura de tecidos finos, permanecendo apenas a manufaturas de "algodão ordinários e lisos" destinadas ao uso e vestuário de escravos "das pessoas menos abundantes de cabedais" e para empacotar mercadorias.[31] Dez anos antes da proibição, em 1775, o governador de Minas, D. Antonio de Noronha (1775-1780), relacionou as providências que tomou no sentido de impedir a introdução de manufaturas na Capitania, trazendo uma série de determinações com referência às primeiras tecelagens. Como na exposição anterior, escrita por D. Rodrigo José de Menezes, o objetivo da carta de Noronha é priorizar a exploração das lavras de ouro, que deveriam ser o foco de todo o "esforço" dos habitantes das Minas e de seus escravos, uma vez que as manufaturas não compensavam "o prejuízo que experimenta o público na distração de tantos trabalhadores, [que] ocupando-se no serviço das lavras aumentariam a extração do ouro fazendo cessar a necessidade das derramas originadas certamente da mesma distração".[32]

A indústria do ferro era vista como um ramo de suma importância para a metrópole que, por sua vez, não produzia o suficiente para o próprio abastecimento. As fábricas coloniais livrariam a "metrópole das importações contribuindo para o objetivo mais geral do programa do mercantilismo ilustrado, a posição no comércio internacional em face das outras nações". Assim, o reformismo ilustrado português

---

31 "Alvará de 5 de janeiro de 1785 em que a Rainha D. Maria I proíbe as manufaturas têxteis", In: Antonio Delgado da Silva, *op. cit.*, p. 370 e 371.

32 Carta (cópia) de D. António de Noronha, governador de Minas, dando conta das providências que tem tomado no sentido de impedir a introdução de manufaturas na referida Capitania. Vila Rica, 1775. *AHU_ACL_CU_011,* Cx.: 108, D. 8634.

subordinava "proibições [às fábricas de tecidos finos] e incentivos [às fábricas de ferro], ao plano mais geral de desenvolvimento" visando a "harmonia do interesse entre as partes", metrópole e colônia.[33]

Por fim, em 1795, foram expedidas instruções aos governadores das Capitanias do Brasil, para que "em todo o continente do Brasil se [pudessem] abrir Minas de Ferro, se [pudessem] manufaturar todos e quaisquer instrumentos deste gênero". Essa resolução foi acompanhada pelo fim do monopólio do sal, ficando este comércio "livre para todos os colonos, e francas as salinas".[34] As resoluções metropolitanas respeito do fim dos contratos[35] de comercialização de sal e ferro evidenciam também o interesse em estimular as fábricas de pólvora na colônia, visando tanto o emprego da pólvora em novas técnicas na extração do ouro quanto na fabricação de aparatos militares.[36]

É preciso observar que as determinações legais a respeito da instalação de manufaturas na América portuguesa apontam para um processo de crescimento do mercado interno. As atividades econômicas para além da mineração aurífera no decorrer dos fins do século XVIII deixaram, definitivamente, o seu estatuto de complementaridade e passaram a assumir papel central na economia de Minas Gerais. Como afirmou Marco Antonio Silveira, a relação de dependência se inverte: "a mineração não apenas conviveu com o

---

33 Fernando A. Novais, *op. cit.*, p. 285.
34 João Pandiá Calógeras, *op. cit.*, p. 54-55.
35 Nas Minas setecentistas, a cobrança de determinados tributos não era realizada por funcionários da Coroa, mas por particulares por meio da arrematação de contratos.
36 O "Salitre", explicou o engenheiro militar José Fernandes Pinto Alpoim, "não é outra coisa mais, que um sal, misturado de muito ar sutil, cujas partículas são voláteis; e elásticas, que lhe provém, e da sua mesma natureza". José Fernandes Pinto Alpoim, *Exame de Bombeiros*, Madrid: Oficina de Francisco Martinez Abad, 1748. Apud Teresa C. C. Piva e Carlos A. L. Filgueiras, "O fabrico e uso da pólvora no Brasil colonial: o papel de Alpoim na primeira metade do século XVIII". *Revista Química Nova*, São Paulo, v. 31, nº 4, 2008, p. 933.

comércio, a agricultura e os ofícios, como também serviu de suporte para seu desenvolvimento".[37]

O processo de trabalho dos oficiais do ferro que moraram na região de Vila Rica e Mariana, no século XVIII, estava diretamente relacionado ao debate político e econômico que discutimos até aqui. Poderíamos afirmar, então, que esses assuntos políticos de cunho mais geral influenciaram o cotidiano dos oficiais do ferro? Se sim, como esses oficiais mecânicos se inseriram no circuito de conhecimentos técnicos sobre a extração e transformação do ferro? Quem poderia ser o ferreiro que forneceu o "segredo" de fabricar e transformar ferro ao governador Dom Rodrigo de Menezes? E quantos haveria na mesma condição?

O estudo das trajetórias dos oficiais do ferro nos permitirá estabelecer as relações que esses homens construíram com os contratadores dos direitos das entradas e, até mesmo, com os memorialistas e letrados que procuravam aprimorar as técnicas de exploração de minérios. No tocante a esse assunto, o envolvimento de uma das nossas personagens, o ferreiro Eusébio da Costa Ataíde na Inconfidência Mineira nos chamou a atenção, uma vez que a luta contra a proibição de manufaturas na colônia era uma das pautas do levante.

Há ainda, a participação do irmão do Intendente Câmara (empreendedor das fábricas de ferro nas Minas), o Dr. José de Sá Bitencourt Câmara. Foi denunciado, por Silvério dos Reis, "porque uns diziam que sabia fundir o ferro, outros que era da sua arte a manipulação do salitre e o fabrico da pólvora, operações das suas faculdades, [foi] logo suspeito de inconfidência". José Bitencourt fugiu para a Bahia, mas foi preso, trazido para as Minas, julgado e absolvido.[38]

---

37 Marco Antonio Silveira, *O universo do indistinto: estado e sociedade nas Minas Setecentistas (1735-1808)*. São Paulo: Hucitec, 1997, p.87.
38 José de Sá Bitencourt Câmara, "Memória mineralógica do terreno mineiro da Comarca de Sabará", em *Revista do Arquivo Público Mineiro*, 1897, v. 2, fascículo 4, p. 601.

Um dos principais inconfidentes, o Coronel Francisco Antônio de Oliveira Lopes,[39] argumentou que a diversidade das atividades econômicas das Minas que não se limitavam a mineração: "as belas qualidades deste continente, dizendo, que não só tinha ouro e diamantes, mas ferro, lãs e algodões, e que seria um país de felicidade para se viver se fosse livre", pois tinha "todas as comodidades para a vida". Desse modo, os "sediciosos" ponderavam: "se a Capitania tinha ouro, diamante, ferro, pólvora e homens para a defenderem, por que razão não haveriam de lutar pela sua independência"?[40]

Diminuindo novamente a escala de análise para ver as figuras que não aparecem com freqüência nos estudos sobre a sedição, o nome do ferreiro Eusébio Ataíde aparece nos Autos da Inconfidência Mineira porque teria hospedado um dos inconfidentes, o civil Crispiniano da Luz Soares, que foi preso por conversar com Salvador Gurgel "à porta da casa de Eusébio".[41] Crispiniano era um homem mulato, alforriado e alfaiate, que declarou ter vindo "das bandas do Sabará, por ocasião da Semana Santa deste corrente ano a esta, (de 5 a 12/04/1789) e que nela fora hóspede de Eusébio da Costa Ataíde, onde sempre residiu até que se retirou".[42]

---

39 Francisco Antônio de Oliveira Lopes era um hábil comerciante, "tão rico quanto rude". Entre suas atividades econômicas destacam-se: fazendas, criação, mineração e pequenas oficinas. Na Inconfidência, juntamente com Inácio José de Alvarenga Peixoto, padre Rolim e Carlos Correia de Toledo, seu papel era o de articular a defesa contra as forças vindas de São Paulo, Bahia e Rio de Janeiro. João Pinto Furtado, *O manto de Penélope: História, mito e memória da Inconfidência Mineira de 1788-9*. São Paulo: Companhia as Letras, 2002, p. 19 e 41.

40 Roberta Giannubilo Stumpf, *Filhos das Minas, americanos e portugueses: Identidades coletivas na Capitania das Minas Gerais (1763-1792),* São Paulo: Dissertação (Mestrado) - Universidade de São Paulo, 2001, p. 180. Ver também: Kenneth Maxwell, *A Devassa da Devassa: a Inconfidência Mineira: Brasil-Portugal, 1750-1808*, Rio de Janeiro: Paz e Terra, 1985, sobretudo o capítulo II.

41 Márcio Jardim, *Síntese factual da Inconfidência Mineira*. Belo Horizonte: Instituto Cultural CODESER, 1988, p.242-243.

42 *Autos da devassa da Inconfidência Mineira*, 2ª edição. Brasília: Câmara dos Deputados/ Belo Horizonte: Imprensa Oficial de Minas Gerais, 1978, v. II, p. 212.

Outro ferreiro, Baltazar Gomes de Azevedo, tinha como um de seus credores João Rodrigues de Macedo,[43] e pelo período considerado, pode-se aventar que seria o "famoso banqueiro" dos inconfidentes. Como se pode constatar, não se trata de envolvimentos isolados de oficiais do ferro com a devassa. Em outras palavras, poderiam estar ligados a um debate político que não se restringiu à elite. É bem provável que as proibições à produção e comercialização de produtos de ferro tenham sido mais uma razão para esses simples ferreiros se envolverem nas principais questões políticas de seu tempo.

Não temos informações que permitam tecer mais comentários ou formular inferências sobre os possíveis sentidos políticos das atitudes dos oficiais do ferro ou sua participação na Inconfidência Mineira. Contudo, ao que parece, o debate sobre a alta taxação do ferro e as restrições à produção e comercialização de produtos obrados, associado às outras questões que foram colocadas em pauta pela Inconfidência, mobilizou esses agentes.

Os caminhos do ferro até as Minas setecentistas

Tendo em vista as condições naturais e econômicas para o desenvolvimento da manufatura do ferro na região de Vila Rica e Mariana, consideramos como próximo passo da nossa investigação compreender qual teria sido a rede de produção e comercialização dos produtos deste metal ao longo do século XVIII. E ainda, qual seria o lugar do ferreiro nesse circuito entre a importação/obtenção do ferro "bruto" e o comércio do ferro em obras?

Como explicitamos há pouco, o ferro fazia parte de um conjunto de mercadorias importadas e percorria um longo caminho até as tendas e oficinas dos oficiais do ferro. O tributo das entradas desses

---

43 "João Rodrigues de Macedo – o maior banqueiro de Minas Gerais, talvez o homem mais rico da Capitania e, sem embargo, o maior devedor entre os mineiros à Fazenda Real – pagou para não ser preso". Márcio Jardim, *op. cit.*, 1988, p. 164-170.

produtos juntamente com o contrato dos dízimos constituía a fonte de maior rendimento para a Real Fazenda.[44] Ao passarem pelos postos fiscais, chamados registros ou contagens, as tropas de cargas eram examinadas e suas mercadorias registradas – fazendas secas (em geral, tecidos), escravos e molhados (gêneros alimentícios).

Esses interpostos aduaneiros se localizavam no decorrer dos três principais caminhos que interligavam Minas ao restante da colônia: o Caminho dos Currais do Sertão, na direção da Bahia; o Caminho Velho, de São Paulo; e o Caminho Novo, do Rio de Janeiro. Com o passar do tempo, essa última rota comercial, mais segura e em melhores condições de viagem, se tornou o mais importante meio de escoar as mercadorias vindas da Metrópole para a capitania mineira. Entre 1765 e 1768, entraram pelo Caminho Novo para Minas "91,85% de todos os escravos, 92,80% de toda fazenda seca, 78,85% de toda a carga de molhados".[45] Durante este triênio, todo o ferro manufaturado que abasteceu a capitania mineira veio dos portos do Rio de Janeiro.

A cobrança de determinados tributos era colocada em leilão por meio de contratos em que o arrematante se comprometia, após certo tempo, a devolver o valor arrecado para o Estado. Caso o montante final dos impostos excedesse o estipulado no contrato, os lucros ficavam para o contratador. Se o valor cobrado aos contribuintes fosse insuficiente, o arrematante devia arcar com o prejuízo. Nas Minas setecentistas, se destacavam dois grandes contratadores: João de Sousa

---

44 "Só para se ter uma ideia, no triênio de 1762 a 1764 os dízimos renderam aos cofres da Provedoria da Real Fazenda de Minas 229:530$000 réis, enquanto que as entradas atingiram a cifra de 587:040$000 réis, quase três vezes mais. A soma do valor arrecadado com estes dois tributos era suficiente para comprar 1.952,15 kg de ouro em barra. Os quintos renderam no mesmo período 2.950,13 kg de ouro". Ângelo Alves Carrara, "A administração dos contratos da capitania de Minas: o contratador João Rodrigues de Macedo, 1775-1807", *América Latina en La Historia Económica*. Cidade do México, nº 35, 2011, p. 34.

45 *Ibidem*, p. 37.

Lisboa e João Rodrigues de Macedo[46], o "banqueiro da Inconfidência", sobre quem comentamos há pouco.

Em cada região mais importante da capitania (vila ou arraial), os contratadores construíram uma rede de cobradores ou administradores gerais que intermediavam as relações mercantis. Nas contagens, o administrador do registro e um "fiel", soldado pago pela Fazenda Real, garantiam a anotação diária das atividades dos comerciantes que por ali transitavam. O administrador, pago pelo contrato, ficava por conta de remeter ao contratador o balanço mensal e anual dos rendimentos. Já os "fiéis" ou fiscais eram soldados da tropa paga que deveriam fazer a patrulha dos caminhos e registrar informações sobre os passantes: o nome do comerciante, o responsável pela carga, a procedência, o destino, as mercadorias transportadas, o valor dos impostos pagos e a data da passagem.[47]

Em Vila Rica, em 7 de outubro de 1781, Vicente Vieira da Mota, que "além de guarda-livros, era uma espécie de criado e secretário pessoal"[48] do contratador João Rodrigues de Macedo, escreveu uma carta endereçada a Manoel Barbosa dos Santos,[49] no Rio de Janeiro,

---

46 João Rodrigues de Macedo nasceu em Coimbra e mudou-se para o Rio de Janeiro em 1745, aos 15 anos. Chegou a Vila Rica 30 anos depois, quando arrematou o contrato das Entradas para dois triênios: de 1776 a 1778 e de 1779 a 1781, para a capitania de Minas Gerais, por 766:726$612 réis, e para as capitanias de Mato grosso, Goiás e São Paulo, por 189:044$918 réis, totalizando 944 contos. Além desse contrato, arrematou o de Dízimos por 395:378$957 réis, para o período de 1777 a 1783. André Figueiredo Rodrigues, "Os 'extravios que tão continuados têm sido...': contrabando e práticas comerciais ilícitas nas atividades do contratador João Rodrigues de Macedo". *Locus*, Rio de Janeiro, v. 11, n. 1 e 2, 2005, p. 117-136.

47 Cf.: Cláudia Maria das Graças Chaves, *op. cit.*, p. 47-71 e Ângelo Alves Carrara, *Minas e currais: produção rural e mercado interno em Minas Gerais 1674-1807*. Juiz de Fora: Ed. UFJF, 2007, principalmente o segundo capítulo.

48 Vicente Vieira da Mota teria sido uma "figura de menor grandeza" na Inconfidência Mineira, responsável por "papéis auxiliares". João Pinto Furtado, *op. cit.*, p. 19 e 290.

49 Manoel Barbosa dos Santos aparece como um dos arrematantes do contrato dos dízimos no Rio de Janeiro, em 1770. Fábio Pesavento, *Um pouco antes da*

para que lhe vendesse ferro pelo "preço mais módico possível". Mota pedia ainda que o ferro fosse enviado a "casa dos ferreiros" que haviam de "o virar", pois assim pouparia "essa despesa". Provavelmente "virar o ferro" significava que os ferreiros iriam dobrar as barras importadas em "U" para que fosse possível distribuir a carga sobre os animais que a transportariam até as Minas.[50]

O comerciante Manoel Barbosa dos Santos, juntamente com um dos sócios de João Rodrigues de Macedo no Rio de Janeiro, o também negociante Antonio Gonçalves Ledo, entregou, no dia 31 de outubro, a encomenda para o Capitão Luiz Pinto Gouveia e o Capitão Antonio José de Abranches que eram os responsáveis pelo seu transporte até Vila Rica. As "718 barras de ferro da Suécia", pesando trezentos e onze quintais, uma arroba e duas libras (aproximadamente 18.675,665 kg) totalizavam a quantia de 1:649$707 réis, que deveria ser paga no prazo de seis meses, com pena de, na falta de pagamento, "vencendo os juros da lei", implicar o "completo embolso"[51]

Nos meados do século XVIII, um quintal de ferro "manufaturado nas referidas obras e instrumentos" valia no Rio de Janeiro "entre 4$800 réis e 6$000 réis e do tributo da entrada se costumava pagar em Minas Gerais 4$500 réis". Além desse imposto, se acrescentava os "direitos, os transportes, conduções, demoras e outras despesas", fazendo o valor final chegar a 14$400 réis nos mercados mineiros. Ou seja, o

---

Corte: a economia do Rio de Janeiro na segunda metade do Setecentos. Tese (Doutorado) - Universidade Federal Fluminense, Niterói, 2009, p. 136.

50 Segundo o viajante John Luccock, as barras de ferro guza importadas eram dobradas em "U" para justamente facilitar o transporte. John Luccock, *Notas sobre o Rio de Janeiro e partes meridionais do Brasil*, São Paulo: Editora da Universidade de São Paulo; Belo Horizonte: Itatiaia, 1975, p. 246. Carta de Vicente da Mota ao Capitão Manoel Barbosa dos Santos sobre o preço de venda do ferro. Vila Rica, 7 de outubro de 1781. APM – Coleção Casa dos Contos, Cx. 160, Documento 10006. As barras de ferro importadas da Suécia estavam assim distribuídas: 360 barras de meio largo, 204 de estreito, 92 de largo e 54 de vergalhão.

51 Nesta negociação, o quintal do ferro (60 kg aproximadamente) foi vendido por 5$300 réis no Rio de Janeiro. Esse valor estava sujeito a um imposto de em média 4$500 (quatro mil e quinhentos réis) das entradas nas Minas.

valor do quintal de ferro em Minas era praticamente três vezes mais do que se pagava no Rio de Janeiro.[52]

A viagem do Rio de Janeiro para as Minas, pelo Caminho Novo, demorava em média 45 dias. Não temos notícia da chegada da mercadoria encomendada por Viera da Mota, contudo os vestígios da documentação levam a crer que tudo correu bem, pois encontramos os registros de pagamento: uma parcela de 1:190$102 réis em 24 de dezembro de 1782 e outra de 459$605 réis, somente em 07 de maio de 1785. Apesar do atraso em cumprir a "obrigação", inicialmente estipulado em seis meses, Manoel Barbosa dos Santos dispensou os juros da cobrança.

O passante que participou desse negócio, Antonio José Abranches, consta três vezes nos Registros de Passagem do Caminho Novo, no período de 04 de janeiro de 1785 a 30 de agosto de 1786. Em uma dessas viagens, em 12 de agosto de 1785, Abranches transportou uma carga composta por 94 barras de ferro, 13 embrulhos de prego, 16 embrulhos de aço, 8 barris de pólvora, 4 embrulhos de algodão e 20 enxadas. Tudo isso perfazia um carregamento de 68062,92 kg de molhados e "89 cargas 1/2 e 8 libras" de secos. Os impostos seriam pagos a crédito e somavam 634$604 réis.[53]

---

52 "Instrução para o visconde de Barbacena Luiz Antônio Furtado de Mendonça", *Revista do Instituto Histórico e Geográfico Brasileiro*, Rio de Janeiro, v. 6, 1844, p 43. O Ministro do Ultramar, Martinho de Melo Castro, na Instrução que enviou para o visconde Barbacena, o governador de Minas Luiz Antonio Furtado de Mendonça (1788 a 1797), em 29 de janeiro de 1788, destacou a preocupação em estimular as fábricas de ferro na capitania mineira. Entre os motivos do fomento, destacou a necessidade de ferramentas para a mineração aurífera e a taxação abusiva sobre o ferro que entrava na capitania.

53 Registros de Entrada, Casa dos Contos, Fundo APM, rolo 69, volume 438. In: CHAVES, Cláudia Maria das Graças, Banco de dados do projeto "Registros de passagem: Conhecimento do território e da produção das Minas Setecentistas", financiado pela FAPEMIG. Disponível em: http://www.ichs.ufop.br/lph/images/stories/BANCO_DE_DADOS_-_CLUDIA_CHAVES.ldb.pdf., s/d. O Banco de dados dos Livros de Registros dos caminhos das Gerais, foi elaborado pela Profa. Drª Cláudia Maria das Graças Chaves, a partir da documentação contida no Acervo Casa dos Contos e constitui uma fonte riquíssima de informações. Ao todo foram levantados 23 registros que compunham

É interessante relatar que o Capitão Abranches além de passante, tinha sua própria loja em Vila Rica. Um documento anterior aos últimos eventos narrados, datado de 1771, mostra as negociações deste comerciante com a Câmara de Vila Rica. Nessa ocasião, ao cobrar os oficiais da Câmara o pagamento, o procurador da Câmara confirmou ter comprado 5 barras de ferro [vergalhão], pesando 11 arrobas e 3 barras de ferro meio largo (3 arrobas) para as "grades da cadeia da enxovia dos pretos", pelo preço de quarenta e cinco oitavas e um quarto (ou 54$300 réis). O que corresponde a dizer que a Câmara de Vila Rica pagou 15$782 réis por um quintal de ferro, provavelmente três vezes mais que o valor pago por essas peças no Rio de Janeiro.[54]

Esse percurso mercantil, que tentamos perseguir por meio de alguns fragmentos da documentação não encadernada da coleção da Casa dos Contos, nos permite ter ideia de como o ferro chegava aos portos do Rio de Janeiro, era "virado" por ferreiros, negociado com agentes mercantis atentos ao cumprimento dos prazos estabelecidos pelo contratador dos direitos das Entradas, transportado por tropeiros e passantes (que muitas vezes também eram os que o comerciavam) e, finalmente, vendidos na região mineradora. Caso um ferreiro comprasse um quintal de ferro (60 kg), pelos altos preços dos mercados mineiros, poderia fabricar, segundo Langhans, "uns onze ferros de arado a pesar, cada, uns 9 arráteis. Ora, então, umas oito enxadas com o mesmo peso cada. Ou 60 aguias de ferro de arado de dois arráteis ou 80 de 1 arrátel e meio".[55]

---

parte do mecanismo fiscal da capitania de Minas Gerais, cujos livros/diários nos fornecem uma gama variada de dados que podem ajudar a investigar o mercado colonial mineiro. Tais livros fornecem informações sobre o nome de comerciantes, local de moradia, origem e destino dos mesmos, mercadorias atravessadas, valor do imposto cobrado, nome do arrematante do contrato e de seus administradores, e dos funcionários responsáveis pelo funcionamento do registro.

54 Documento avulso da Câmara Municipal de Vila Rica, 1771. APM – Coleção Casa dos Contos, Cx. 142, Documento 21294.

55 Franz-Paul de Almeida Langhans, "Os Mesteirais: crônica milenária do tra-

As pistas deixadas por esses trajetos mostram nossas personagens transformando o ferro para que fosse transportado mais facilmente nos lombos dos muares e comprando a matéria-prima essencial para a prática de seu ofício por preços exorbitantes. Porém, tal como os caminhos do ferro (e de outras mercadorias), que conheceram desvios e picadas, os ferreiros, ferradores e serralheiros encontraram outros meios de conseguir o metal que nas minas era "mais precioso que o ouro", nas palavras de José Vieira Couto.

A extração ilegal era uma das formas de obter o ferro em uma região em que esse minério cobria encostas inteiras e havia um trânsito frequente de artesãos do ferro. Os bens do ofício dos artesãos do ferro que analisaremos detidamente em outro momento são vestígios da produção e da transformação do ferro no âmbito dos pequenos fornos de fundição. Essas hipóteses se confirmam por meio de documentos como uma carta denúncia, datada de maio de 1790, enviada ao contratador João Rodrigues de Macedo por Marcos Luiz Brandão. O remetente acusou Fontouro Rodrigues, morador na Comarca do Sabará, de investir seus recursos em uma "lavra ilegal de ferro".[56]

O próprio circuito de comercialização de instrumentos de ferro traz indícios da ocorrência da exploração ilícita. Acompanhando as redes de endividamento entre os oficiais do ferro e destes com os representantes dos mais variados segmentos sociais, encontramos referências à compra de "ferragem". Em junho de 1741, por exemplo, o ferreiro Bento Pinto de Moura, português, morador na rua de São

---

balho artífice", *Revista Portuguesa de História*, Lisboa, t. 13, 1971, p. 33. Lembrando que um arrátel pesava o mesmo que uma libra, ou seja, 460 g. Seguindo esse raciocínio, se o ferreiro fabricasse de 8 a 10 enxadas, não lucraria mais de 12$000, valor muito aquém do que teria pago inicialmente pelo ferro bruto. De acordo com os bens móveis dos inventários que pesquisamos, o preço de uma enxada variava de $300 a 1$200.

56 Carta de Manoel Rodrigues Rebelo a João Rodrigues de Macedo sobre o envio da carta de denúncia de Marcos Luis Brandão contra Fontouro Rodrigues em virtude da lavra ilegal. Sabará, 1790. APM – Coleção Casa dos Contos, Cx. 3, Documento 10077.

Gonçalo, na Vila do Carmo, foi autor de uma ação de cobrança contra seu vizinho de rua o ferrador, também reinol, Jacinto de Sousa Novais. O motivo da diligência era uma dívida de 32 oitavas, três quartos e 2 vinténs de ouro (ou seja, 49$165 réis) procedidas de compra de ferragem. Ao que parece, Jacinto Novais, que havia perdido sua casa por não ter pagado os impostos, não se esforçou muito para receber o escrivão José da Silva que o queria "citar" para comparecer na audiência e jurar, por sua alma, se devia ou não para Bento Moura. O escrivão, após três tentativas, ciente de que "se achava em casa", mas "não [queria] aparecer", o citou "na pessoa de sua mulher por todo o conhecido" na petição de cobrança.[57]

O ferrador Jacinto Novais nomeou o então cobrador dos quintos reais, Manoel do Rego Tinoco, para ser seu procurador.[58] Na audiência de 26 de junho de 1741, Manoel Tinoco confessou a culpa do réu que, por sua vez, foi condenado a pagar sua dívida.[59] Por meio desse breve processo, que se resolveu em quatro dias, podemos vislumbrar como as condições materiais do ofício foram determinadas por relações sociais mais amplas. A fim de garantir a "ferragem" necessária para seu ofício de ferrador, Jacinto de Sousa recorreu ao seu vizinho

---

57 Ação de alma de Bento Pinto Moura contra Jacinto de Sousa Novais. Vila Rica, 1741. AHCSM - Ações cíveis, Códice 534, Auto 19122,2° ofício. Nas ações de alma, o réu deveria comparecer em audiência pública e jurar por sua alma se era culpado ou não das acusações apresentadas pelo autor. Nesses processos, como afirma Marco Antônio Silveira "a solução tornava-se, enfim, uma questão de palavra". Marco Antonio Silveira, *op. cit.*, p.103.

58 Manoel do Rego Tinoco fazia parte de uma rede de cobradores dos quintos reais. Considerado um dos potentados da região, aparece como cobrador dos quintos reais no Munsus, em 1738 (Vila do Carmo). Simone Crista Faria, "As redes dos 'homens do ouro' em Vila Rica: em busca de prestígio e legitimação do mando", *Mnemosine*, Rio de Janeiro, v.1, n 1, 2010, p. 119.

59 As informações das personagens que citamos aqui quanto à procedência, moradia, entre outras, constam nos seguintes documentos: Inventário de Jacinto de Sousa Novais. Mariana, 1787. AHCSM- Inventários do Cartório do 2° ofício, Códice 46, Auto 1027. Testemunho de Jacinto de Sousa Novais em devassa eclesiástica. Mariana, 1753. AEAM - Cúria Metropolitana, Livro de devassas eclesiásticas, Prateleira Z, livro 6, 1753, fl. 142 v e 145 v.

(de rua e de ofício), o ferreiro Bento de Moura, e a seu amigo, fiador, talvez compadre, Manoel do Rego Tinoco, um dos grandes potentados da região. Dito de outro modo, o ferrador se inseriu em uma rede de contatos e alianças diversas, que revela as relações de interdependência que existiam para a obtenção do ferro; ligações entre os artífices do ferro e destes com outros agentes, homens ricos e integrados ao circuito mercantil.

Os estoques de "ferro velho" frequentes nas tendas, pertences e apetrechos dos oficiais do ferro apontam para outro modo de conseguir ferro por um preço mais módico: a reutilização do metal. Entre os "trastes pertencentes à tenda de ferreiro" de Manoel Leite Couto, morador no sítio do Capão do Lana (em Mariana), encontramos: "3 arrobas de ferro velho em cravos e mais 22 libras" de ferro (52 kg e 355g de ferro), "ferros velhos muito velhos que se acham na tenda que todos pesam cinco libras" (2kg e 300g), "5 libras em peso de ferro moído" (2kg e 300g).[60]

Os oficiais do ferro, homens majoritariamente pobres, encontraram ainda outros meios para adquirir a matéria-prima, tão onerosa, da qual dependiam. Muitas vezes deixavam a cargo de seus clientes a compra do metal. Os próprios regimentos já adiantavam, o preço das obras variava se o cliente fornecesse ou não o ferro. Por exemplo, para calçar uma foice "pondo ferro e aço o ferreiro" o preço seria de uma oitava e quarto (1$875 – mil oitocentos e setenta e cinco réis) e "dando se lhe ferro" somente uma oitava (1$500 – mil e quinhentos réis).[61]

Havia ajustes em situações mais complexas e de maior valor. Em 1735, o "mestre ferreiro" Francisco Pinto da Rocha havia ajustado com Dionísio da Silva Correa uma série de obras para um engenho pelo preço de 32 oitavas (ou 48$750 – quarenta e oito mil, setecentos e cinquenta réis). Neste valor não estava inclusa a quantidade de ferro

---

60 Inventário de Manoel Leite Couto. Capão do Lana, 1786. AHMI – Inventários do Cartório do 1º ofício, Códice 111, Auto 1416.
61 "Actas da Câmara Municipal de Vila Rica", *op. cit.*, p. 260-263.

necessária para as ferragens do engenho, que corresponderia a quase 542 kg (36 arrobas e 24 libras), um pouco mais de 9 quintais de ferro, cujo valor chegaria a aproximadamente 135$465.[62]

O acesso ao ferro talvez fosse um dos maiores entraves ao trabalho dos oficiais. Contudo, se por um lado, o universo material dos ofícios do ferro foi determinante de muitos aspectos de suas trajetórias e estava ligado a uma política maior de fomento às manufaturas na colônia e aos trâmites de uma grande rede mercantil. Por outro, os saberes que envolviam as técnicas de transformação de metais trazem outros elementos que nos permitem identificar como o ofício era visto por diferentes segmentos sociais: mestres, aprendizes e escravos.

Sobre fornos, tendas, pertences e apetrechos

As etapas do trabalho com o ferro se dividiam, de modo geral, em garimpar o minério, preparar o arenito, fabricar combustíveis (como o carvão), construir o forno de fundição, a fundição em si, o refino do ferro, e, por fim, a forja dos utensílios e objetos acabados. As pequenas fundições eram simples e dependiam das matas para a fabricação do carvão, de água, caso os malhos e os foles fossem movidos pela força hidráulica (podiam ser movidos também à tração animal), e de depósitos de ferro.

Nessas fundições, o minério de ferro era colocado em pedaços junto com o carvão vegetal dentro do forno. Os foles eram, então, acionados, o que garantia o controle da temperatura (um dos segredos do processo). O resultado da fundição era uma massa pastosa que, depois, ganhava forma por meio do trabalho na forja (forja de ferro ou forja de fiar o ferro). O aspecto importante desse processo é que não se obtinha o ferro em estado líquido, mas o ferro pastoso repleto de impurezas que, após o martelamento manual ou mecânico na bigorna, permitia

---

62 Ação de alma de Dionísio da Silva contra Francisco Pinto da Rocha. Mariana, 1735. AHCSM - Ações cíveis do Cartório do 2º ofício, Códice 432, Auto 13121.

apenas a confecção de produtos como facas, enxadas, espadas, ou seja, algo que tivesse uma forma mais achatada. Essa técnica de produção de ferro ficou conhecida como método de redução direta por não atingir a temperatura de fusão do metal (1538 °C). A diferença para o ferro produzido em seu estado líquido (em alto-fornos) é que nesse estado é possível fazer objetos por meio da utilização de moldes.[63]

Segundo as anotações do Barão de Eschwege, datadas do início do século XIX, nas Minas, "a maioria dos ferreiros e grandes fazendeiros que possuíam ferraria tinham também o seu forninho de fundição, sempre diferente um do outro, pois cada proprietário, na construção, seguia suas próprias ideias".[64] Na região de Vila Rica, o engenheiro militar alemão, e também funcionário da Coroa, encontrou algumas dessas pequenas fundições em funcionamento havia pelo menos três décadas e teceu outras considerações sobre seu modo de produção do ferro:

> Alguns fundiam simplesmente nas invariáveis forjas de ferreiro, fazendo a carga de minério com as usuais colheres; outros levantavam um pouco a forja dos lados. Encontrei, ainda, fornos cônicos e cilíndricos, de três a quatro palmos de altura, e, também, os de seção quadrada, nos quais, na parte dianteira, havia um orifício, que, após a extração das lupas, era logo fechado.[65]

Os fornos de fundição do tipo baixo, como os descritos por Eschwege, podiam ser simples cavidades cilíndricas escavadas no terreno ou em uma rocha, que, algumas vezes, também podiam ter paredes de argila refratária para permitir a produção de fornadas maiores. O produto que ficava no interior do forno após a fundição do minério era chamado de massa de ferro, pão de ferro ou lupa. Es-

---

63 Anicleide Zequini, op. cit., p. 63 e 64.
64 Wilhelm Ludwig Von Eschwege, op. cit., p. 341.
65 Wilhelm Ludwig Von Eschwege, op. cit., p. 341.

ses fornos eram chamados por vários nomes dependendo do método de fundição empregado.

As principais ferramentas que compunham a tenda de ferreiro eram fornos, foles, bigornas, tenazes, malhos, tornos e martelos, tudo o necessário para fundir o minério e forjar instrumentos. A diversidade e quantidade dos instrumentos variavam de acordo com as posses dos oficiais, sua clientela e número de aprendizes e escravos com quem trabalhavam. Para analisar a composição das tendas, pertences e apetrechos dos artesãos do ferro na região de Vila Rica e Mariana, consultamos 44 inventários e 8 testamentos, datados de 1728 a 1835, sendo a maioria da segunda metade do século XVIII.[66]

Esses processos cartoriais foram selecionados a partir de nomes extraídos de outras tipologias documentais, sobretudo, as fontes camarárias que permitiu compor listas com os nomes constantes nas licenças, carta de exame, capitação, que por sua vez foram cruzados com os nomes dos artesãos localizados por outros pesquisadores que se dedicaram direta ou indiretamente ao tema dos ofícios.[67] Reunidas, as listagens formaram uma relação de 873 nomes de trabalhadores que lidavam com os ofícios do ferro ao longo do século XVIII.

Essa lista geral de nomes foi então cruzada com as informações dos catálogos onomásticos de inventários, testamentos, ações cíveis

---

66 Essa periodização refere-se à data de abertura do inventário ou testamento. Os documentos se distribuem da seguinte forma, no decorrer do tempo: 2 inventários datados de 1728 e 1734, 26 no período de 1752 a 1798 e 22 de 1804 a 1835, sendo apenas 3 da década de 1830. Os registros que extrapolam o recorte temporal desse trabalho foram considerados porque a data corresponde a de abertura dos inventários, portanto são informações de indivíduos que trabalharam na segunda metade do século XVIII, e ao longo desse período acumularam suas fortunas.

67 Como o trabalho pioneiro de Salomão de Vasconcelos e o *Dicionário de artistas e artífices* de Judith Martins. Cf. Salomão Vasconcelos, "Oficiais mecânicos em Vila Rica durante o século XVIII". *Revista do SPHAN*, Belo Horizonte, n.4, 1940; Judith Martins, *Dicionário de Artistas e Artífices dos Séculos XVIII e XIX em Minas Gerais*, Rio de Janeiro: Publicações do IPHAN, 1972, 2 vol.

em geral, processos crime do Arquivo Histórico da Casa Setecentista de Mariana (AHCSM) e do Arquivo Histórico do Museu da Inconfidência (AHMI) – Casa do Pilar, que resultou em um conjunto final de 44 inventários, 8 testamentos, 31 ações cíveis e 2 processos crimes. Esses 85 processos reúnem informações sobre um grupo de 50 artesãos. O cruzamento das variadas fontes que pesquisamos permitiu comprovar que esses homens eram reconhecidos nas suas localidades como ferreiros, ferradores, serralheiros, caldeireiros e latoeiros.[68]

Segundo os dados dos inventários que analisamos, os bens de ofício correspondiam a uma parcela significativa da estrutura de posse dos artesãos do ferro, sendo o quarto maior grupo entre os bens arrolados.[69] Isso mostra um constante investimento das fortunas acumuladas na aquisição de ferramentas e instalações. Entre os instrumentos de trabalho, as tendas e seus principais componentes, os fornos, os foles, os malhos e as bigornas, a que designamos instalações, chegam a 65,27% do valor total dos bens de ofício. As ferramentas auxiliares (martelos, tenazes, talhadeiras, trempes, colheres, alavancas) perfazem 25,16% desse montante e os itens de menor valor são as reservas de ferro não obrado que correspondem a somente 9,57% (gráfico 1).

---

68 O caso de João Francisco dos Santos é um bom exemplo do cruzamento de fontes, pois seu nome consta em provisões para juiz e escrivão de ofício e nos fichários dos arquivos cartoriais. Além disso, foi testemunha em uma devassa eclesiástica, em que é descrito como ferreiro, morando à ponte de Antonio Dias, em Vila Rica, e casado com Rita Vaz de Carvalho. AEAM - Livro de Devassas Eclesiásticas, Prateleira Z, Livro 10, 1762-1769, fl. 118 v.

69 Nos inventários, podemos perceber o grande peso da propriedade escrava para os artesãos, seguido pelas dívidas ativas, os imóveis e os bens de ofício (respectivamente, 40,2 %, 24, 5%, 19,4% e 3,76% do total dos bens). Vide Anexo.

Gráfico 1: Bens de ofício (Vila Rica e Mariana, 1728-1835)

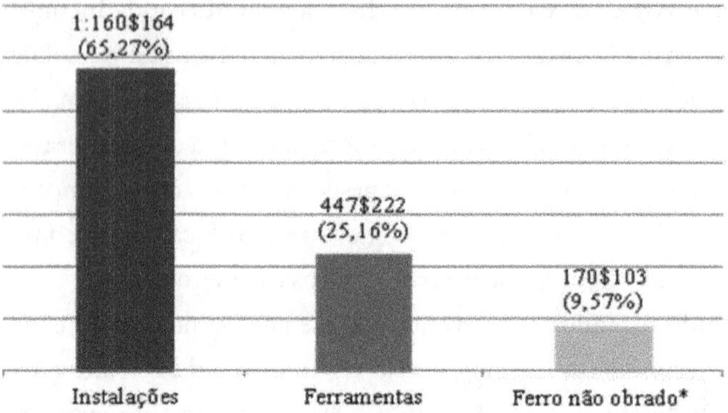

- Instalações: 1:160$164 (65,27%)
- Ferramentas: 447$222 (25,16%)
- Ferro não obrado*: 170$103 (9,57%)

*Estoques de ferro que aparecem nos inventários como ferro velho, ferro moído ou determinadas quantidades de ferro, por exemplo, "seis libras de ferro".

Fonte: Inventários e Testamentos localizados no Arquivo Histórico da Casa Setecentista de Mariana (AHCSM) e no Arquivo Histórico do Museu da Inconfidência (AHMI).

No Setecentos, para comprar ou montar uma tenda de ferreiro, o artesão precisava investir em média 40$000 réis, uma quantia alta se considerarmos que representava um pouco menos da metade do valor de uma casa térrea.[70] O ferreiro e caldeireiro Baltazar Gomes de Azevedo, por exemplo, homem de posses e prestígio em Vila Rica, proprietário de 5 escravos oficiais caldeireiros e ferreiros, era dono de uma tenda de alto valor de (159$526 réis), sendo os itens mais valorizados os fornos, as bigornas e os foles. Quadro muito diferente do encontrado para Alexandre Rodrigues dos Santos, um ferreiro pobre residente em Sumidouro. Alexandre teve sua tenda avaliada em apenas 24$000 réis com poucos pertences ("bigorna, foles, forno, duas tenazes, três martelos, e quatro limas"). A pouca valia de seus bens de ofício eram indicativos de seus diminutos recursos econômicos.[71]

---

70 Entre as casas arroladas nos inventários que consultamos, o valor médio é de 95$000 réis.
71 Inventário de Baltazar Gomes de Azevedo. Vila Rica, 1792. AHMI – Inventários do Cartório do 2º ofício, Códice 57, Auto 643; Inventário de Alexandre Rodrigues dos Santos. Sumidouro, 1811. AHCSM - Inventários do Cartório

A tenda podia ser montada ao longo do tempo pelo artesão do ferro, mas também ocorria a compra de tendas já aparelhadas. É recorrente nos inventários que analisamos a arrematação dos bens de ofício dos artesãos do ferro. Esse é o caso de José Domingues que negociou com o testamenteiro de Manoel Carmona, Bento José Correa, a compra da metade da tenda do falecido ferreiro. Como o comprador demorou em cumprir com seus pagamentos, foi citado em junho de 1771 no processo em que declarou: "Devo que pagarei a Manoel Domingues Carmona quantia de cinqüenta e uma oitavas e três quartos (61$500 réis) procedidas da metade de uma tenda de ferreiro".[72]

Como vimos, tornar-se dono de uma "tenda com loja aberta", como as cartas de exame descreviam, significava, em primeiro lugar, ter os recursos financeiros necessários para adquirir instalações, ferramentas e o ferro. Esse era um dos fatores que conferia prestígio social ao oficial, associado a outros condicionantes, como o registro da carta de exame de ofício, as obras arrematadas pelo ferreiro, as redes sociais em que estava inserido, entre outros.

Os inventários revelam outra característica importante, que diz respeito ao exercício de ofícios diferentes por um mesmo oficial. Por disporem de um mesmo conjunto de ferramentas, os ferreiros também poderiam ser caldeireiros, serralheiros, fundidores, ainda que não dominassem todas as técnicas de cada ocupação. Somente o trabalho do ferrador exigia alguns instrumentos mais específicos ao trato com animais. Exemplos são o puxavante, a torques, os martelos para atarracar ferraduras e cravos sempre presentes nos aparelhos de ferrar. A tenda do ferrador não contava com grandes ferramentas de instalação, como fornos e foles, talvez por isso seu valor médio fosse de somente 17$880 réis, no decorrer do Setecentos.

---

do 1º ofício, Códice 37; Auto 865.
72 Ação cível de Bento José Correa contra José Domingues. Vila Rica, 1771. Ações cíveis do Cartório do 2º ofício, Códice 428; Auto 12899.

Outro aspecto interessante se refere a detalhes sobre algumas ferramentas encontradas nos inventários. Essas referências alertam para a impossibilidade de se documentar as origens de cada uma das diversas influências que resultaram nos processos de mineração e metalurgia empregados nas terras luso-americanas, como discutiremos em outro momento. Podemos citar o caso do ferreiro Manoel de Abreu Soares, que morava em Vila Rica, no princípio do século XVIII, e possuía entre seus bens de ofício, "dois foles portugueses" avaliados, junto com outras ferramentas da tenda em 60$000 réis. O também ferreiro Estevão Velasco de Amorim, crioulo forro, morador na Rua das Cabeças em Vila Rica, havia adiantado em seu testamento (03 de julho de 1788) que possuía uma tenda de ferreiro que continha "uns foles estrangeiros, dois tornos estrangeiros". No seu inventário (datado de 1789) consta um "fole de ferreiro novo inglês bem feito" com o valor de 34$000 réis.[73]

Entre os bens do ferreiro Manoel Dias Mendes também se encontra indícios das técnicas utilizadas na fundição de ferro. Em seu inventário foram avaliados 68 cadinhos de barro, recipientes refratários próprios para a fundição de metais (vasos de forma tronco-cônica, feitos de materiais refratários e temperados), no valor de $500 réis.[74] Os fornos de fundição denominados cadinhos, devido sua semelhança com esse objeto, foram utilizados em grande escala nas Minas. De acordo com João Pandiá Calógeras, suas cavidades facilitavam a introdução do minério de ferro e do carvão. Além disso, segundo a descrição do geólogo:

> cada cadinho [compunha-se] de uma cuba tronconica (sic), ou cilíndrica de diretriz circular ou ligeiramente elíptica; na parte inferior alargam por vezes a cuba a fim

---

[73] Inventário de Manoel de Abreu Soares, Vila Rica, 1752. AHMI – Inventários do Cartório do 2º ofício, Códice 61, Auto 690 e Inventário de Estevão Velasco de Amorim, Vila Rica, 1788. AHMI – Inventários do Cartório do 1º ofício, Códice 34, Auto 409.

[74] Manoel Dias Mendes. Mariana, 1810. AHCSM – Inventários do Cartório do 1º ofício, Códice 46; Auto 1067.

de aumentar o receptáculo onde forma a bóla (a massa de ferro), dando-lhe melhor assento.[75]

Os instrumentos que resultavam do trabalho dos artesãos do ferro eram produtos primordiais para o uso geral da população e para o desenvolvimento das demais atividades econômicas da região mineradora: ferramentas agrícolas (enxadas, foices, arados, ferraduras), utensílios domésticos (colheres, caldeiras, faca), aparelhos para o transporte (tropas e carretas), ferramentas para instrumentalizar outros ofícios e a mineração (gamelas, almocafres, machados).

O segredo de fabricar

Retomando a exposição do governador das Minas, D. Rodrigo José de Menezes, que há pouco discutimos, havia a preocupação em encontrar nas Minas aqueles que detivessem o *segredo* de fabricar o ferro. O próprio documento descreve como um ferreiro conhecedor das técnicas de transformação dos metais fabricou "bom e verdadeiro ferro" do qual fez uma fechadura. Indagações sobre quem seria o ferreiro cuja experiência sustentou os argumentos do governador das Minas suscitam outras temáticas que remetem ao intenso trânsito de saberes sobre a exploração do ferro.

Os foles portugueses que encontramos no inventário do ferreiro Manoel Soares, as ferramentas estrangeiras de Estevão Velasco ("fole de ferreiro novo inglês", "uns foles estrangeiros, dois tornos estrangeiros") e os cadinhos arrolados no inventário de Manoel Mendes nos lembram que é preciso levar em conta que as experiências com a mineração da Península Ibérica, os conhecimentos técnicos provenientes de variadas partes da Europa e a influência dos colonos que exploraram as minas da Bolívia e Novo México teriam conformado muitas das práticas de tratamento dos minérios na América portu-

---

75 João Pandiá Calógeras, *op. cit.*, p. 142.

guesa.⁷⁶ Influências destacadas por Luiz Lopes de Carvalho, um dos primeiros empreendedores da região que abrigou a fábrica de ferro de Araçoiaba, em 1692. Segundo ele, um dos principais impedimentos para proceder aos trabalhos de exploração daquela mina de ferro era a ausência de um mestre de fundição vindo de Figueiró (Portugal), Biscaia (Espanha), Alemanha ou Suécia, lugares em que havia uma tradição nas técnicas de extração de minérios.⁷⁷

Em Portugal, no final do século XVII, durante o Ministério do Conde de Ericeiras, o padre Rafael Bluteau foi encarregado de contratar técnicos italianos para a produção de ferro no atual concelho de Figueiró dos Vinhos. Uma das unidades régias instaladas na região foi a denominada *Engenho da Machuca*, que "no final do século XVII te[ria] contado com a dotação de uma fornalha de fundição, uma fornalha de refinação e instrumento de brocar; a sua produção era fundamentalmente de ferro em barra e em vergalhão".⁷⁸ Na primeira década do século XVIII, tem se notícia do ferro fundido produzido nesse local e em Filgueiras, Carvições e Ribeira Velha.

O livro *Espingarda Perfeita*, publicado em 1718, em Lisboa, relata sobre as condições de fabricação de ferro no Reino: "Ordinariamente trabalhamos nesse nosso Reino de Portugal com o ferro estrangeiro, não porque o nosso seja incapaz e deixe de ter notáveis requisitos; mas porque do outro chega muita quantidade aos nossos portos".⁷⁹

---

76 Andréa Lisly Gonçalves, "Escravidão, Herança Ibérica e Africana e as técnicas de mineração em Minas Gerais no século XVIII", *Anais do XI Seminário sobre a Economia Mineira*, 2004, p.15.
77 Anicleide Zequini, *op. cit.*, p. 100 e 101.
78 Heitor Gomes, *Monografia do concelho de Figueiró dos Vinhos*, Figueiró dos Vinhos (Portugal): Câmara Municipal, 2004, p.90.
79 César Fiosconi, Jordam Guserio, Rainer Daehnhardt, *Espingarda Perfeyta or the perfect gun*, London: Sotheby Parke Bernet, 1974 *Apud* Fernando José G. Landgraf, André P. Tschiptschin e Hélio Goldenstein, "Notas sobre a história da metalurgia no Brasil", In: Milton Vargas (org.), *História da Técnica e da Tecnologia no Brasil*, São Paulo: Editora da UNESP, 1995, p.109.

Na Itália e na região dos Pirineus da península Ibérica era comum o emprego da forja catalã (Figura 2) nos séculos XVII e XVIII. A principal característica desse modo de fundição é a substituição dos foles pelas trompas de água (sistema que injeta ar no forno) como se pode observar na figura abaixo.

Figura 2: Reconstituição de uma forja catalã (farga catalana), 1900

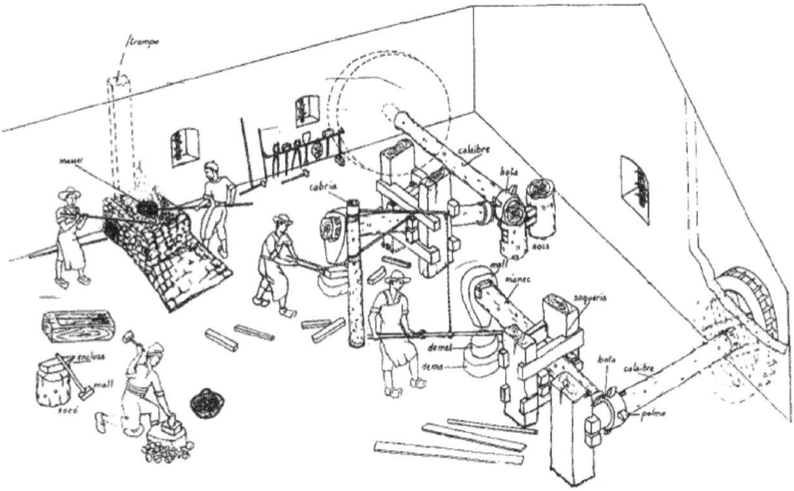

Fonte: Mateu Subirà, Joaquim, *Fargues*, Barcelona: J.Mateu, 1900 (sem indicação dos fólios). *Apud* Tomàs, Estanislau, "The Catalan process for the direct production of malleable iron and its spread to Europe and the Americas", *Contributions to science*, n. 2, 1999, p. 225.

O forno catalão (Figura 3) era "construído de pedras refratárias revestidas, em parte, de peças de ferro, com três paredes planas e uma convexa, esta última destinada a facilitar a extração do produto final". A diferença para as ferrarias bascas era que nestas fundições prevalecia a utilização de rodas d'água para o acionamento dos foles e do malho.[80]

---

80 Anicleide Zequini, *op. cit,*, p. 77.

Figura 3: Reconstituição de um forno catalão

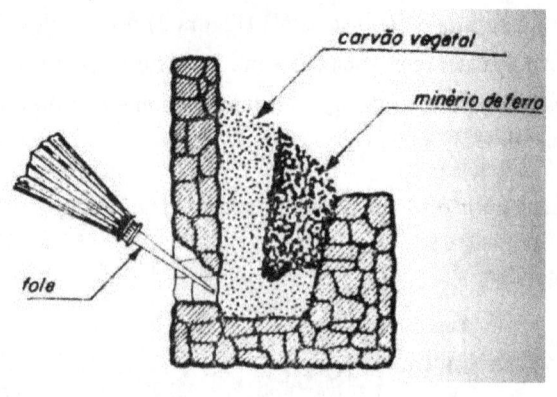

Fonte: [Reprodução de um forno catalão, s/d]. In: Edmundo de Macedo Soares e Silva, *O ferro na história e na economia do Brasil*, Rio de Janeiro, Biblioteca do Sesquicentenário, 1972, p. 6.

No norte da Europa, a fundição do ferro ocorria nos alto-fornos construídos de alvenaria. Nestas fundições o ferro atingia temperaturas mais elevadas, produzindo o ferro em estado líquido incandescente utilizado na confecção de armas, balas de canhão, sinos de igreja, grades, entre outros objetos. Em 1735, Abraham Derby foi o primeiro a operar um alto-forno empregando, exclusivamente, o carvão coque, subproduto do carvão mineral. Com a substituição do carvão vegetal, o ônus da devastação das florestas não seria mais um obstáculo ao desenvolvimento da siderurgia europeia.[81] Os alto-fornos foram construídos no

---

81 Segundo Jodir Maluquer de Motes, depois dessa invenção o mapa siderúrgico europeu se estabilizou: "l'Europa del nord i la del centre, on s'havia generalitzat l'alt fonr, i lês terres meridionals del continent, on es mantingueren lês tècniques del procediment directe. El nord i el centre d'Italia, amb la coexistència de totes dues tecnologies, constituia uma Mena de zona de transició. Encara em La fase terminal de La siderúrgia pre-industrial, Durant La primeira meitat del segle XIX, es mantenien aquestes tècniques em els dos focus siderúrgics tradicionals espanyols: el País Basc i Catalunya. També al Pirineu septentrional i a Còrsega era absolutament dominant el sistema directe, tot i que cap al 1820 només produia uma mica més del 8% del total francès i experimenta um rapidíssm declivi em els decennis centrals del segle sota La concurrència insuportable del ferro amb el carbó mineral". Jordi Maluquer de Motes "La

Brasil no início do século XIX, na Fábrica do Morro do Pilar, pelo Intendente Câmara e por Varnhagen, na Fábrica de Ipanema.

Os fornos de vento encontrados na América Espanhola eram muito diferentes dos fornos de fundição até aqui apresentados. Utilizados para fundir metais, esses fornos eram construídos longe dos povoados, nos pontos mais elevados das áreas montanhosas, para aproveitar a força eólica na combustão do carvão vegetal: "os huayrachinas, ou fornos de vento, eram usados pelos povos indígenas para fundir prata, imediatamente após a conquista espanhola e, provavelmente, durante a época pré-hispânica".[82]

O processo de trabalho nas forjas de cadinho foi o principal método de produção de ferro empregado na América portuguesa e foi associado por alguns autores às técnicas africanas de fundição.[83] João

---

siderúrgia preindustrial a l'Europa mediterrània: elements per a una comparació". *Recerques*, Barcelona, n. 21, 1988, p. 93.

82 Proyecto Arqueologico Porco-Potosí, Fundición tradicional del plomo y de la plata. Disponível em: http://lamar.colostate.edu/~mvanbure/spanish%20tradtional%20smelting.htm. Acesso em: 06/07/2009.

83 Cf. Francisco Magalhães Gomes, *História da Siderurgia no Brasil*, Belo Horizonte; Editora Itatiaia; São Paulo: Editora da Universidade de São Paulo, 1983, p. 25. Sobre os cadinhos, Armand Bovet declara: "apresenta algumas analogias com processos primitivos, descritos pelo Dr. Percy, no seu tratado de metalurgia, empregados pelos indígenas da Índia ou pelos negros da África. Talvez tivesse sido introduzido no país por algum escravo africano e que tenha sido depois um pouco aperfeiçoado, talvez provenha de algum Stuckofen (forno) construído pelos operários suecos do Intendente Câmara e pouco a pouco transformado". Armand Bovet, "A indústria Mineral na Província de Minas Gerais", em *Annaes da Escola de Minas de Ouro Preto: coleções de memórias e de notícias sobre a mineralogia, a geologia e as explorações das minas no Brasil*, 1883, p.36. Já Joaquim da Costa Sena declara desconhecer a origem dos cadinhos, no início do século XIX: "não sei a que se pode atribuir a origem de semelhantes fornos; me parece, porém, muito provável que, depois da extinta grande fábrica fundada pelo Intendente Câmara no morro de Gaspar Soares, os curiosos que desejavam continuar a indústria metalúrgica do ferro, não tendo conhecimentos bastantes para montar forjas no sistema catalão, chegaram finalmente ao sistema de preparação do ferro nos cadinhos". Joaquim Cândido da Costa Sena, "Viagem de Estudos Metalúrgicos no centro da província de Minas Gerais". *Annaes da Escola de Minas de Ouro Preto*, Ouro Preto, 1881, p. 105.

Pandiá Calógeras descreve detalhadamente como ocorria esse processo, inclusive, o tempo gasto em cada etapa.[84] A princípio o fundo do forno era preparado com areia e moinha de carvão, o cadinho era aceso e os foles começavam a "dar pouco vento". Após a combustão de todo o carvão, que ocorria em cerca de 30 minutos, aumentava-se a pressão do vento e introduzia-se por volta de 2 kg de minério. A partir desse momento, o forno deveria ser regularmente carregado de minério. Duas horas depois, o ferreiro sondava com uma vara o interior do forno para reconhecer a posição da bóla (massa de ferro) e, logo que esta se achava bem localizada abaixo da ventaneira (sic), com um volume regular, ele cessava de introduzir minério e carvão. Então, "sangrava-se" o cadinho para deixar escorrer as escórias e, no fim de 3 horas, a bóla estava pronta, mas esse só era o começo do trabalho nas bigornas.

A massa de ferro fundido, "coberta de escórias duras", era "puxada para fora do forno e, no próprio chão da forja, quebrava-se aquela crosta a "golpes de alavanca". A bóla, "segura por meio de tenazes", era colocada sobre a bigorna e os malhos começavam a ser movidos para separar o que restava da crosta de escórias e reduzir a massa esponjosa de ferro à lupa da fornada. O ferreiro, sob a bigorna, estirava a lupa em forma de uma barra achatada que, depois de pronta, era mergulhada na água fria. Ao fim desse processo, a barra de ferro poderia ser trabalhada em forma de objetos de uso geral.

É preciso lembrar que todo esse processo de trabalho ocorria também nas tendas dos artífices do ferro, em Portugal. Desconsiderar o conhecimento da fundição de metais que se desenvolveu dentro da estrutura dos corpos de ofício seria ignorar nossa análise das agremiações (capítulo 1). Dentre os oficiais dos ofícios do ferro e fogo, que praticavam seus ofícios em Vila Rica e Mariana, muitos eram portugueses. Na nossa amostra de inventariados e testadores, 15 declararam

---

84 João Pandiá Calógeras, *op. cit.*, p. 145-147.

ser naturais do Arcebispado de Braga ou do Bispado do Porto.[85] Ao cruzar o oceano, esses trabalhadores trouxeram seus conhecimentos técnicos e a tradição dos homens de ferro e fogo, uma das mais antigas agremiações de ofício de Portugal. Um exemplo é o caso de Jacinto de Souza Novais, natural do Arcebispado de Braga, que aparece desde 1738 nos registros de carta de exame do ofício, como escrivão do ofício de ferrador e alveitar.[86] Jacinto tinha, entre seus pertences, um "livro de alveitaria intitulado [Martinho Redondo]" que valia 1$200 réis.[87] Um item necessário à prática de um ferrador e alveitar que era herança dos tradicionais corpos de ofício portugueses.

Outra importante fonte de informações sobre as técnicas de exploração do ferro são as expedições científicas portuguesas pelo território ultramarino que reuniram memórias de naturalistas que estiveram ligados à Academia Real das Ciências de Lisboa, um dos principais resultados da reforma educacional em Portugal. Esses estudos expressavam as principais preocupações da Coroa em fins do século XVIII: o "adiantamento da Instrução Nacional, perfeição das Ciências, e das Artes e aumento da indústria popular".[88] A rainha D.

---

85 De acordo com o estudo de Donald Ramos, há um fluxo migratório do norte de Portugal (região do Douro e Minho, que compreendia o Arcebispado de Braga e o Bispado do Porto) para as Minas, no século XVIII. Donald Ramos, "From Minho to Minas: the portuguese roots of mineiro family", *Hispanic American Historical review*, Durham, n. 73, 1993, p. 638-662.

86 Lembrando que o ferrador muitas vezes assume o papel de alveitar, ou seja, "[daquele] que sabe pensar cavalos, bois e curar seus males". Raphael Bluteau, *op. cit.*, verbete "alveitar".

87 Inventário de Jacinto de Sousa Novais. Mariana, 1785. AHMI – Inventários do Cartório do 2º ofício, Códice 46, Auto 1027.

88 Planos do Estatuto da Academia, em: José Silvestre Ribeiro, *História dos estabelecimentos científicos, literários e artístico de Portugal nos sucessivos reinados da monarquia*, T. II. Lisboa, Tipografia da Academia Real das Ciências de Lisboa, 1872, p. 39 *Apud* Alex Gonçalves Varela, *"Juro-lhe pela honra de bom vassalo e bom português": Filosofo Natural e Homem Público – Uma análise das Memórias Científicas do Ilustrado José Bonifácio de Andrada e Silva* (1780-1819). Dissertação (Mestrado) - Universidade Estadual de Campinas, Campinas, 2001, p. 98. A Academia era composta por três classes: duas de Ciências

Maria I concedeu seu parecer favorável à criação da Academia em 24 de dezembro de 1779 e tornou-se sua protetora em 1783.

Domingos Vandelli (1735-1816) foi um dos primeiros professores recrutados pela Coroa para lecionar na Universidade de Coimbra e no Colégio dos Nobres e teve importante atuação junto à Academia das Ciências de Lisboa. Além disso, o professor italiano teve considerável impacto nas gerações de naturalistas portugueses e brasílicos. Entre os estudantes destacaram-se Alexandre Rodrigues Ferreira (Bahia), Manuel Galvão da Silva (Bahia), Joaquim José da Silva (Rio de Janeiro), João da Silva Feijó (Rio de Janeiro) e Joaquim Veloso de Miranda (Vila Rica).[89]

Para colocar seus planos de exploração das produções naturais da colônia, Domingos Vandelli recorreu ao "protetor das Ciências de Portugal nesse período",[90] Martinho de Melo e Castro (1716-1765), à época secretário de Marinha e Ultramar de Portugal. Em Junho de 1778, Vandelli escreveu para Melo e Castro, informando sobre o progresso de seu planejamento e propondo um programa de expedições na América portuguesa: "Os naturalistas de que tive a honra de escrever a Vossa Excelência estão já prontos para o que respeita as instruções, o que falta seria o exercício de uma viagem, na qual eu os pudesse acompanhar: mas eu até fim de julho não posso estar livre das ocupações da Universidade".[91]

Essa parceria entre a Coroa, por meio da figura de Martinho de Melo e Castro, a Universidade de Coimbra e a Academia de Ciências de Lisboa, liderada por Vandelli e seus projetos, e a geração de jovens

---

(Ciências da Observação – Meteorologia, Química, Anatomia, Botânica e História Natural – e Ciências do Cálculo – Aritmética, Álgebra, Geometria, Mecânica e Astronomia) e a classe de Belas Letras.

89 William Joel Simon, *Scientific expeditions in the Portuguese overseas territories* (1783-1808). Lisboa: Instituto de Investigação Científica Tropical, 1983, p. 9.

90 *Ibidem*, (1783-1808), p.9.

91 Carta de Domingos Vandelli para Martinho de Melo e Casto. Coimbra, 22 de junho de 1778. AHU, maço 26. *Apud Ibidem*, p. 10.

naturalistas, tinha um objetivo maior a elaboração de um compendio de pesquisas da História Natural das colônias portuguesas. Os aspectos mineralógicos desses territórios foram um dos principais alvos desses estudos, a seguir apresentamos alguns relatos sobre o assunto.

Havia muitos letrados que exerciam funções em cargos administrativos e que também eram naturalistas. Esse é ocaso de um dos alunos de Vandelli, Manuel Galvão da Silva, que foi nomeado como Secretário do Governo da Capitania Geral de Moçambique em 23 de novembro de 1782.[92] Dentre as correspondências enviadas a Martinho de Melo e Castro, em agosto de 1785, Manoel Galvão discorre rapidamente sobre as minas de ferro que encontrou, "a mina de ferro achada nas Montanhas de Mutipa, está em veias das mesmas pedras, de que mando amostra". Os processos utilizados pelos africanos para extrair o metal também foram enfatizados na narrativa de Manoel Galvão:

> (...) que os Macúas o modo de que se servem dela é este para fazerem as suas zagaias, e outros instrumentos, tomam um pedaço de mina e põem ao fogo, e vão batendo de sorte que as partículas terrestres saem em faíscas, e fica-lhe o ferro todo puro, sem outro trabalho. Espero ter saúde para a ir ver.[93]

Joaquim José da Silva teve uma trajetória semelhante à de Manoel Galvão, foi nomeado Secretário de Angola em dezembro de 1782. Durante dois anos (1785-1787) Silva viajou pelo interior da região de Angola. Em uma de suas viagens a Cabinda, Joaquim José encontrou "umas pedras (...) que ofereciam indícios de uma boa Mina de Ferro".[94]

---

92 *Ibidem*, (1783-1808), p. 60.
93 Carta de Manoel Galvão Silva para Martino de Melo e Castro. Moçambique, 21 de agosto de 1785. AHU, Moçambique, Caixa 22. *Apud Ibidem*, p. 153.
94 Carta de Joaquim José da Silva para Martinho de Melo Castro. Luanda, 17 de março de 1784. AHU, Angola, Caixa 39. *Apud Ibidem*, p. 158.

Como esses breves comentários nos permitem observar, para além das técnicas utilizadas nas tendas de ferro, que havia no Reino o interesse em formar um quadro de letrados que fossem capazes de inventariar a História Natural das colônias portuguesas. Os estudos mineralógicos tiveram grande importância nesse contexto, assim como a pesquisa das técnicas de extração de metais existentes.

Em relatos do século XIX e início do XX é recorrente a associação entre alguns grupos de procedência de escravos africanos e o domínio de técnicas de mineração e metalurgia empregadas nas Minas setecentistas. A relevância dos saberes africanos sobre a produção de ferro no Brasil está presente nas obras de viajantes ou naturalistas – os já citados, José Vieira Couto, Intendente Câmara, Barão Eschwege – e nos escritos de pesquisadores da Escola de Minas de Ouro Preto, pioneiros em narrar a história da siderurgia - Paul Ferrand, Henri Gorceix e Bovet. Para esses autores, a própria técnica usada nas tendas advinha em grande parte dos conhecimentos africanos. O Barão Eschwege chegou a defender que o ferro foi fabricado pela primeira vez em Antônio Pereira, por um escravo do capitão-mor Antônio Alves "e também em Inficionado, por um escravo do capitão Durães (o mesmo senhor que achara cobre nativo arenoso). Ambos disputavam a honra da prioridade".[95]

As autoridades coloniais e os moradores das Minas identificaram e tinham juízos diferentes sobre africanos escravizados ligados ao domínio das técnicas de fundição de metais. Esses discursos coloniais variaram no decorrer do tempo e trazem rastros do envolvimento de escravos na transformação de metais e, especificamente, na metalurgia

---

95 Wilhelm Ludwig Von Eschwege, *op. cit.*, p. 203. Cf.: Henri Gorceix, "Estudo químico e mineralógico das rochas dos arredores de Ouro Preto", em *Anais da Escola de Minas de Ouro Preto: coleções de memórias e de notícias sobre a mineralogia, a geologia e as explorações das minas no Brasil*, Ouro Preto: Escola de Minas de Ouro Preto, 1883, p. 5-23; Armand Bovet, "A indústria Mineral na Província de Minas Gerais", p. 24-40; Paul Ferrand, *L'or a Minas Gerais*. Belo Horizonte: Imprensa Oficial do Estado de Minas Gerais, 1913.

do ferro.⁹⁶ Um exemplo é a carta enviada ao rei, em 1752, por Tomás Francisco Xavier, morador nas Minas desde o início do século XVIII, descrevendo sua "proposta" para o restabelecimento daquele "estimável país" (fazendo referência à decadência das minas de ouro e diamantes). As sugestões "estribadas" na experiência de Tomás Xavier, que havia sido "Intendente da Capitação, Juiz Ordinário por vezes e sempre mineiro de grande fábrica", procuravam alternativas aos altos preços dos escravos procedentes da Costa da Mina. Segundo as informações prestadas por esse leal vassalo, os mineiros "principiaram a dar maior estimação aos negros da Costa da Mina porque os [achavam] mais aptos para o trabalho".⁹⁷

Ainda que considerasse que os negros "do Oriente [fossem] inferiores aos da Costa da Mina", o autor da carta apresentou como alternativa aos preços elevados dos últimos o estímulo à venda de escravos de Moçambique, que poderiam ser comprados por quantias "diminutas". Tomás Xavier afirmava que os negros da Costa da Mina não fariam "falta", uma vez que com os africanos do Oriente se poderia "muito bem extrair o ouro e fabricar fazendas", pois estavam aptos para "um e outro exercício".⁹⁸ Em outras palavras, os africanos do

---

96 Sobre os discursos coloniais que tratam da identidade de alguns grupos de procedência africanos com uma tradição técnica de exploração de minérios ver: Rodrigo Castro Rezende, "'Origens africanas ou identificações mineiras?' Uma discussão sobre a construção das identidades africanas nas Minas Gerais do século XVIII". Eduardo França Paiva e Isnara Pereira Ivo (org.). *Escravidão, mestiçagem e histórias comparadas*. São Paulo: Annablume, 2008, p. 335-351.

97 O documento continua: "e por esta especialidade subiu o valor deles a tanto preço que conservando-se até o presente tem posto em total perdição aquele país". Carta de Tomás Francisco Xavier Hares, informando o Rei sobre as medidas consideradas essenciais à recuperação das minas de diamantes, 1752. AHU_ACL_CU_011, Cx. 60, D. 5064.

98 A preferência por escravos da Costa da Mina aliada "à concorrência com traficantes holandeses que atuavam na região" teria elevado o preço desses cativos "a níveis proibitivos". O valor de um cativo de Moçambique era de três a quatro vezes o de escravo mina, apesar da maior distância entre a África Oriental e o Brasil. Andréa Lisly Gonçalves, *op. cit.*, p. 10. Além disso, de acordo com José João Teixeira Coelho, na sua *Instrução para o Governo da Capitania de Mi-*

Oriente seriam tão aptos à mineração quanto os da Costa da Mina. Apesar dessa ressalva, o documento não esclarece se os escravos mina teriam preferência entre os mineiros por causa de sua aptidão para as atividades de mineração ou metalurgia. O que fica explícito é que estes cativos eram "mais aptos para o trabalho" o que poderia significar que eram considerados fisicamente mais fortes e resistentes.[99]

A bibliografia indica que escolha por africanos de determinadas nações ocorria a partir da "experiência de traficantes e senhores". Mas é preciso enfatizar que os critérios de seleção "muitas vezes derivavam também de interesses ou facilidades comerciais e podiam variar ao longo do tempo", ou seja, tanto a oferta de "peças" africanas, quanto os trâmites do tráfico incidiam sobre a composição dos grupos étnicos importados para a América portuguesa.[100]

Nos documentos do século XVIII, não há menção explícita às origens da metalurgia nas Minas, tampouco encontramos correlações diretas entre as técnicas empregadas na América portuguesa e os saberes africanos de extração de minérios.[101] De qualquer modo, muitos

---

nas Gerais, de 1782: "há uma grande falta de escravos na Capitania de Minas, porque se não promove cuidadosamente a extração deles na Costa da Mina e em Angola, e porque, no Rio de Janeiro, se costuma fazer um monopólio dos mesmos escravos, como é constante". José João Teixeira Coelho, *op. cit.*, p. 277.

99 A esse respeito Charles Boxer afirma "os mineiros preferiam os 'minas' exportados principalmente de Ajudá, tanto por serem mais fortes e mais vigorosos do que os bantos, como porque acreditavam terem eles poder quase mágico para descobrir ouro. (...) A procura dos 'minas' também se vê refletida nos registros dos impostos para escravos, fosse para pagamento dos quintos ou para o da capitação". Charles R. Boxer, *A Idade de Ouro do Brasil, dores de crescimento de uma sociedade colonial*. Tradução de Nair de Lacerda; prefácio à terceira edição de Arno Wehling; prefácio à primeira edição de Carlos Rizzini. 3ª edição, Rio de Janeiro, Nova Fronteira, 2000, p. 195.

100 Silvia Hunold Lara, *op. cit.*, p. 159. A autora se baseou, entre outras fontes, nas obras de Antonil e Vilhena. Cf. André João Antonil, *Cultura e opulência do Brasil por suas drogas e minas* [1711]. Belo Horizonte: Itatiaia/Edusp, 1982, e Luís dos Santos Vilhena, *Recopilação de notícias soteropolitanas e brasílicas contidas em XX cartas* [1802]. Bahia: Imprensa Oficial do Estado, 1921.

101 Fazemos referência principalmente à pesquisa nos documentos avulsos de Minas Gerais do Arquivo Histórico Ultramarino.

estudos apontam que os conhecedores das técnicas de extração, remoção e beneficiamento dos minérios tinham proeminência nas regiões da África Central e Ocidental, lugares de procedência da maioria dos escravos importados para as Minas nos Setecentos.

Na região mineradora, no início do século XVIII, a população oscilava entre 80 mil e 120 mil habitantes. Ao menos 46 mil, desse total, eram escravos. Na segunda metade do século a população já chegava a três vezes essa cifra, sendo 46% formada por cativos. Entre os escravos, a grande maioria era de africanos e 40% eram nascidos no Brasil.[102]

De modo geral, os escravos denominados Mina constituíam o maior grupo individual de procedência africana importado para as Minas durante a primeira metade do século XVIII. A importação de "peças" vindas da África Centro-Ocidental seria mais frequente a partir da consolidação do Caminho Novo, em 1730, que ligava Minas ao porto do Rio de Janeiro, para onde eram levados os cativos capturados nessa região africana. A predominância de cativos Mina continuaria até a primeira metade da década de 1740, contudo, sem ultrapassar o conjunto formado pelos três grupos da África Centro-Ocidental: Angolas, Benguelas e Congos. No fim do Setecentos e começo do século XIX, os escravos Mina não chegavam a 10% dos cativos.[103]

Em 1718, na região de Vila Rica, 61,71% dos escravos eram da África Ocidental, sendo a maioria composta pelos de nação Mina (56,69%). O segundo maior grupo entre os africanos era o formado pelos cativos da Costa Centro-Ocidental, que corresponderam a

---

102 Nas últimas décadas do século XVIII, a população livre de cor sofre um aumento considerável, chegando a 41% da população total em 1808. Tarcísio R. Botelho, "A família escrava em Minas Gerais no século XVIII", em Maria Efigênia Lage de Resende e Luiz Carlos Villalta (org), *História de Minas Gerais, As Minas Setecentistas*. Belo Horizonte: Autêntica; Companhia do Tempo, 2007, v. 1, p. 457.

103 Douglas Cole Libby, "As populações escravas das Minas Setecentistas: um balanço preliminar", em Maria Efigênia Lage de Resende e Luiz Carlos Villalta (org), *História de Minas Gerais, As Minas Setecentistas*. Belo Horizonte: Autêntica; Companhia do Tempo, 2007, v. 1, p. 431.

28,37%, entre estes os Angola e Benguela predominavam. Quadro muito divergente daquele que se esboçou na segunda metade do século XVIII. Em 1804, os Mina perfaziam apenas 5, 35% dos escravos pertencentes aos moradores de Vila Rica, já os Angola chegariam a 29,61%.[104] Assim, "houve uma mudança na população africana de Vila Rica: de predominante da Costa do Ouro (...) para banto".[105]

É preciso considerar que só conhecemos os locais da origem dos africanos trazidos como escravos para a América Portuguesa por meio de designações étnicas específicas chamadas de "nações". Presente nas fontes coloniais – assentos de batismo, casamento e óbito, nas matrículas - essas classificações estavam mais relacionadas ao tráfico ou à construção de uma identidade pelos colonizadores, que a etnias específicas da África. De acordo Mariza Soares, "não existe qualquer homogeneidade nos nomes das procedências [que] vão desde os nomes de ilhas, portos de embarque, vilas e Reinos a pequenos grupos étnicos".[106] O termo Angola, por exemplo, é muito genérico, pois corresponde a variadas etnias da África Centro-Ocidental que foram embarcadas no porto de Luanda.

Tendo em vista a redefinição das identidades étnicas na diáspora africana, que estavam, portanto, em constante transformação, os his-

---

104 Para 1718, os escravos de nação Moçambique representavam um pouco mais de 1% da população cativa, enquanto os escravos dos "Domínios portugueses" perfaziam 4,08%. Em 1804, não há registro para africanos da África Oriental e os nascidos nos "Domínios portugueses" representavam a maioria dos cativos da região, com 36, 88%. Essas estimativas sobre a totalidade do contingente escravo nas Minas foram elaboradas a partir das listas dos quintos reais e rol dos confessados. Rodrigo Castro Rezende, As "nossas Áfricas": população escrava e identidades africanas nas Minas Setecentistas. Dissertação (Mestrado) – Universidade Federal de Minas Gerais, Belo Horizonte, 2006, p. 70 e 80.

105 Donald Ramos, "Community, control and acculturation: A case study of slavery in Eighteenth Century Brazil", The Americas, Cambridge, v. XLII, n. 4. p. 423, 1986.

106 Mariza de Carvalho Soares, Devotos da cor: identidade étnica, religiosidade e escravidão no Rio de Janeiro, século XVIII. Rio de Janeiro: Civilização Brasileira, 2000, p.109.

toriadores têm buscado as formas de sociabilidade criadas por sujeitos de determinadas regiões que se reconheciam como um grupo e "[interagiam] em várias esferas da vida urbana", "com base numa procedência comum".[107] Outro caminho seguido pela historiografia é o da análise minuciosa dos elementos materiais da cultura, de práticas simbólicas, de um e outro lado do Atlântico, como propôs Robert Slenes em muitos de seus estudos. O autor associou características específicas dos grupos étnicos de língua banto, localizados na região Centro-Sul do Brasil oitocentista, (como o uso de alguns símbolos, a construção de casas), com elementos semelhantes encontrados nas regiões de origem da África Centro-Ocidental.[108]

Não se pode dizer que havia uma identificação imediata entre os elementos técnicos da metalurgia do ferro encontrados nas Minas com aqueles das regiões de origem dos cativos importados para a capitania mineira. Mas seria temerário afirmar que a violência da travessia transatlântica e do cativeiro teria apagado "os traços culturais de origem nos africanos nas Américas, fazendo-os construir uma cultura" baseada unicamente na experiência da escravidão, como defendem alguns autores.[109]

O caminho que procuraremos seguir é o da comparação da lide cotidiana dos oficiais do ferro da região mineradora com possíveis indícios da influência dos conhecimentos africanos no seu trabalho. Essas notas preliminares foram elaboradas a partir de fontes setecentistas de variada natureza e de exemplos já apontados na bibliografia sobre o assunto.

---

107 Como no trabalho de Mariza Soares de Carvalho, em que a autora analisa o grupo de procedência dos pretos mina na formação de irmandades, no Rio de Janeiro setecentista. Mariza de Carvalho Soares, *op. cit.*, p.113.

108 Robert W. Slenes, *Na Senzala, uma Flor: Esperanças e Recordações na Formação da Família Escrava - Brasil Sudeste, século XIX*. Rio de Janeiro: Nova Fronteira, 1999.

109 Beatriz Gallotti Mamigonian, "África no Brasil: mapa de uma área em expansão". *Topói*, Rio de Janeiro, n. 9, 2004, p. 33-53.

Alguns estudos sobre o tráfico em regiões centro-africanas indicam o interesse dos portugueses por cativos que fossem ferreiros. Segundo Eduardo Pena, africanos do grupo étnico *pende*, que eram conhecidos por suas habilidades na fundição do ferro, foram apreendidos por traficantes portugueses até 1720. A partir de suas pesquisas, o autor considera ser "plausível supor que eles [os pende] estivessem, ao lado dos ferreiros *fanti-aschanti*, da Costa do Ouro, no rol dos africanos mais cobiçados pelos escravistas mineiros".[110] Apesar de nossos dados não serem suficientes para comprovar tal relação, não podemos refutar o fato de os portugueses terem conhecido e registrado suas impressões sobre os africanos que detinham os segredos de fabricar o ferro.

Francisco Inocêncio de Sousa Coutinho fez observações interessantes sobre a fundição de ferro na África Centro-Ocidental quando governou o "Reino de Angola e suas conquistas", como era conhecida na corte de Lisboa a porção territorial africana de influência portuguesa entre os rios Dande, a norte, e Kwanza, a sul. O governador que foi responsável pelo projeto da Fábrica de Ferro de Nova Oeiras,[111] em 1766, escreveu em uma de suas correspondências ao Conselho Ultramarino, suas impressões sobre os processos de africanos de transformação do ferro:

> sempre os negros trabalharam o ferro em muitos lugares do mesmo Reino em que há e têm tal propensão estes po-

---

110 Eduardo Spiller Pena, "Notas sobre a historiografia da arte do ferro nas Áfricas Central e Ocidental (séculos XVIII e XIX)", In: *XVII Encontro Regional de História - O Lugar da História*, 2004, Campinas, p.2.

111 A Fábrica de Ferro de Nova Oeiras foi nomeada em homenagem ao Conde de Oeiras, futuro Marquês de Pombal. Para a construção da fábrica, o governador D. Francisco Coutinho criou a povoação de "Nova Oeiras", localizada no território das jazidas de ferro entre o rio Lukala e seu afluente Luinha. Para mais informações, ver: Ana Madalena Trigo de Sousa, "Uma tentativa de fomento industrial na Angola setecentista: a "Fábrica do Ferro" de Nova Oeiras (1766-2772)", *Africana Studia*, Porto, n. 10, 2007, p. 291-308.

vos para aquele trabalho que muitos fundidores e ferreiros (...) têm em grande veneração o seu primeiro rei porque foi ferreiro.[112]

Entre a documentação das cartas e portarias sobre o governo de D. Francisco de Sousa Coutinho (1766-1772) reunida por Alberto Lamego, encontramos uma imagem, sem autoria, em que foi representado o modo de fundir o ferro dos "nativos" em Nova Oeiras (Angola), datada de 1800 (Figura 2). A imagem provavelmente foi mais um esforço do governador Francisco de Sousa Coutinho para conhecer os segredos africanos de fundição de metais. A transcrição ao lado do desenho traz notas detalhadas que descrevem de "A" a "F" os componentes presentes na fundição. Por fim, o autor da gravura registrou: "Esta fundição é da própria pedra do ferro, e nela meti duas arrobas e 6 libras de ferro em pedra".

O processo consistia em abrir um buraco no chão, no qual eram introduzidos o minério e o carvão como combustível. A combustão ocorria pelo acionamento dos foles. Essa técnica se associa a outros modos de redução direta do ferro, que já comentamos aqui, e que foram recorrentes na Capitania das Minas Gerais, no século XVIII.

---

112 AHU - Angola, Cx. 52, Documento 45. *Apud* Ana Madalena Trigo de Sousa, *op. cit.*, p. 293.

Figura 4: Desenho aquarelado a guache representando o modo de fundir o ferro dos nativos em Nova Oeiras, acompanhado de descrição pormenorizada, 1800

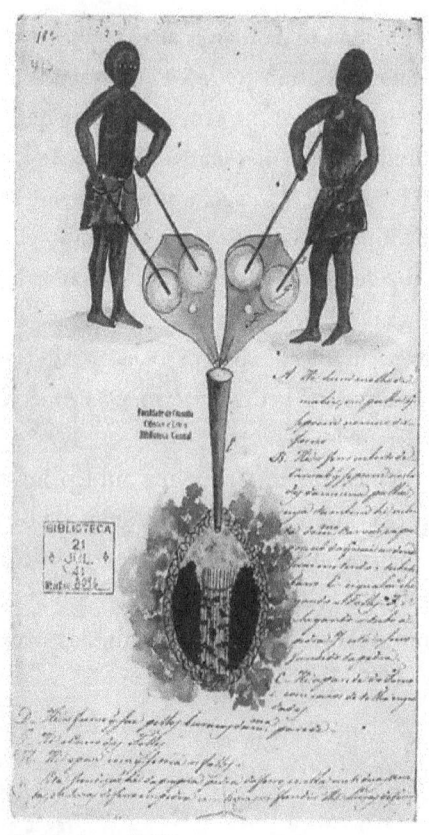

Transcrição da legenda acima
"A- É um molho de mabu*, ou palha e que se põem no meio do forno.
B - É o ferro coberto de carvão que se põem aos lados da mesma palha, cuja também é coberta do mesmo carvão, e a proporção do que vai ardendo, se vai metendo o tubo de barro. E igualmente chegando os foles. E= e igualmente chegando os foles. F= e chegando o tubo a pedra. J= está o ferro fundido da pedra.
C- É a parede do forno com os cacos de telha engradados.
D- É o fumo que sai pelos buracos da mesma parede.

E- É o couro dos foles.

F- É o pau com que se toca os foles.

Esta fundição é da própria pedra do ferro, e nela meti duas arrobas e 6 libras de ferro em pedra, e em 4 horas é fundir até libras de ferro".

*Grupo de papiros, suas hastes. In: Antonio de Assis Júnior, *Dicionário kimbundu--português, linguístico, botânico, histórico e corográfico. Seguido de um índice alfabético dos nomes próprios.* Luanda: Argente, Santos e Comp. Lda., [s.d.], p. 271.

Fonte: [Desenho à pena com tinta escura e aquarelado com tonalidades amarela, castanha, cinza, preta e vermelha. Representação de dois negros sumariamente vestidos, trabalhando na fundição de ferro. Título Atribuído de acordo com os elementos decorativos do documento]. Catálogo de Iconografia da Coleção Alberto Lamego. Julio C. Velloso (org), Instituto de Estudos Brasileiros, (códice 2118) USP, 2002. Acreditamos que esta é uma cópia do documento que se encontra nas "Notícia da Fábrica de Ferro de Nova Oeiras do Reino de Angola", escrita pelo naturalista José Álvares Maciel em São Paulo de Assunção de Luanda em 15 de dezembro de 1797. O original se encontra em Lisboa no Arquivo do Tribunal de Contas, Erário Régio, doc. 4196.

Para nos atermos a um elemento significativo do papel dos ferreiros nas tradições centro-africanas e nos povos da África Ocidental ressaltamos a figura do "rei-ferreiro", citado pelo governador de Angola em fins do século XVIII. Em muitos mitos fundadores das sociedades africanas era frequente a associação entre o controle das minas de ferro e o poder centralizador de um soberano. Segundo relatos do missionário João Antônio Cavazzi de Motecúccolo, no Reino do Dongo (região do Congo, África Central), a escolha do primeiro "chefe do país" teria ocorrido porque Ngola-Mussuri, que significa "rei-serralheiro", era "mais perspicaz que os outros", pois conhecia "a maneira de preparar o ferro", assim, como usava de seus conhecimentos com "sagacidade e socorria a todos nas necessidades públicas, ganhou amor e o aplauso dos povos".[113] Certo é que havia significados mais complexos ligados aos saberes de transformação do minério de ferro, signos que remon-

---

113 Antônio Cavazzi de Motecúccolo, *Descrição histórica dos três Reinos do Congo, Matamba e Angola*, Lisboa: Junta de investigações do Ultramar, 1965. *Apud* Juliana Ribeiro da Silva, *Homens de ferro. Os ferreiros na África-central no século XIX*, Dissertação (Mestrado) – Universidade de São Paulo, São Paulo, 2008, p. 47.

tam à intervenção de esferas espirituais na prática do ofício. Além de provedor de ferramentas para a agricultura, das armas para a guerra, o ferreiro tinha o poder de acessar um mundo invisível. Por isso, seu trabalho só podia ser realizado por meio de rituais específicos.

A ideia do rei-ferreiro também teria sido utilizada em momentos de crise para "retomar o controle do poder, perdido por algum motivo, ou para justificar a entronização de um soberano", ou seja, ainda que os ferreiros não fossem os fundadores dos Reinos, seu papel nessas sociedades permanecia muito importante.[114] Para Thornton, a substituição na tradição oral do fundador do Reino do Kongo, Nimi a Lukeni, pela figura de um ferreiro habilidoso, no início do século XVIII, teria sido uma forma de legitimar um novo poder que estaria surgindo.[115] Segundo Eugene Herbert, a metalurgia pode ser encarada, nas sociedades africanas, como um "microcosmo" de práticas e crenças gerais, uma "janela" para conhecer tanto as cosmologias quanto as relações políticas, uma vez que os ferreiros, ao deterem o conhecimento do controle do fogo, da transformação do minério, estavam envolvidos em relações de poder.[116]

Nossa proposta se aproxima dos pressupostos teóricos da História Social, ou seja, não se propõe a discorrer apenas sobre as importantes questões religiosas e ritualísticas que envolveram o trabalho de um ferreiro. Nesse sentido, nosso objetivo se alinha com as preocupações de Colleen Kriger que analisou o trabalho dos ferreiros da África Centro-Ocidental, no século XIX, enquanto uma ocupação artesanal. Em outras palavras, a pesquisadora privilegiou o estudo de como os homens de ferro exerceram seu ofício e como o ofício, de alguma for-

---

114 Juliana Ribeiro da Silva, *op. cit.*, p. 50.
115 John K. Thornton, *The Kingdom of Kongo: civil war and transition, 1641-1718*, Madison: The University of Wisconsin, 1983, p. 84
116 Eugenia W. Herbert, *Iron, Gender and Power. Rituals of Transformation in African Societies*. Bloomington and Indianapolis: Indiana University Press, 1993, p. 3. A autora busca reconstituir aspectos da fundição do ferro na África Central, com o auxílio de relatos de mestres artesãos do ferro.

ma, condicionou quem eles eram e o lugar social que ocuparam. Certo é que os artesãos do ferro compartilhavam uma "identidade baseada na sua ocupação, gênero e privilégio".[117]

A autora utilizou um variado conjunto de fontes, inclusive elementos materiais e o estudo das línguas banto. Além disso, Kriger lançou mão de entrevistas com alguns anciãos que trabalhavam com o ferro na região da atual República Democrática do Congo. O que mais nos chama a atenção nessa obra é a forma como a pesquisadora articulou informações sobre a fundição do metal, o trabalho na forja, a produção e a comercialização do ferro na África Central com aspectos sociais e econômicos que envolvem inclusive os fatores ideológicos que cercavam a figura do ferreiro.

Para a autora havia ao menos duas divisões claras do trabalho entre os artesãos que advinham de diferentes especializações: havia o que fundia o metal e aquele que lhe dava forma aquecendo e martelando-o. Os mestres ferreiros souberem articular esse conjunto de mitos que envolviam seu ofício e suas habilidades para exercer seu domínio sobre suas famílias e comunidades. Os artesãos do ferro na África Central pré-colonial tinham uma importância crucial na organização e estruturação de suas comunidades.[118]

Robert Slenes analisou alguns aspectos da figura do ferreiro a partir de estudos voltados para a região do Congo, na África Central, e mostra como o trabalho de fundidores e ferreiros estava relacionado a cerimônias rituais. Além disso, Slenes chama a atenção para a importância de ferreiros como líderes de revoltas, como a insurreição quilombola de 1848, em Vassouras, comandada por um pardo liberto que era ferreiro.[119]

---

117 Collen E. Kriger, *Pride of Men: Ironworking in 19th Century, West Central Africa*, Porthsmouth: N. H: Heinemann, 1999, p. 13.

118 Collen E. Kriger, *Pride of Men: Ironworking in 19th Century, West Central Africa*, p. 13.

119 Robert Slenes, "L´Arbre Nsanda replanté: cultes d´affliction Kongo et identité des esclaves de plantation dans le Brésil du Sud-Et (1810-1888)", *Cahiers du*

Como esse circunscrito diálogo com outros estudos procurou esclarecer, a importância do ferreiro nas sociedades da África Central e Ocidental não se limitava às contribuições técnicas, econômicas e militares que seu ofício poderia proporcionar. A mesma observação vale para o presente estudo, que se propõe a lançar hipóteses ainda que de forma provisória – em virtude do caráter fragmentário das informações que possuímos – sobre a participação de africanos na manufatura do ferro nas Minas setecentistas. Assim, quando analisamos elementos materiais da cultura dos ofícios, das atividades econômicas, compreendemos que esses fatores não podem ser deslocados dos significados culturais e sociais mais amplos sobre o que representava ser ferreiro nas duas margens portuguesas do Atlântico.

A porcentagem de africanos entre os escravos que compunham as fortunas dos oficiais do ferro, a partir dos inventários datados de 1728 a 1768, para Vila Rica e Mariana, chegou a 70,97%. Entre esses, 36,37% representava a nação Mina, 54,55% era formado por cativos Angola, Benguela, Congo e Caburu e 9,08% correspondia a nações Calabar e Courano. Essas cifras correspondem aos padrões étnicos encontrados para essa região na primeira metade do Setecentos, ou seja, a maior ocorrência de escravos provenientes da África Central e Ocidental.[120]

O quadro da composição da escravaria dos ferreiros, ferradores, caldeireiros, de Vila Rica mudou drasticamente na segunda metade do século, seguindo as mudanças encontradas na estrutura de posse de escravo para a região. A grande mudança foi que pouco mais da metade dos cativos (50,42%) passou a ser formada por crioulos, cabras, pardos e mulatos. Os grupos representantes da África Centro-Ocidental passaram a ser majoritários entre os africanos, compondo 34,45% do total de cativos. A nação Mina passou a representar apenas 7,08% da escravaria dos ferreiros.

Brésil Contemporain, Paris, n° 67/68, 2007, (partie II), p. 217-313.
120 Os escravos dos "domínios portugueses" representavam 19,35% do total de cativos. Vide Anexo.

Com base nas porcentagens apresentadas, a estrutura de posse de escravos dos artesãos do ferro, a partir da categoria procedência, é a mesma encontrada para os demais senhores, durante todo o século XVIII. Diante desse quadro, não podemos afirmar que, por serem ferreiros, esses senhores tiveram maior interesse em adquirir cativos provenientes de determinada região africana. Ou melhor, ainda que houvesse o interesse, que é um fator difícil de mensurar a partir de nossos dados, na prática, as escravarias dos oficiais do ferro seguiam a composição do conjunto de cativos dos demais moradores das Minas.

Se as habilidades específicas desses africanos eram reconhecidas por seus senhores, essa informação se perdeu no arrolamento ou na descrição dos bens. Assim, não é possível comprovar empiricamente que a presença desses indivíduos no conjunto dos escravos dos artífices do ferro estava diretamente relacionada aos seus conhecimentos de metalurgia ou mineração. Contudo, pelo que apresentamos até aqui, não se pode refutar que existia a possibilidade de esses africanos terem, no mínimo, mais facilidade em lidar com os métodos de fundição do ferro devido a suas experiências pregressas.

Apenas 22 dentre os 269 cativos registrados nos inventários consultados foram identificados como artesãos do ferro, sendo 9 de procedência africana.[121] Entre esses, constam 4 oficiais de ferreiro (Antonio Benguela, Serafim Angola, Francisco Angola, José Courano), 1 ferreiro e serralheiro (Manoel Benguela), 1 ferrador (Antonio Mina), 1 oficial de caldeireiro (José Angola), 1 latoeiro (José Benguela) e 1 oficial de armeiro (Francisco Angola). Todos esses, portanto eram procedentes da África Ocidental (Courano e Mina) e da África Centro-Ocidental (Angola e Benguela). Apesar de os dados serem pouco representativos do ponto de vista quantitativo, esse poderia ser um in-

---

121 Os outros 13 cativos com alguma indicação de ofício se dividiam em: 1 serralheiro, 1 barbeiro que ajudava no ofício de ferreiro, 1 com alguma luz do ofício de ferreiro, 6 oficiais de ferreiro, 2 oficiais de caldeireiro, 1 ferrador e 1 oficial, sendo 5 crioulos, 3 mulatos, 3 pardos e não temos informações sobre 2 deles.

dício de que cativos africanos desses grupos de procedência eram mais familiarizados com o processo de fundição do ferro. Nesse sentido, valem algumas observações sobre os níveis de especialização apresentados sobre os cativos.

Em primeiro lugar, não encontramos para as regiões africanas a existência de um percurso burocrático de aprendizagem de um ofício tal como havia em Portugal. Tampouco acreditamos que a palavra "ofício" tenha tido o mesmo significado para africanos e portugueses. Veja bem, isto não é o mesmo que afirmar que não havia um processo complexo e sistemático de ensino-aprendizagem nas sociedades africanas, mas que ele se dava de forma distinta.[122] Além disso, ser ferreiro nas sociedades africanas, como se discutiu anteriormente, representava estar inserido em um conjunto de crenças e representações importantes que organizavam as relações sociais e econômicas.

A ausência de indicação do ofício, como "oficial de ferreiro", não significava que um africano não tinha os conhecimentos da transformação do ferro. Porém, podemos afirmar que os 128 escravos de procedência africana, propriedade dos artesãos do ferro, eram ferreiros em suas localidades de origem, embora não tenhamos encontrado indicação de ofício para todos? É difícil responder a essa pergunta a partir de nossos dados. Contudo, se considerarmos que um escravo com alguma habilidade tinha a um valor mais elevado em relação aos demais, sem qualificação, em trocas comerciais, é provável que qualquer indício de perícia em algum ofício fosse cuidadosamente descrito pelo senhor, que lucraria mais com os jornais do cativo ou com sua

---

122 Havia ritos específicos da iniciação dos ferreiros, que, aliás, se davam "em circunstâncias semelhantes às que exigiam a iniciação de um chefe, a saber, uma aflição coletiva". Wyatt Macgaffey, *Religion and Society*. Chicago: The University of Chicago Press, 2003, p. 65-67. Além disso, alguns autores afirmam que o ofício de ferreiro seria hereditário, específico de algumas "castas" privilegiadas nas sociedades africanas. Andrew Reid; Rachel Mac Lean, "Symbolism and the social contexts of iron production in Karagwe", *World Archaeology, Simbolic Aspects of Early Technologies*, Abingdon, v. 27, 1995, p. 144-161.

venda. Assim, é provável que realmente somente 26 dos cativos dos artífices do ferro eram aprendizes, oficiais ou teriam alguma iniciação nos ofícios do ferro, entre eles 9 africanos, pois seus senhores tinham interesse em registrar suas habilidades.

José Courano, de 60 anos, e Manoel Benguela foram diferenciados do restante da escravaria de seus senhores porque tinham "princípio de ferreiro", no caso de Manoel "bom princípio de ferreiro e serralheiro". Quais eram os critérios de qualificação da habilidade desses homens? Essas classificações significariam o início de um aprendizado que decorreu da experiência de trabalho na tenda de algum ferreiro (seu senhor ou não) ou seriam rastros de uma destreza que traziam de suas terras de origem?

Novamente, as respostas a essas questões parecem ter se perdido no longo e violento percurso do continente africano ao americano. Todavia, algo pode ser mencionado a respeito do olhar senhorial, que era antes de tudo, o de um oficial mecânico. Exatamente por isso, o mais provável que os escravos que foram registrados como "oficiais" portavam suas cartas de exame de ofício. Ao que parece, tendo em vista as fontes camarárias, não era incomum que escravos registrassem carta de exame.

Muitas vezes os senhores pagavam a um mestre de ofício para que seus cativos tivessem sucesso nos exames aplicados pelos juízes e escrivães de ofício. Esse era um investimento que valorizaria a "peça" e que também permitiria angariar lucros com os jornais do escravo oficial. É o caso já citado de José Martins de Carvalho, que às suas custas, mantinha seu escravo Antônio "trabalhando debaixo do preceito de um mestre". O cativo, por ainda estar aprendendo o ofício, não poderia ser considerado "oficial".[123]

Havia, portanto, um saber do ofício reconhecido publicamente, perante o poder municipal. Esse conhecimento não era acessível a to-

---

123 Petição encaminhada à Câmara de Vila Rica por José Martins de Carvalho. Vila Rica, 1800. APM - CMOP, Cx. 72, Documento 33.

dos devido ao seu alto custo, excluindo muitos ferreiros pobres e forros que não tinham condições de financiar a aprendizagem, o exame e as licenças do ofício. É preciso lembrar que, portar carta de exame de ofício era sinônimo de distinção social e qualquer destreza que não estivesse atestada por esse documento era considerada menor, um "princípio" ou talvez uma aptidão. Mas, ainda assim, ter "princípio de ferreiro" era melhor que não ter nenhum indício de qualificação, bem como ser proprietário de um escravo oficial era sinônimo de ganhar mais lucros com a "peça". Vale ressaltar, que todas essas designações de ofício, tais como as empregadas para definir as origens étnicas, representavam relações de domínio, de hierarquia, distinguindo o ferreiro "oficial" do que não possuía registros oficiais de suas habilidades, o ferreiro livre/liberto do escravo, as técnicas europeias de fundição de metais das africanas.

O oficial de ferreiro Manoel Rodrigues Rosa foi eleito seis vezes como juiz do ofício de ferreiro e serralheiro (1787,1788, 1789, 1795, 1796) nos livros da Câmara de Vila Rica[124]. Manoel morava na Rua do Rosário do Ouro Preto na segunda metade do século XVIII, como descreveu em seu testamento (1807), tinha loja e tenda e quatro escravos, todos de nação Angola. Segundo o recenseamento de 1804, todos os escravos trabalhavam no ofício, mas no testamento de Manoel Rodrigues apenas Francisco Angola foi descrito como "oficial de ferreiro", sem nenhuma indicação de ofício para os outros cativos.

Como vimos acima, havia o saber que era reconhecido e confirmado publicamente com o exame de ofício, ou seja, com a aprovação dos mestres de ofício e da Câmara. Na América portuguesa, ser "oficial de ferreiro" era um critério de diferenciação social. Assim, supondo que Mateus Angola, escravo que trabalhava na oficina de ferreiro de Manoel Rodrigues, tivesse um conhecimento sistemático de como fundir e forjar o ferro aprendido em sua região de origem a africana,

---

[124] Testamento de Manoel Rodrigues Rosa. Vila Rica, 1807. AHMI – Testamentos do Cartório do 1º ofício, Códice 347, Auto 7229, fls. 5.

isso não seria suficiente para seu senhor o considerar "oficial de ferreiro" porque não teria se submetido ao exame dos mestres de ofício. Infelizmente, é somente o registro das cartas de exame e licenças que permanecem nas fontes que pesquisamos.

Nas suas determinações testamentárias, Manoel Rodrigues deixou seus cativos quartados com a condição de serem obrigados "todos juntos a trabalhar" sob a administração de seus testamenteiros. Para "melhor satisfazerem seus quartamentos" deixou-lhes suas ferramentas do ofício de ferreiro. Como garantia de que pagariam as parcelas do quartamento, ao invés de se mudarem para outro lugar logo depois da morte do senhor, determinou que caso quisessem se mudar, o testamenteiro tomaria para "si toda a ferramenta".[125]

O conjunto das ferramentas de Manoel Rodrigues era um legado importante para esses cativos, pois lhes dava condições de acumular pecúlio para alcançar a liberdade. Como apresentamos, no decorrer do capítulo, as condições materiais do ofício muitas vezes determinaram as escolhas dos ferreiros. Nesse caso, os laços de dependência e o domínio senhorial se reforçaram porque a posse dos bens do ofício do senhor era a única forma de garantir um investimento futuro na compra das próprias ferramentas.

O que significaria para um desses cativos conhecerem os segredos de fabricar o ferro no cotidiano de seu trabalho nas tendas? Ao que parece, novamente, é o reconhecimento deste saber registrado nos livros da Câmara e nas cartas de exame que seria símbolo de distinção social: para esses homens ser "oficial de ferreiro" possivelmente era mais importante que saber fundir o ferro, e, por conseguinte, que ser de determinada "nação" africana. E é esse o fator que dividia o trabalho entre os escravos do ferreiro Eusébio da Costa Ataíde, aqueles não eram "oficiais [ocupavam-se] em ir ao carvão, e a lenha, e também em tirar no morro alguma pedra".[126]

---

125 Testamento de Manoel Rodrigues Rosa. Vila Rica, 1807. AHMI – Testamentos do Cartório do 1º ofício, Códice 347, Auto 7229, fls. 5.
126 Os escravos oficiais de Eusébio eram os crioulos Francisco e Manoel. Os que

Após tantos parênteses abertos, é preciso dizer que deter o "segredo" de fundir ou manufaturar o ferro significava estar inserido em relações de poder. Se essa sentença poderia ser utilizada para descrever qualquer situação histórica, ela assume sentidos muito específicos quando tratamos da história da metalurgia nas Minas setecentistas, ou melhor, quando nos referimos aos sujeitos históricos envolvidos com a manufatura do ferro no âmbito de uma sociedade sob o domínio de brancos, que era composta majoritariamente por africanos e seus descendentes, e, por isso buscava escravizar não apenas a força do trabalho dos escravos, mas, sobretudo, crenças, conhecimentos e expectativas.

Voltando os olhos, novamente, para as trajetórias dos artesãos do ferro, é interessante observar que suas atividades se relacionavam a outros elementos, além dos já mencionados, que estiveram sempre no centro das preocupações metropolitanas: o contrabando de ouro e o fornecimento de armas. Quanto ao primeiro fator, havia determinadas regras ao exercício do ofício de ourives que se estenderam a outras ocupações. A Câmara de Vila Rica, em 1759, determinou que "nenhum latoeiro ou funileiro ou serralheiro ou outro curioso" trabalhasse nas obras de prata e ouro, que a partir daquele momento deveriam trazer o nome dos ourives. Segundo esse edital, todo "curioso" que dominasse as técnicas de fundição de metais representava uma ameaça de contrabando. Se somarmos a isso, a grande mobilidade dos oficiais de ferreiro, ferrador, latoeiro, e, a variada fonte de conhecimento de fundição metais de matriz europeia e africana, fica claro que os artífices do ferro tinham todos os meios para descaminhar o ouro ou as peças do precioso metal.[127]

Outro perigo real representado por aqueles que manipulavam os segredos da fundição de metais era a habilidade de fabricar armas de

---

não eram oficiais que deveriam ir ao carvão, e a lenha, e também em tirar no morro alguma pedra, eram africanos: José Angola, Joaquim Mina, Joaquim Crioulo. Herculano Gomes Mathias, op. cit., p. 98.

127 Registro de vários editais que o senado da Câmara mandou publicar para efeito do regimento de ourives do ouro e prata. Vila Rica, 1759. CMOP – Livro de Registro de patentes, cartas de exame e provisões de ofício, 1759-1760, Códice 74, fl. 78.

fogo. Temendo que negros, carijós, mulatos, bastardos ou "qualquer outra pessoa que não [lograsse] nobreza" confeccionassem suas próprias armas, a Coroa proibiu "os latoeiros, ferreiros, caldeiros e funileiros vindos de Portugal de ensinar seu trabalho com metais àquelas gentes".[128] A questão central não era proibir a fabricação de armas, mas garantir que os segredos da manipulação de metais caíssem em mãos erradas.[129] Nessa norma, a Coroa desconsiderava que "aquelas gentes" poderiam ter conhecimentos ainda mais apurados que os mestres portugueses, como nossa breve incursão pela história dos ferreiros em algumas regiões africanas permitiu constatar.

O que uniu todas as personagens que cruzaram essas páginas foi o fato de estarem relacionadas ao trabalho com o ferro em distintas localidades do Império português, no século XVIII. Os debates políticos sobre as altas taxações atribuídas ao metal, as discussões quanto quais seriam as técnicas mais apropriadas para a fundição (se europeias, se africanas), as disputas pelo melhor aprendizado (o ensino português das agremiações de ofício e o saber difundido entre os cativos africanos) se traduzem nas proibições impostas aos artesãos do ferro: o que ensinar, a quem ensinar, o que fabricar, como comercializar. No transcorrer do Setecentos, ferreiros, ferradores, latoeiros, caldeireiros, foram se tornando elementos "perigosos" aos olhos das autoridades coloniais. Ameaças que recebiam maior atenção ou repressão de acordo com a pergunta - quem eram esses homens? Como vimos, as respostas eram múltiplas: reinóis, das Conquistas, livres, forros, cativos, brancos, pardos, mulatos, negros.

---

128 Ângela Botelho, "Arma de fogo", In: Adriana Romeiro e Ângela Botelho, *Dicionário Histórico das Minas Gerais*. Belo Horizonte: Autêntica, 2003, p. 27.

129 Maria Flexor cita um exemplo para outra localidade. Em São Paulo, no ano de 1578: o ferreiro Bartolomeu Fernandes foi proibido de ensinar seu ofício a um índio "porque era grande prejuízo da terra". Maria Helena Ochi Flexor, *Mobiliário Baiano*. Brasília, DF: Iphan/ Programa Monumenta, 2009, p. 43.

3. Os oficiais do ferro nas Minas Gerais

Não há censos do século XVIII que tragam informações sobre quem e quantos eram os artesãos do ferro, onde moravam e para onde se deslocavam com suas tendas, pertences e apetrechos. Isso só pode ser conhecido por meio do cruzamento de diferentes tipos documentais concernentes à região de Vila Rica e Mariana setecentista, que permitiram a elaboração de listas nominais, que cresceram conforme o avanço da pesquisa.

Como afirmamos anteriormente, a documentação das Câmaras registra nomes de oficiais mecânicos, entre eles os de artesãos do ferro. Eles estão anotados, principalmente, nas licenças, nas cartas de exame, nos livros de capitação, nas listas de pagamentos das fintas da bandeira de São Jorge, entre outros. Reunidas, as listagens formaram uma relação de 873 nomes de trabalhadores que lidavam com os ofícios do ferro ao longo do século XVIII. Esse índice de nomes foi útil para realizar um novo cruzamento com outros tipos de documentos, como inventários e ações cíveis, nos arquivos cartoriais. Além disso, como veremos ao tratar primeiramente de Mariana e depois de Vila Rica, esses instrumentos de pesquisa tornaram possível conhecer o panorama geral da presença dos artesãos do ferro: o local de moradia, a condição social, as funções exercidas pelos oficiais junto à Câmara, a naturalidade, entre outras informações.

A Comarca de Vila Rica era dividida em dois termos, um sediado por Vila Rica e outro por Vila do Ribeirão do Carmo. Após 1745, com a criação do bispado, a segunda foi elevada à condição de cidade e passou a ser denominada Mariana. O termo de Vila Rica permaneceu com o mesmo número de freguesias e o mesmo território durante todo o século XVIII.[1] O de Mariana, por sua vez, abrangia inicialmente os sertões do Rio Pomba, Muriaé e Doce, atingindo as fronteiras do Rio de Janeiro e foi se ampliando no decorrer da segunda metade do Setecentos e início do século XIX.[2]

De acordo com os registros camarários, o número de artesãos do ferro que moravam e trabalhavam nessa região, ao longo do Setecentos, sempre foi elevado. Salomão de Vasconcelos já apontava, em 1940, no seu levantamento preliminar dos ofícios responsáveis pela

---

1   O termo de Vila Rica foi dividido nas seguintes paróquias: ao sul da vila, Santo Antonio de Itatiaia, ao sudeste, Santo Antonio do Ouro Branco e Nossa Senha da Conceição das Congonhas do Campo, ao noroeste, Nossa Senhora da Boa Viagem da Itabira e Nossa Senhora de Nazaré da Cachoeira e ao norte, Santo Antonio da Casa Branca e São Bartolomeu. Em Vila Rica foram criadas, em 1724, duas paróquias a de Nossa Senhora da Conceição de Antônio Dias e a de Nossa Senhora do Pilar do Ouro Preto. Cf: José Joaquim da Rocha, "Descrição Geográfica, topográfica, histórica e política da capitania de Minas Gerais: seu descobrimento, estado civil, e político e das rendas reais: ano 1781", *Revista do Instituto Histórico e Geográfico Brasileiro*, Rio de Janeiro, tomo 71, ano 1998.
2   Washington Peluso Albino de Souza, "As lições das vilas e cidades de Minas Gerais". In: *Ensaios sobre o ciclo do ouro*, Belo Horizonte: UFMG,1978, p. 1-145. Sobre a extensão da Comarca de Vila Rica, C.f.: Maria do Carmo Pires, "A expansão das fronteiras da comarca de Vila Rica e os novos oficiais dos sertões". In: *I Seminário de História: Caminhos da Historiografia Brasileira Contemporânea*, 2007.

construção de igrejas e monumentos civis (pontes, chafarizes, calçadas) que "o número de ferreiros era enorme, maior mesmo do que o dos carpinteiros e pedreiros".[3]

Para a cidade de Mariana, a série composta pelos Registros de Carta de Exame de Ofício mostra que o grupo que representava os ofícios do ferro era o maior no período de 1737 a 1806, perfazendo 38,9% (151 de 388) de todos os oficiais mecânicos aprovados pelo poder camarário[4] (Ver Tabela 4, abaixo). Como já afirmamos em outros momentos, esses dados não são muito representativos, já que registram apenas dois escravos, seis homens pardos livres e três forros – um pardo, um crioulo e um preto. O mais provável é que haja uma sub-representação no que diz respeito aos trabalhadores escravos e seus descendentes nas fontes administrativas, preocupadas com os oficiais livres.

Ainda a respeito das omissões das fontes oficiais, é preciso observar que o maior alcance da fiscalização dos oficiais camarários se dava nos núcleos urbanos e não nas localidades mais afastadas como as freguesias e os arraiais. Dito de outra forma, a ausência de registros mais recorrentes permite apontar que, ora por falta de oficiais camarários, ora por ausência de mestres de ofício, a fiscalização camarária tornava-se pouco intensa no encaminhamento do processo de licenciamento e de examinação nesses locais mais distantes das regiões centrais. Isso se confirma na análise da tabela abaixo que indica que 62,62% dos artífices que exercem os mais diversos ofícios moravam

---

3 Salomão Vasconcelos, *op. cit.*, p.232.
4 O levantamento contemplou os Códices 148, 218 e 381 (AHCMM). Os locais de moradia dos oficiais aprovados pela Câmara correspondem não apenas aos núcleos urbanos centrais, mas também às freguesias: Antônio Pereira, Furquim, Guarapiranga, Bento Rodrigues, Cachoeira do Brumado, Catas Altas, São Caetano, São Sebastião, Barra Longa, Inficionado. Os ofícios que constaram no levantamento foram: alfaiate, carpinteiro, cirurgião, ferrador, ferrador e alveitar, ferreiro, ferreiro e ferrador, ferreiro e serralheiro, ofício do ouro e da prata, ourives, parteira, pedreiro, pedreiro e canteiro, sangrar, sapateiro, seleiro e serralheiro.

na região central de Vila do Carmo; dentre eles, 34,15% (83 de 243) eram ferreiros, ferradores, armeiros e serralheiros.

Por outro lado, essa grande concentração no núcleo urbano revela a importância desses trabalhadores na prestação dos mais variados serviços aos moradores da cidade: na construção, particular, civil ou religiosa, produzindo ou consertando roupas, sapatos, ferramentas, alimentos, tratando de animais, atendendo a saúde da população.

Tabela 4: Registros de Carta de Exame em Mariana, 1737-1806

Localidades / Ofícios	Mariana	Passagem	São Sebastião	Furquim	Outras Localidades*	Total
Ferreiro	32	13	4	3	26	78
Ferreiro e ferrador	6	-	-	-	-	6
Ferreiro e serralheiro	2	-	-	-	-	2
Ferrador	42	4	2	2	14	64
Armeiro	1	-	-	-	-	1
Outros ofícios**	160	17	5	2	53	237
Total (%)	243= 62,62	34= 8,77	11= 2,84	7= 1,80	93= 23,97	388=100

Fonte: Livros de registro de cartas de exame de ofício, 1737 a 1806. AHCMM, Códices 148, 218 e 381.

*Inclui dados das seguintes localidades: Antônio Pereira, Guarapiranga, Bento Rodrigues, Brumado, Cachoeira do Brumado, Catas Altas, São Caetano, Barra Longa, Inficionado.

**São os ofícios: alfaiate, carpinteiro, cirurgião, oficiais do ouro e da prata, ourives, parteira, pedreiro, pedreiro e canteiro, sangrador, sapateiro e seleiro.

As licenças (Tabela 5) eram registros mais frequentes que as cartas de exame, e também mostram a importância dos oficiais do ferro, pois são 27 trabalhadores (ferreiros, ferradores, caldeireiros e latoeiros) perfazendo aproximadamente 36% dos mecânicos relacionados. Novamente, os registros pouco informam a respeito da cor ou da condição dos artesãos arrolados, apenas 3 são identificados como escravos, 1 como crioulo e 1 como pardo.

Quanto à distribuição espacial, o quadro esboçado pelos registros de carta de exame se repete nas informações que encontramos para as licenças, foi na cidade de Mariana que se concentrou o maior número de ferreiros, ferradores e caldeireiros, embora a presença dos oficiais do ferro se confirme em todas as outras localidades: Antonio Pereira, Inficionado, Passagem, Piranga, Camargos, Bento Rodrigues, Catas Altas, São Caetano, São Sebastião, Sumidouro, Morro Santana e Furquim.

Tabela 5: Ocupações licenciadas, Mariana, 1778, 1796, 1797

Ofício	1778	1796	1797	Total
Ferreiro	9	5	-	14
Ferrador	10	-	-	10
Caldeireiro	1	1	-	2
Outros Ofícios*	38	11	1	50
Total	58=76,32	17=22,36	1=1,32	76

Fonte: Livros de registro de licenças, 1778, 1796, 1797. AHCMM, Códice 145[5].

*São os ofícios de: alfaiate, carpinteiro, sapateiro, seleiro, torneiro, padeiro, tabuleiro de pão.

No caso de Vila Rica, os registros de carta de exame e provisões para juiz e escrivão de ofício não especificam o local de moradia dos artesãos, mas possibilitam mensurar a participação de cada ofício no conjunto dos oficiais mecânicos. No período de 1722 a 1802, é frequente a presença dos oficiais do ferro junto à Câmara: registrando cartas de exame ou sendo eleitos examinadores. O número total de registros para esses trabalhadores é 352, portanto o segundo maior contingente, aproximadamente 32 % dos registros relacionados aos ofícios mecânicos (Gráfico 2).[6] Entre esses artesãos, encontramos apenas a identificação de 8 cativos e 4 forros, o que não significa que

---

5 As licenças eram anuais ou semestrais e incidiam sobre as mais diversas ocupações – ofícios, grandes vendas e o pequeno comércio. Na tabela acima, elencamos dados extraídos do único livro de licenças que encontramos para a Câmara de Mariana. Nesse códice, constam apenas licenças retiradas em 1778, 1796 e 1797, sendo que a maioria se concentra no primeiro ano.

6 Agrupamos os ofícios da seguinte forma: artesãos do ferro (ferreiro, ferrador, serralheiro, cuteleiro, latoeiro), artífices da construção (pedreiro, canteiro, rebocador, oleiro), artesãos da saúde (boticário, cirurgião, parteira, sangrador, barbeiro), artesãos do vestuário (alfaiate e sapateiro) e outros (seleiro, fabriqueiro, sombreireiro, formeiro, ourives).

tais segmentos estivessem à margem no exercício dos ofícios do ferro, como observamos anteriormente.

Gráfico 2: Área de atuação dos juízes e escrivães de ofício provisionados e de oficiais examinados pela Câmara de Vila Rica, 1722-1802

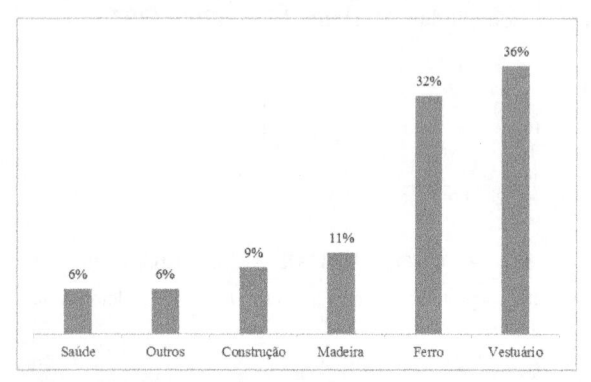

Saúde	Outros	Construção	Madeira	Ferro	Vestuário
6%	6%	9%	11%	32%	36%

Fonte: Livros de registros de cartas de exame de ofício, 1722-1802. APM – CMOP, Códices 17, 44, 57, 58, 66, 74, 85, 108, 115.

A fim de fornecer uma alternativa à análise da documentação produzida pelos funcionários da Câmara, consultamos fontes de natureza fiscal, no caso, a matrícula da capitação lançada em 1746 e o lançamento da derrama no ano de 1764, ambos para Vila Rica.[7] Entre os contribuin-

---

[7] O sistema de arrecadação dos direitos reais sobre o quinto da extração aurífera impunha o envio anual de cem arrobas de ouro para Portugal (1500 kg de ouro) e era cobrado por meio da capitação. A capitação foi um instrumento tributário que vigorou de julho de 1735 a junho de 1751, que taxava a produção de ouro com base na produção per capita dos trabalhadores (escravos ou livres). Parcela significativa da população deveria arcar com esse tributo: aqueles relacionados diretamente com a mineração aurífera, oficiais mecânicos, comerciantes, todos os proprietários de escravos e os forros. Caso o valor arrecadado fosse insuficiente à cota estipulada, as Câmaras eram responsáveis por completar o volume previsto através de cobrança suplementar, a derrama. "O rol preparado pelo cobrador do distrito listava nominalmente todos os seus moradores que dispusessem de propriedades e bens e, mesmo sem relacioná-los, conseguia com sucesso determinar seu valor total. A derrama incidia sobre um percentual desse valor total de bens de cada um dos moradores. Era também contabilizada a população total do distrito, independente do

tes arrolados na capitação de 1746, ou seja, em meio aos proprietários de vendas, homens mecânicos, forros, donos de boticas, de casas de corte e de lojas pequenas, encontramos 104 artesãos do ferro: divididos em ferreiros, ferradores, serralheiros, caldeireiros, latoeiros e armeiros, eles distribuíam-se por 37 localidades. A maioria dos artesãos do ferro presente nessa lista residia nas principais freguesias do termo de Vila Rica: Ouro Preto e Antonio Dias.[8]

No lançamento da derrama de 1764, foram registrados 3.531 contribuintes que informaram viver de alguma ocupação, ofício, propriedade ou renda. Segundo os dados coletados por Fabiano Gomes da Silva, o número de artesãos do ferro (ferreiros, ferradores, latoeiros, caldeireiros e serralheiros) perfazia um total de 115 dos contribuintes da derrama (Tabela 6) representando o terceiro maior grupo de oficiais mecânicos, o primeiro era o dos sapateiros e o segundo o dos alfaiates. Entre os artífices do ferro, 26,9 % (31) eram forros, demonstrando a importância desse grupo social nos estudos sobre ofícios mecânicos. Esse tipo de fonte quando associado aos inventários e testamentos permite acompanhar a presença escrava e forra no conjunto dos artesãos mineiros.

---

fato de nem todos possuírem bens". Luciano Raposo de Almeida Figueiredo, "Derrama e política fiscal ilustrada", *Revista do Arquivo Público Mineiro*. Belo Horizonte, v. 41, 2005, p. 33.

8 Livro de registro do pagamento da capitação referente ao 1º e 2º semestre de 1746, com registro de multas, Vila Rica. APM – Coleção Casa dos Contos 2027, Microfilme 127, O livro que registra o pagamento da capitação referente aos 1º e 2º semestres de 1746, com registro de multas, relaciona as ocupações "das indústrias", ou seja, das atividades econômicas que iam além da agricultura e da mineração.

Tabela 6: Ocupação e condição social dos oficiais mecânicos contribuintes da Derrama do termo de Vila Rica, 1764

Ocupação	Condição declarada			
	Forro	Livre	n/c *	Total
Ferreiros	21	1	46	68
Ferradores	9	-	26	35
Caldeireiro, latoeiro e serralheiro	2	-	10	12
Outros ofícios**	107	2	313	422
Total	139	3	395	537

Fonte: Livro de registro de lançamento da derrama de 1764, Vila Rica. APM – CMOP, códice 82. In: Fabiano Gomes da Silva, *Pedra e Cal*, p.88.

*n/c = não consta.

**Outros ofícios: alfaiate sapateiro, carpinteiro, carapina, marceneiro, pedreiro, barbeiro, seleiro, cabeleireiro.

Esse breve panorama geral teve o objetivo de mensurar a presença dos artesãos do ferro na região mineradora em comparação com a de artífices de outros ofícios. Podemos observar que os dados camarários apresentados até aqui apontam para uma maior fiscalização sobre o grupo dos artesãos do ferro, esse rigor pode ser explicado devido ao intenso controle de suas atividades, dado o caráter ilegal da fundição do ferro no período, como vimos no segundo capítulo.

Essas informações de natureza quantitativa, quando associadas a outras de natureza qualitativa contribuem para melhor discutir as questões que temos levantado até o momento. Como já havíamos adiantado ao longo deste livro, para além dos documentos que temos analisado (em sua maioria de natureza camarária) que tratam de forma mais geral da presença e atuação dos artesãos do ferro em Vila Rica e Mariana, selecionamos um conjunto de processos cartoriais que possibilita saber mais sobre quem eram os oficiais do ferro, já que permite, igualmente, apreender a história de cada sujeito – lugar de nascimento, filiação, condição matrimonial –, o arrolamento de sua vida material, os bens que possuía e as articulações econômicas e sociais reveladas por meio de suas dívidas, dos processos em que se envolveu e das suas determinações testamentais. O estudo dessas séries documentais permite, igualmente, ampliar o universo de trabalhadores ao indicar, por exemplo, como viviam os que compunham a oficina além do mestre, ou seja, os aprendizes e os escravos.

Assim, a lista geral de nomes coletados principalmente nos documentos camarários foi cruzada com as informações dos catálogos onomásticos de inventários, testamentos, ações cíveis em geral, processos crime do Arquivo Histórico da Casa Setecentista de Mariana (AHCSM) e do Arquivo Histórico do Museu da Inconfidência (AHMI) – Casa do Pilar. Esse procedimento resultou na identificação de um conjunto final de 44 inventários, 8 testamentos, 31 ações cíveis e 2 processos crimes. Esses 85 processos reúnem informações sobre um grupo de 50 artesãos.[9] Em outras palavras, da lista que tínhamos em mãos dos nomes dos artesãos do ferro que trabalharam na região mineradora, após o cruzamento com outros tipos de fontes, resultou um grupo final de 50 artesãos cujas atividades podem ser melhor conhecidas, a partir de inventários e/ou testamentos, ações cíveis e processos crimes.

Nas próximas páginas, analisaremos mais detidamente o perfil social e econômico desses testadores e inventariados, acentuando as aproximações e distanciamentos entre suas histórias de vida. O grupo formado por esses 50 homens reúne 30 ferreiros, 16 ferradores, três caldeireiros e um armeiro. Embora a maioria deles não tenha descrito em seus testamentos sua ocupação, o cruzamento das fontes possibilita afirmar que foram reconhecidos em suas comunidades pelo exercício de seus ofícios.

---

9   Após a seleção a partir dos nomes foi preciso conferir as informações (com base nos dados da documentação utilizada para compor as listas) e proceder à leitura do material a fim de identificar homônimos e confirmar indícios de ofício – como a declaração no testamento de ser homem mecânico, a posse de bens do ofício e escravos especializados, dívidas por ofício.

Tal como já informavam as fontes camarárias, apresentadas há pouco, a grande parcela dos inventariados e testadores residia nos núcleos urbanos da região mineradora ou nas proximidades.

O grupo de artesãos que compõe a amostra morava em sua maioria em Vila Rica (30%) e em Mariana (24%). Embora o deslocamento por diferentes localidades com o intuito de atender aos clientes fosse uma característica condicionante dos ofícios do ferro, os artífices parecem ter buscado fixar suas tendas e lojas, e possivelmente suas casas de morada, em lugares estratégicos para melhor administrar seus negócios e para alcançar uma maior clientela.

O ferreiro Manoel Leite Couto, por exemplo, que faleceu em 03 de julho de 1786, tinha seus "trastes pertencentes à tenda de ferreiro" na estalagem que ficava a caminho de Vila Rica conhecida como Capão do Lana[10]. Alguns viajantes registraram sua passagem por essa pousada. Em 1811, o barão Eschwege relatou: "Subi o alto morro do Chiqueiro, de onde fui até Capão do Lana. (...) Encontra-se em Capão uma boa pousada pelo padrão local (...). Depois de almoçar naquela pousada, continuei minha viagem, andando 3 léguas até Vila Rica".[11] Certo é que o serviço de um ferreiro seria muito requisitado em um local que contava com o constante trânsito de tropeiros e viajantes, tanto para o conserto de ferramentas, carroças, utensílios em geral, quanto para obras do ofício de ferrador, que além de ferrar os animais – em uma região em que a ferradura era primordial devido às irregularidades de um terreno pedregoso, montanhoso e acidentado – cuidavam igualmente de sua saúde.

---

10 Inventário de Manoel Leite Couto. Capão do Lana, 1786. AHMI – Inventários do Cartório do 1º ofício, Códice 111, auto 1416. Sobre a estalagem do Capão do Lana, ver Carlos Magno Guimarães e Mariana Gonçalves Moreira, "Cartografia, Arqueologia e História das Minas (século XVIII e XIX)", In: *1º Simpósio Brasileiro de Cartografia Histórica*. Paraty, 2011, p. 11-15.

11 Wilhelm Ludwig Von Eschwege, *Jornal do Brasil 1811-1817 ou Relatos Diversos do Brasil, coletados durante expedições científicas por Wilhelm Ludwig von Eschwege*. Belo Horizonte: Fundação João Pinheiro, Centro de Estudos Históricos e Culturais, 2002, p. 256 e 257.

Quanto à moradia do grupo de artesãos que estudamos, podemos também observar que entre os topônimos de Vila Rica, havia a "Ladeira dos Caldeireiros". Em Lisboa, um importante aspecto da ordenação dos mesteres era o arruamento, ou seja, as ruas da cidade eram divididas de acordo com as especialidades de cada ofício. Arruar por ofício era um costume medieval que permitia por um lado o maior controle da fiscalização municipal e, por outro, a proteção corporativa.[12]

Segundo um censo de 1804, na Ladeira dos Caldeireiros residia o ferreiro e serralheiro Eusébio da Costa Ataíde, uma das personagens que estudamos.[13] Apesar de ser um indício interessante dessa possível divisão da cidade pelas áreas de atuação dos mesteres, a referência da moradia de Eusébio Ataíde é isolada, pois ao contrário do que ocorreu em Portugal, não parece ter havido uma preocupação sistemática em organizar espacialmente as tendas e fábricas dos oficiais mecânicos em Vila Rica. Se por um lado os arruamentos não eram uma característica da região mineradora, por outro, as práticas dos oficiais mecânicos foram guiadas por padrões dos mesteres de Portugal.

Inspirações portuguesas, práticas americanas

Havia um conjunto de regras sobre a organização dos ofícios nas Minas setecentistas que era herança portuguesa. No primeiro capítulo, discorremos detidamente sobre como o corpo de oficiais do ferro da região mineradora foi regido por uma série de costumes, práticas e leis inspirados nos mesteres da metrópole: o processo de ensino-

---

12 José Newton Coelho Meneses, *op. cit.*, p. 128 e 129.
13 Dados do recenseamento de 1804, realizado em Vila Rica. Herculano Gomes Mathias, *op. cit.*, p. XXIII e 98. A antiga Ladeira dos caldeireiros é hoje chamada de Ladeira do Pilar. " (…) no sopé da ladeira, que já se chamou dos Caldeireiros, atravessará a pontezinha sobre o córrego Ouro Preto e tomando à direita, ao lado da Matriz de Nossa Senhora do Pilar, achar-se-á numa praça triangular, hoje Praça Américo Lopes; estamos aqui no chamado Fundo de Ouro Preto (Nossa Senhora do Pilar é também a Matriz do Fundo de Ouro Preto)". Manuel Bandeira, *Guia de Ouro Preto*. Rio de Janeiro: Ediouro, 2000, p.47-48.

-aprendizagem, a formação das lideranças entre os oficiais mecânicos por meio da eleição do juiz e escrivão do ofício, a relação entre os artesãos e as Câmaras, a bandeira de São Jorge na procissão de Corpus Christi, entre outros.

Ao analisar o processo de examinação dos oficiais mecânicos, recolhemos indícios sobre as principais lideranças dos artesãos do ferro que se constituíram no decorrer do século XVIII, para Vila Rica e Mariana. Como se pode observar nos Quadros 2 e 3, seus nomes se repetem ao longo do Setecentos, nas duas localidades.[14] Muitos artesãos foram juízes ou escrivães de ofício para mais de uma ocupação. Contudo, o que nos chama mais atenção é o fato de que os principais examinadores também foram aqueles que mais aparecem como arrematantes de obras públicas ou religiosas, encabeçando petições às Câmaras em nome dos demais artesãos, participando das tropas e milícias, ocupando cargos importantes em irmandades, ou seja, assumindo lideranças em vários campos da sociedade que nem sempre estavam relacionados ao ofício.

---

14 No ofício de ferrador, Manoel Marques Francisco e Manoel Ribeiro de Carvalho aparecem como juízes do ofício para as duas localidades. Gonçalo Brandão, Tomas Dias da Mota e Domingos Antonio Gonçalves constam como juízes do ofício de ferreiro tanto para Mariana quanto para Vila Rica.

Quadro 2. **Principais examinadores dos oficiais do ferro, Mariana, 1737 – 1806**

Nomes	Ofício
Francisco Xavier da Cruz	Escrivão do oficio de ferrador e alveitar
Jacinto de Sousa Novais*	Escrivão do oficio de ferrador e alveitar
Manoel Ribeiro de Carvalho	Escrivão do oficio de ferrador e alveitar
José da Fonseca Costa	Juiz do oficio de ferrador e alveitar
José de Carvalho Cezimbra*	Escrivão do oficio de ferrador e alveitar
Caetano Martins Esteves*	Juiz do oficio de ferrador e alveitar
Jerônimo Alves de Carvalho*	Juiz do oficio de ferrador e alveitar
Manoel Jorge de Carvalho*	Escrivão do oficio de ferrador e alveitar
Luis de Sousa Novais	Escrivão do oficio de ferrador e alveitar
Tomas Dias da Mota	Juiz do oficio de ferreiro
Antonio José Pereira*	Escrivão do oficio de ferreiro
Custódio Fernandes dos Santos	Juiz do oficio de ferreiro
Luis Pacheco Ferreira*	Juiz do oficio de ferreiro
Antonio de Araujo Carvalho	Escrivão do oficio de ferreiro
Domingos Fernandes Guimarães	Juiz do oficio de ferreiro
Domingos Antonio Gonçalves	Juiz do oficio de ferreiro
Francisco de Sousa Brito	Escrivão do oficio de ferreiro

Fonte: Livros de registro de cartas de exame de ofício, 1737 a 1806. AHCMM, Códices 148, 218 e 381.

* Oficiais entre os 50 artesãos da nossa amostra para quem encontramos inventários e testamentos.

Quadro 3. Principais examinadores dos oficiais do ferro, Vila Rica, 1722 – 1802

Nomes	Ofício
Manoel Marques Francisco*	Juiz do ofício de ferrador
José da Fonseca Costa	Juiz do ofício de ferrador
Manoel Rodrigues Meirelles	Juiz do ofício de ferrador
Manoel Ribeiro de Carvalho	Juiz do ofício de ferrador
Gonçalo Brandão	Juiz do ofício de ferreiro
Manoel Pinto Ferreira	Juiz do ofício de ferreiro
Manoel Duarte*	Juiz do ofício de ferreiro
Manoel de Abreu Soares*	Juiz do ofício de ferreiro
Tomas Dias da Mota	Juiz do ofício de ferreiro
Antonio José Pereira*	Escrivão do ofício de ferreiro
Baltazar Gomes de Azevedo*	Juiz do ofício de ferreiro
João Francisco dos Santos*	Escrivão do ofício de ferreiro
Domingos Antonio Gonçalves	Juiz do ofício de ferreiro
Eusébio da Costa Ataíde*	Juiz do ofício de ferreiro
João Lopes da Cruz	Juiz do ofício de ferreiro
Manoel Rodrigues Rosa*	Juiz do ofício de ferreiro
Domingos Antonio Malta*	Juiz do ofício de ferreiro

Fonte: Livros de registros de cartas de exame de ofício, 1722 a 1802. APM – CMOP, Códices 17, 44, 57, 58, 66, 74, 85, 108, 115.

* Oficiais entre os 50 artesãos da nossa amostra para quem encontramos inventários e testamentos.

Dentre os 34 principais examinadores elencados, há 15 oficiais para quem encontramos inventários e testamentos e que compõem nossa amostra de 50 artesãos. Devido a sua importância, esses nomes aparecerão de forma mais marcante no restante deste capítulo, pois uma vez que esse pequeno grupo de líderes conseguiu estabelecer melhores relações com as Câmaras, com as irmandades e se destacaram pela sua perícia, os registros documentais sobre sua presença também são mais abundantes. Resolve-se, assim, a identificação das possíveis lideranças dos artesãos do ferro.

Além disso, o processo de exame e aprovação dos oficiais junto aos seus juízes e escrivães do ofício traz à luz aspectos importantes sobre a aprendizagem de uma ocupação. Em Portugal, o cotidiano das oficinas contava com uma estrutura fixa para os artesãos aprovados pelo juiz e escrivão de ofício: mestre, obreiro e aprendiz. De acordo com as Ordenações Filipinas, os filhos órfãos de oficiais mecânicos deveriam ser ensinados no ofício de seus pais ou em outros "e o Tutor ou Curador com autoridade do Juiz [deveria obrigar] os bens dos Órfãos e suas pessoas a servirem os ditos Mestres por aquele tempo no serviço, que tais aprendizes costumam fazer".[15] Algo em comum entre essas diferentes experiências do trabalho dos artesãos – Lisboa e Minas – é a existência de um saber empírico que faz do tempo a melhor ferramenta de especialização.

O mestre era responsável por seu aprendiz (que deveria ter no mínimo 13 e no máximo 18 ou 21 anos), que poderia ser um ou até dois, dependendo do ofício. O mestre era responsável pelo aprendiz dentro e fora das oficinas, já que

> Aceitar um aprendiz é, portanto, assumir plenos direitos sobre o seu potencial juvenil de trabalho e de criatividade, mas, por outro lado, responsabilizar-se por seus atos bons e maus. Muitas vezes tais aprendizes são crianças ou jovens vindos do mundo rural e, assim, longe de suas famílias, aumentam seu grau de liberdade, mas, ainda mais, o de responsabilidade de seus mestres. Há alguns ofícios que regulam formalmente a obrigatoriedade de o aprendiz saber ler e escrever, mas a maioria dos textos de regimentos não menciona tal obrigatoriedade.[16]

José Newton Meneses cita o exemplo do mestre ferrador João Rodrigues da Silva Mendes, morador no arraial da Lapa, do Termo da Vila do Sabará, para elucidar como se dava a aplicação das Ordenações Filipinas em Minas. Em junho de 1750, o mestre havia sido contratado para ser o tutor de Pascoal Ribeiro da Cunha, órfão de José Ribeiro da

---

15 Código Filipino, *op. cit.*, p 212.
16 José Newton Coelho Meneses, *op. cit.*, p. 138.

Cunha, durante dois anos para ensinar o ofício de ferrador e alveitar, segundo "o exercício de curar e estudar pelos livros de Alveitaria".[17]

Segundo a documentação a que tivemos acesso, não podemos considerar que um padrão de ensino-aprendizagem tenha se estabelecido de forma rígida na região de Vila Rica e Mariana, no decorrer do Setecentos. Somente nas entrelinhas dos documentos encontramos algumas pistas sobre o aprendizado do ofício. Em primeiro lugar, podemos considerar que o ensino ocorria no interior das famílias dos artesãos.

Legar o ofício como herança aos filhos parece ter sido uma estratégia comum entre os oficiais mecânicos. O ferrador português Jacinto de Sousa Novais (um dos oficiais que destacamos acima como liderança local), que faleceu em Mariana no ano de 1785, havia tido dois filhos legítimos de seu matrimônio com Maria Antonia da Silva Leal. À época do testamento de Jacinto Novais, seu filho mais velho, José de Sousa Novais, residia na Comarca de Sabará e seu outro filho, Luis de Sousa Novais, era morador em Mariana. Em seu testamento, Jacinto declarou que possuía "duas tendas do meu ofício de ferrador e outra que tenho se acha em poder do referido meu filho Luis de Sousa Novais".[18] O indício de que Luis Novais tinha seguido o mesmo ofício de seu pai se confirma quando cruzamos essa informação com os registros de carta de exame de ofício. Em 1769, Luis de Sousa foi examinado no ofício de ferrador e alveitar pelo próprio pai, então juiz do dito ofício, e o escrivão Manoel de Magalhães Queiroz.[19] Além disso, Luis Novais foi escrivão do ofício de ferrador na região de Vila Rica e consta como um dos principais examinadores de aspirantes ao ofício.

---

17 José Newton Coelho Meneses, "Ensinar com amor uma geometria prática, despida de toda a teoria da ciência e castigar com caridade a aprendizagem do artesão no mundo português, no final do século XVIII", *Varia História*. Belo Horizonte, vol. 23, nº 37, 2007, p. 182.

18 Inventário de Jacinto de Sousa Novais. Mariana, 1787. AHCSM – Inventários do Cartório do 2º ofício, Códice 46, Auto 1027.

19 Livro de Registro de carta de Exame de Ofício. AHCMM, Códice 218, fls. 42 e 42v.

Podemos seguir os mesmos indícios em outras trajetórias do grupo de artesãos com que trabalhamos. O ferreiro Duarte José da Cunha, natural de Ouro Preto, morava na Rua do Caminho Novo das Lages que levava para a cidade de Mariana, em fins do Setecentos. Antes de se casar com Maria Batista Oliveira, teve cinco filhos naturais e aos seus filhos homens - Marcelino, Vicente, Jerônimo e Manoel -, Duarte da Cunha deixou algumas casas e "uma tenda de ferreiro, que entre todos repartissem". É possível que um ou mais de seus filhos tenham visto na ocupação do pai uma possibilidade de ocupação. Entretanto, mesmo que seus filhos não tenham seguido o ofício de seu pai, a tenda lhes serviu de herança, pois era um bem material de valor considerável.[20]

Citamos ainda o caso de Serafim Ferreira Maia que registrou sua carta de exame do ofício de ferreiro em Vila Rica, no ano de 1754. Cerca de trinta anos depois, em março de 1788, o filho legítimo que teve com sua mulher Ana Maria das Neves, Francisco Ferreira Maia, nascido e batizado na freguesia de Nossa Senhora da Conceição de Antonio Dias, foi também examinado no ofício de ferreiro pelos juízes do ofício Eusébio da Costa Ataíde e João Lopes da Cruz e o escrivão Manoel Rodrigues Rosa.[21] Fica claro que Francisco aprendera seu ofício com o pai, de quem também poderia ter herdado ferramentas, tenda e até mesmo escravos especializados. Como não encontramos processos cartoriais para esses nomes, só podemos lançar hipóteses sobre os legados de Serafim Maia.

Embora não se reunissem em mesteres e instituições como a Casa dos Vinte e Quatro, os artesãos do ferro viviam como um corpo de oficiais. Podemos constatar isso pela forma como se associavam ao longo do tempo ao receberem as provisões para examinadores. Em

---

20 Inventário de Duarte José da Cunha. Vila Rica, 1827. AHMI - Inventários do Cartório do 1º ofício, Códice 35, Auto 424. Duarte José da Cunha era filho natural de Paulo José da Cunha e de Tereza da Silva Ribeiro, faleceu em 04 de março de 1827, em Ouro Preto.
21 Livro de Registro de Carta de Exame de Ofício. APM - CMOP, Códices 58, fl. 60 e 108, fl. 139.

1750, por exemplo, o ferreiro João Francisco dos Santos solicitou à Câmara de Vila Rica sua carta de exame de ferreiro e foi examinado nas obras de seu ofício pelo mestre e juiz de ofício Baltazar Gomes de Azevedo.[22] Com a carta de exame em mãos, ele passou a ser um dos representantes dos oficiais do ferro junto ao poder local; João foi juiz de ofício, em 1752, e, em 1753 foi o examinador de Domingos Antonio, ferrador, como escrivão de ofício, ao lado do juiz que o tinha avaliado três anos antes, Baltazar Gomes de Azevedo.[23]

O convívio de João Francisco e Baltazar Gomes traz esclarecimentos quanto ao processo de aprendizagem dos ofícios do ferro, bem como sobre as relações tecidas entre os artesãos ao longo do tempo. A partir dos dados que apresentamos até aqui, podemos aventar que o cotidiano de trabalho dos examinadores reproduzia, em alguns aspectos, os moldes dos corpos de oficiais portugueses: as Câmaras regulamentavam as regras tarifárias de comercialização de produtos e o processo de examinação de novos oficiais e legitimavam o processo de nomeação dos juízes e escrivães do ofício, contudo a aprovação dos exames e a eleição dos juízes eram responsabilidades dos mestres de ofício, tal como ocorria em Portugal. O convívio dos artesãos, a história que partilhavam a partir da identidade ocupacional, fica evidente nas trajetórias que se cruzam no processo de ensino-aprendizagem dos ofícios, como exemplificamos por meio das relações de Baltazar Gomes com João Francisco.

Vale considerar ainda que a ausência de uma delimitação fixa entre os ofícios fez com que dois ferreiros examinassem um ferrador, o que mostra a convergência prática entre os dois ofícios. A aprendizagem da ocupação de ferreiro passava por habilidades comuns ao ofício de ferrador, em uma relação em que a empiria e a experiência demandavam determinadas atuações dos trabalhadores.

---

22 Livro de Registro de Carta de Exame de Ofício. APM, CMOP, Códice 57.
23 Livro de Registro de Carta de Exame de Ofício. APM, CMOP, Códice 58.

A sobreposição de ofícios pode ser uma diferença importante entre o que ocorria em Portugal e na América Portuguesa no século XVIII com relação à organização dos ofícios. Nas terras americanas, essa prática era frequente entre outras razões devido a escassez de artesãos e de um processo de aprendizado aos moldes do metropolitano.

O aprendizado do ofício não advinha apenas de um saber e uma prática que eram transmitidos entre gerações, muitas vezes órfãos ou enjeitados ficavam sob a tutela de um mestre para que pudessem exercer uma ocupação, ou ainda era de interesse de alguns senhores que seus escravos aprendessem com um mestre para que fossem oficiais examinados em determinado ofício. Outra possibilidade era a de que os aprendizes poderiam ser agregados aos fogos para ajudar no trabalho nas tendas e oficinas.

Citamos como exemplo o caso do ferrador da tropa paga, Bazílio dos Santos, que no recenseamento elaborado por Herculano Mathias, em 1804, tinha 46 anos, era casado e residia em Ouro Preto. Moravam em sua casa, além de sua mulher e seus três escravos, cinco agregados, entre eles dois que se achavam aprendendo o ofício: Francisco e Antonio, ambos pardos de 12 anos. Isso parece ter sido recorrente, pois no mesmo censo, o também morador em Ouro Preto, no Distrito das Cabeças, Manoel Rodrigues de Macedo que vivia de seu ofício de ferreiro, "seu negócio de estanque de tabaco e venda de efeitos da terra", tinha em sua casa três agregados que constavam como aprendizes de ferreiro: Luiz, pardo, de 14 anos, João, pardo, de 13 anos e Antonio, crioulo, de 16 anos.[24]

Ainda que os artesãos do ferro tivessem aprendizes, agregados, outros oficiais mecânicos contratados temporariamente, a mão-de--obra mais largamente empregada em suas oficinas era a escrava. Esses cativos poderiam ter adquirido conhecimentos sobre o ofício em suas terras de origem ou aprenderam com seu mestre nas terras brasílicas.

---

24 Dados do recenseamento de 1804, realizado em Vila Rica. Herculano Gomes Mathias, *op. cit.*, p. 95 e 158.

Como procuramos esboçar no segundo capítulo, a segunda possibilidade é a única que os documentos informam.

Exercício do ofício, escravidão e liberdade

Os senhores que não eram artesãos também tinham interesse em capacitar seus cativos em um ofício mecânico. Segundo o Ouvidor-Geral da Comarca de Vila Rica, de 1749 a 1752, Caetano da Costa Matoso, "os senhores [tinham] o maior interesse em alugar os serviços de escravos capacitados, e costuma[vam] também colocar jovens negros nas oficinas de mestres".[25] Um bom exemplo é o de Elias, escravo pardo do padre Luís Coutinho de Oliveira Lobo. Em 1809 ele se encontrava "no arraial de Santa Rita aprendendo o ofício de ferreiro para o exercício em suas lavras", quando o "comandante daquele distrito o prendeu e o remeteu para outra vila" onde ficou como "preso recrutado" para servir nas companhias militares. O padre Coutinho teria muito prejuízo caso seu escravo Elias não fosse devolvido. Por fim, o padre que era dono de lavras minerais requereu junto às autoridades que mandassem "soltar o dito escravo e entregar ao suplicante".[26]

Manoel Ribeiro de Carvalho, ao contrário do padre Coutinho, era um oficial examinado no ofício de ferrador, desde 1749 – quando registrou sua carta de exame de ofício –, e foi Juiz de Ofício em 1750, 1751 e 1752 (um dos principais examinadores do ofício de ferreiro tanto para Vila Rica quanto para Mariana).[27] Para suas atividades rotineiras, em sua tenda, Manoel Ribeiro contava com a ajuda de seu escravo Antonio de nação Angola. Em 1753, Manoel levou Antonio para retirar sua carta de exame de ofício.[28] O escravo passou, então, em teoria, pela mesma avaliação a que seu mestre teria se submetido para

---

25 Códice Costa Matoso, *op. cit.*, p. 116.
26 Documentos avulsos. Santa Rita, 1809. APM – CMOP, Caixa 80, Documento 24. *Apud* Geraldo Silva Filho, *op. cit.*, p. 102.
27 Livro de Registro de Carta de Exame de Ofício. APM - CMOP, Códices 57 e 58.
28 Livro de Registro de Carta de Exame de Ofício. APM - CMOP, Códice 58, fl, 55.

se tornar um oficial ferrador. Esse processo de exame deveria comprovar a "capacidade de exercer" o ofício e respondia aos regimentos estabelecidos para cada grupo de artesãos, como explicitamos mais detalhadamente no primeiro capítulo.

Ainda que, segundo as determinações das Câmaras, houvesse restrições quanto a ensinar cativos e seus descendentes e lhes conceder carta de exame de ofício, algumas histórias como a do mestre ferrador Manoel Carvalho e de seu escravo Antonio Angola mostram que essa foi uma prática possível na América portuguesa.[29] Essas relações suscitam muitas perguntas: como se dariam as relações entre senhores e escravos artesãos no trabalho cotidiano nas tendas e oficinas? Qual seria a ligação possível entre a média de posse de cativos e o modo como se davam as relações senhor/escravo estabelecidas nas tendas? Dito de outro modo: haveria uma proximidade maior entre senhor e escravo artesãos, provocada, entre outros fatores, pelo compartilhamento do espaço da casa e do trabalho? Infelizmente a documentação não permite responder a todas essas perguntas.

A estrutura da posse de escravos entre os artesãos é um dado significativo, uma vez que era o bem simbólico e material mais relevante da sociedade da América portuguesa[30]. Os 44 inventários de artesãos analisados apresentam o total de 269 cativos, o que significa uma média aproximada de 6,1 cativos por artífice (Tabela 8).[31] A

---

[29] Sobre as proibições ao ensino do ofício de ferreiro, ver capítulo 2.

[30] "Os escravos tiveram sempre um peso significativo na composição da fortuna dos habitantes das duas comarcas (Vila Rica e Rio das Mortes). Ainda que oscilando de 37,47% para 27,38% dos bens do primeiro para o segundo período, os escravos representaram sempre a maior fatia das fortunas na comarca de Vila Rica". Carla Maria Carvalho de Almeida, *Homens ricos, homens bons: produção e hierarquização social em Minas colonial* (1750-1822). Tese (Doutorado) - Universidade Federal Fluminense, Niterói, 2001, p. 175.

[31] Para as Minas setecentistas, a média seria de 4 a 6 escravos por proprietário. Eduardo França Paiva, *Escravidão e universo cultural na colônia: Minas Gerais, 1716-1789*. Belo Horizonte: Editora UFMG, 2001.

grande maioria dos proprietários (36 artesãos) possuía de um a dez escravos, havendo somente 8 senhores que tinham mais de 10 cativos.

Essa distribuição da propriedade de escravos reflete o que ocorria para a capitania de Minas, ao longo do século XVIII, ou seja, "os pequenos proprietários – os donos de um a dez escravos – quase sempre representavam 60% ou mais do total de proprietários e, em determinados momentos e lugares, podiam chegar a mais de 90% da população com cativos".[32]

Tabela 7: Estrutura da posse de escravos entre os artesãos do ferro. Vila Rica e Mariana, 1728-1835

Nomes	Ofício
Francisco Xavier da Cruz	Escrivão do ofício de ferrador e alveitar
Jacinto de Sousa Novais*	Escrivão do ofício de ferrador e alveitar
Manoel Ribeiro de Carvalho	Escrivão do ofício de ferrador e alveitar
José da Fonseca Costa	Juiz do ofício de ferrador e alveitar
José de Carvalho Cezimbra*	Escrivão do ofício de ferrador e alveitar
Caetano Martins Esteves*	Juiz do ofício de ferrador e alveitar
Jerônimo Alves de Carvalho*	Juiz do ofício de ferrador e alveitar
Manoel Jorge de Carvalho*	Escrivão do ofício de ferrador e alveitar
Luis de Sousa Novais	Escrivão do ofício de ferrador e alveitar
Tomas Dias da Mota	Juiz do ofício de ferreiro
Antonio José Pereira*	Escrivão do ofício de ferreiro
Custódio Fernandes dos Santos	Juiz do ofício de ferreiro
Luis Pacheco Ferreira*	Juiz do ofício de ferreiro
Antonio de Araujo Carvalho	Escrivão do ofício de ferreiro
Domingos Fernandes Guimarães	Juiz do ofício de ferreiro
Domingos Antonio Gonçalves	Juiz do ofício de ferreiro
Francisco de Sousa Brito	Escrivão do ofício de ferreiro

Fonte: Inventários, AHCSM e AHMI/ Casa do Pilar.

Mesmo procurando se distanciar da experiência escrava herdada pelo sangue, no caso dos artesãos descendentes de escravos, ou da vileza da escravidão, quando os mestres eram brancos, no âmbito da

---

[32] Douglas Cole Libby, "As populações escravas das Minas Setecentistas: um balanço preliminar", In: Maria Efigênia Lage de Resende e Luiz Carlos Villalta (org), *História de Minas Gerais, As Minas Setecentistas*. Belo Horizonte: Autêntica; Companhia do Tempo, 2007, v. 1, p. 434.

convivência com cativos, lado a lado nas oficinas, os artesãos do ferro não teriam forjado uma "relação escravista menos desnivelada e mais solidária", como já questionamos anteriormente? José Newton Meneses ponderou a questão de forma clara:

> A situação desses oficiais mecânicos que se transformam em senhores de escravos é, no mínimo, contraditória: se o trabalho braçal é para a sociedade escravista ato de escravo e se o senhor de escravo, normalmente não utiliza as mãos para o trabalho, como seria a relação desse senhor de escravo que trabalha como oficial mecânico? E que estatuto teria, nessa relação, o escravo artesão semi-especializado, ou mesmo, especializado?[33]

Escravos com alguma especialização tais como ferreiros, têm sido uma temática recorrente na historiografia por diversos motivos. De um lado, eles teriam maior valor em comparação com escravos sem habilidades definidas. Por outro, o ofício para um escravo poderia representar um meio de acumular pecúlio e, assim, adquirir a liberdade.[34] Procuraremos construir hipóteses analíticas sobre as contradi-

---

33 "(…) Supõe-se, de forma preliminar, que a relação entre esses homens, artesãos de mesmo ofício ou de ofícios distintos, localizados em estratos sociais que tendiam a opor-se um ao outro e, por fim, unidos por laços da relação escravista, era menos desnivelada e mais solidária, quando comparada a de outros senhores e escravos sem especialização". José Newton Coelho Meneses, *op. cti.*, p. 330.

34 "Escravos de artesãos e de donos de vendas também tinham muitas oportunidades para comprar sua liberdade. (…) Escravos com tais talentos não só atingiam, no mercado de escravos, preço mais elevado que seus companheiros sem especialização como eram, também, muitíssimo procurados." A. J. R. Russell-Wood. *Escravos e Libertos no Brasil Colonial*. Tradução de Maria Beatriz Medina. Rio de Janeiro: Civilização brasileira, 2005, p. 62. Carlos Lima duvida da hipótese de que a alforria poderia ser mais acessível para cativos especializados, dizendo que "a valorização de escravos mediante a imposição aos mesmos de habilidades e de um treinamento próprios da sociedade senhorial circundante não constituía um ganho, exceto para o senhor (…) É de se duvidar mesmo que a qualificação profissional fosse condição para a alforria". Um dos seus argumentos se sustenta na impossibilidade de afirmar

ções entre trabalho mecânico e escravo a partir das fontes consultadas para traçar as histórias dos artesãos do ferro.

José Marques Guimarães, inventariante do ferreiro Baltazar Gomes de Azevedo, com o objetivo de não prejudicar os credores e o valor total dos bens, requereu que se procedesse a uma nova avaliação dos escravos dos ofícios de ferreiro e caldeireiro, em fevereiro de 1792.[35] Segundo Guimarães, os louvados não haviam conferido o "legítimo valor" aos cativos por não "serem da profissão dos ditos". Somente "pessoas que [entendiam] dos ofícios respectivos" poderiam emitir o parecer correto; para tanto cita quatro nomes: como caldeireiros Domingos Gomes Ferreira e Manoel José Machado, e como ferreiros Manoel João Pereira e Manoel Rodrigues Rosa,[36] exímios oficiais em sua comunidade, o último já citado neste estudo.

Todos os escravos submetidos ao exame pelos novos avaliadores tiveram seus valores aumentados em, no mínimo, 10% em relação à primeira louvação. Informações que levam a acreditar que a capacidade e o talento de um oficial mecânico eram apreciados e, até mesmo, encorajados, independente de sua condição social. O que não permite igualar o status do cativo oficial ao do mestre senhor de mesmo ofício, abre margem, porém para afirmar que o ofício possibilitou que desfrutassem de melhores condições de vida, apesar de lidarem com circunstâncias completamente diferentes.

Entre a escravaria do ferreiro Eusébio da Costa Ataíde, três cativos tinham ocupações definidas: Francisco crioulo, com 50 anos (em 1804), oficial de ferreiro coartado em 50$000; Adão crioulo, filho de Francisco, oficial ferreiro, que não consta no censo de 1804, talvez por não ter mais

---

que os cativos de todos os ofícios tinham as mesmas chances de formar pecúlios necessários à manumissão. Carlos A. M. Lima, *Artífices do Rio de Janeiro*, (1790 – 1808), Rio de Janeiro: Apicuri, 2008p. 142.

35 Episódio descrito no Inventário de Baltazar Gomes de Azevedo. Vila Rica, 1792. AHMI - Inventários do Cartório do 2º ofício, códice 57, auto 643, fl. 14-14v.

36 Testamento de Manoel Rodrigues Rosa. Vila Rica, 1809. AHMI – Inventários do Cartório do 1º ofício, códice 147, auto 7229.

de dois anos; e Francisco pardo, com 10 anos (1804), aprendiz de serralheiro. Há apenas duas escravas, Madalena Angola, de 68 anos (1804) e Francisca crioula, de 38 anos (1804), com a ocupação de cozinheira. Os demais cativos, "que não [eram] oficiais, ocupa[vam-se] em ir ao carvão, e a lenha, e também em tirar alguma pedra".[37]

Esses dados revelam como Eusébio da Costa adquiriu seus cativos e a maneira como ocorreu o processo de ensino-aprendizagem entre eles. Pelo que indica a diferença de idades, a aquisição foi paulatina. Além disso, o senhor parece ter se valido da formação de famílias entre seus escravos para dar continuidade ao trabalho em sua tenda. Francisco crioulo era o oficial de ferreiro mais velho e sua experiência pode ter sido valiosa para ensinar Francisco pardo, que apenas com 10 anos já era aprendiz de serralheiro, e, posteriormente, seu próprio filho (e da também escrava Francisca), Adão crioulo, oficial de ferreiro. A estratégia de Eusébio, de formar um conjunto de cativos especializados foi bem sucedida, o resultado da boa administração foi a sobrevivência e a acumulação.

Grande parte desses escravos foi agraciada pelo testador com liberdade imediata ou progressiva, mediante pagamentos e obrigações – quatro foram alforriados e seis foram coartados. O caso de Eusébio não foi isolado; no grupo de artesãos com o que trabalhamos, alguns concederam a liberdade a seus cativos e, principalmente aos seus escravos com alguma qualificação. Dada a característica dos inventariados e testadores que investigamos, consideramos importante explorar a questão mais detidamente.

Dentre os testamenteiros e inventariados cujos percursos procuramos seguir, apenas um dos que se declararam forros nos informa sobre como conseguiu sua liberdade. O ferreiro João Fernandes de Sousa era filho de Mariana Figueira de Andrade e pai incógnito, natural de São Sebastião, no Termo de Mariana, disse em seu testamen-

---

37 Herculano Gomes Mathias, *op. cit.*. AHMI, Livro de Registro de Testamento, 1805-7, fl. 18.

to (19 de fevereiro de 1813) ter sido coartado e, em companhia de sua mulher, Maria da Silva Serra, ter alcançado a liberdade. O cabedal de João Fernandes e de sua mulher, que contribuiu para a sua boa estima perante seus pares, foi adquirido, nas palavras do testador, "por suas indústrias" e não por herança, "sem outra intercessão".[38] A expressão é corriqueira nos testamentos, de forros e livres, e com ela muitos testadores afirmavam o valor de seus esforços na configuração do lugar social que alcançaram.[39]

A "indústria" a que ele se refere e que possibilitou a liberdade de João de Sousa foi possivelmente o seu ofício de ferreiro. Pelo esforço de seu trabalho, João e sua mulher conquistaram sua liberdade, ou seja, não receberam nenhuma herança que garantisse ajuntar pecúlio para sua liberdade. De certa forma, por meio dessa expressão, também podemos observar uma subversão da hierarquia social vigente já que o trabalho foi valorizado como meio de alcançar a alforria ao contrário do que determinava os padrões hierárquicos da sociedade setecentista, baseados no defeito mecânico.

Os aparelhos da sua tenda de ferreiro "com bigorna, martelos, malhos, foles e mais pertences" poderiam ter sido legados do ex-senhor ou comprados por meio de seu trabalho quando oferecia seus serviços para ajuntar seu pecúlio. É possível concluir que escravos com qualificação conquistavam espaços importantes, seja enquanto cativos – por meio das relações de compadrio e proteção, por exem-

---

38 Inventário de João Fernandes de Sousa. Mariana, 1813. AHCSM – Inventários do Cartório do 2º ofício, Códice 32, Auto 755.
39 Alguns estudos sobre forros em Minas Gerais indicam a recorrência destas declarações, de que acumularam bens ou alcançaram a liberdade por seu "trabalho e indústria". Ver: Eduardo França Paiva, *Por meu trabalho, serviço e indústria: histórias de africanos, crioulos e mestiços na Colónia - Minas Gerais, 1716-1789*. Tese (Doutorado) - Universidade de São Paulo, São Paulo, 1999; Eduardo França Paiva, "A plebe negra. Forros nas Minas Gerais no século XVIII". In: *Caravelle*, Toulouse, n°84, 2005, p. 65-92; Júnia Ferreira Furtado, *Chica da Silva e o contratador de diamantes: O outro lado do mito*. São Paulo: Companhia das Letras, 2003.

plo – seja como libertos – herdando bens do senhor. Isso não exclui a presença de conflitos, pois mestres e cativos usaram de subterfúgios, táticas e acordos para concretizarem seus interesses.[40]

Entre os senhores que compõem nossa amostra, apenas cinco concederam a liberdade, principalmente por meio da coartação, e algum legado aos seus escravos especializados. Eles eram, em geral, pequenos proprietários. Dois deles eram descendentes de cativos, os pardos Manoel Rodrigues Rosa, senhor de cinco cativos, e Eusébio da Costa Ataíde, com 11 escravos, Francisco Martins Campos era natural da Freguesia de Sumidouro, Bispado de Mariana, possuía 3 cativos e Luis Pacheco Ferreira e José Rodrigues Pereira da Cunha eram portugueses com respectivamente 11 e 5 escravos.

Quadro 4. Senhores que concederam a liberdade e legados aos seus escravos especializados. Vila Rica e Mariana, 1728-1835

Senhor	Número de escravos possuídos	Número de escravos coartados
Manoel Rodrigues Rosa	5	3
Eusébio da Costa Ataíde	11	5
Francisco Martins Campos	3	3
Luis Pacheco Ferreira	11	2
Rodrigues Pereira da Cunha	5	1

Fonte: Inventários, AHCSM e AHMI/ Casa do Pilar.

A coartação foi uma prática de alforria que existiu em muitas áreas escravistas da América, contudo foi mais comum nas Minas devido à existência de uma variada gama de atividades econômicas ao alcance dos escravos. Isso porque, como a historiografia tem justificado "no caso das Minas, as vantagens do meio urbano somavam-se a certas peculiaridades do trabalho da mineração" que permitia que os escravos exercessem "atividades autônomas, não supervisionadas, das quais, estrategicamente, extrairiam mais facilmente benefícios

---

40 Laura de Mello e Souza, *Norma e conflito: aspectos da história de Minas no século XVIII*. Belo Horizonte: Editora da UFMG, 1999, p.169.

pecuniários".⁴¹ Eduardo França Paiva, um dos primeiros estudiosos a tratar do tema, define a coartação como

> o acordo que permitia ao escravo ou à escrava parcelar o valor total de sua alforria e saldar as prestações semestrais ou anuais em três, quatro ou cinco anos. O arranjo, na maioria das vezes era informal, mas, em muitos casos, foi registrado em documento, que era chamado de Carta de Corte. Nele constavam as bases destes acordos, o grau de autonomia do coartado ou coartada e o prazo para que a dívida fosse extinta e a Carta de Alforria fosse passada ao (à) liberto (a).⁴²

Para os coartados a situação era ambígua, pois eram escravos "em processo de transição para a condição de livre".⁴³ No caso dos cativos que possuíam alguma habilidade nos ofícios mecânicos, faz sentido a afirmação de que a coartação tenha atingido os escravos adultos, "aqueles que eram capazes de prover a própria subsistência, como os artífices e as mulheres que comerciavam com tabuleiros ou vendas".⁴⁴

Os senhores artesãos do ferro, em seus testamentos, expressavam o desejo de que seus escravos oficiais de ferreiro trabalhassem em suas tendas, após sua morte, "para nela[s] ganharem o dito ouro para a sua liberdade". O exemplo é retirado do testamento de Luis Pacheco Ferreira, que assim se manifesta em testamento:

> Declaro que possuo um escravo por nome Felix oficial de ferreiro o qual quarto e deixo coartado em 100 oitavas de ouro e possuo mais outro escravo por nome Agostinho pre-

---

41 *Ibidem*, p. 157 e 158.
42 Eduardo França Paiva, "Depois do cativeiro: a vida dos libertos nas Minas Gerais do século XVIII", In: Maria Efigênia Lage de Resende e Luiz Carlos Villalta (org), *História de Minas Gerais, As Minas Setecentistas*. Belo Horizonte: Autêntica; Companhia do Tempo, 2007, v. 1, p. 506.
43 Stuart B. Schwartz, *Segredos Internos: engenhos e escravos na sociedade colonial*. São Paulo: Companhia das Letras/CNPq, 1988, p.214.
44 Laura de Mello e Souza, *op. cit.*, p.168.

to Mina ao qual deixo coartado em 80 oitavas de ouro para as pagarem no tempo de 4 anos com declaração porém que o dito Felix e o dito Agostinho hão de trabalhar ambos na mesma minha tenda de ferreiro a qual lhes deixo para nela ganharem o dito ouro para a sua liberdade.[45]

O ferreiro Luis Pacheco Ferreira tinha 11 cativos, dentre eles 2 oficiais de ferreiro, ambos coartados em 120$000 e 150$000, respectivamente. A condição da coartação era de que os escravos, Félix e Agostinho, trabalhassem na tenda de ferreiro do senhor, que havia legado aos mesmos "para nela ganharem o dito ouro para a sua liberdade". O mestre Luis Pacheco ainda deixou "um tacho a Felix ferreiro para melhor adquirir para me pagar".

Francisco Martins Campos, mestre ferrador no arraial de Guarapiranga, possuía 3 escravos e alforriou todos os seus cativos. Dentre eles, o crioulo Manoel, oficial de ferrador, foi coartado, em dois anos, "para servir a casa". Assim que o prazo fosse cumprido, o testamenteiro deveria passar a carta de alforria ao cativo e lhe entregar "emprestada a tenda de ferrador e casa para morar socorrendo com aquilo que puder".[46] O ferrador e também furriel José Rodrigues Pereira da Cunha, tinha um escravo por nome Antonio de nação Mina, ferrador, que deixou coartado "pelo preço e quantia de 200$000 [réis] por oito anos em pagamentos iguais em cada um ano". Para que o cativo conseguisse arcar com as despesas de sua coartação, seu senhor ordenou que lhe fosse entregue "a ferramenta do ofício e sua conservação e [vivenda] das casas onde se acha a tenda de ferrador". Contudo, quando findasse o tempo da coartação a casa e ferramenta deveriam voltar a ser posse dos herdeiros e testamenteiro.[47]

---

45 Registro do Testamento de Luis Pacheco Ferreira. AHCSM, Livro de Registro de Testamento 46, fl. 80v, 1789.
46 Inventário de Francisco Martins Campos. Guarapiranga, 1813. AHCSM – Inventários do Cartório do 1º ofício, Códice 144, Auto 3017.
47 Inventário de José Rodrigues Pereira da Cunha. Vila Rica, 1798. AHMI – In-

Do mesmo modo, o mestre ferreiro Manoel Rodrigues Rosa, homem pardo, há pouco citado como um dos avaliadores dos escravos do inventariado Baltazar Gomes de Azevedo, concedeu os instrumentos que garantiram a liberdade de seus escravos. Declarou: "lhes deixo para usarem da dita ferramenta do ofício de ferreiro (...) para melhor eles satisfazerem os seus coartamentos". Entretanto, os escravos Francisco, Mateus e Francisco "mais moço", todos Angola, estavam "obrigados a estarem todos juntos a trabalhar debaixo da administração" do testamenteiro de Manoel Rodrigues, como apresentamos no segundo capítulo. Caso quisessem se mudar, o testamenteiro deveria "haver a si toda a ferramenta".[48] Uma história que mostra a dependência desses escravos artesãos da tenda e ferramentas do senhor. Poderia ser também um modo de garantir que esses cativos terminassem as obras que haviam sido arrematadas pelo senhor.

A história dos cativos de Eusébio da Costa Ataíde traz novos elementos para pensar como se davam, para um escravo, as relações entre exercer uma ocupação e a conquista da liberdade. Francisca crioula devia a Eusébio a obrigação de "morar em companhia de [sua irmã] Eva Joana Pereira" durante o tempo de três anos, e caso não cumprisse com os pagamentos da coartação (153$600 réis) seria "puxada ao cativeiro", ameaça que aparece somente com respeito a ela. Quando da fatura do inventário, em 1823, Francisca, juntamente com Francisco crioulo (coartado), e o filho de ambos, Adão crioulo que não teria mais de quatro anos em 1806, quando o testamento foi escrito, fugiram. Adão não havia conseguido a alforria. Em 1823, o inventariante Manoel Rodrigues Pereira, irmão de Costa Ataíde, ordenou que Adão deveria fazer parte da partilha por não ter sido "citado na graça facultada a seus pais":

---

ventários do Cartório do 1º ofício, Códice 89, Auto 1074.
48 Registro do Testamento de Luis Pacheco Ferreira. AHCSM, LRT 46, fl. 80v. Testamento de Manoel Rodrigues Rosa. AHMI, testamento, 1º ofício, códice 347, auto 7229, fls. 5.

(...) um filho destes de nome Adão Crioulo que no ato da fatura do inventário se não avaliou, por ter fugido com os ditos coartados seus pais, muito antes da descrição dos bens; e porque o dito Crioulo não foi citado na graça facultada a seus pais, e como cativo, que nasceu em vida de seu testador deve vir ao Monte do Inventário para entrar na Partilha, o que necessariamente se vai proceder, para ultimação das contas.[49]

Adão Crioulo foi preso em 10 de julho de 1825, depois de dois anos refugiado em companhia de sua mãe, nas "partes da Boa Morte ou Paraopeba", com 22 anos, foi identificado como "ex-oficial de ferreiro". Após a apreensão, foi enfim arrematado no valor de 200$000 réis pelo Tenente Antonio Gomes Lisboa.[50] As trajetórias descritas matizam a ideia há pouco enunciada de que oficiais mecânicos senhores teriam construído uma relação mais solidária com seus escravos. A família, provavelmente temendo a separação diante da partilha dos bens e, antes mesmo da descrição das posses, viu a fuga como uma maneira de se manter unida. A estratégia foi em vão.

Se nem sempre uma vida de dedicação ao mestre garantia o sucesso das estratégias empreendidas, como no caso da família do escravo Adão, o trato de Eusébio Ataíde com outros cativos traz novos elementos que iluminam matizes das relações entre senhores e cativos. O testador deixou o "rapaz Francisco pardo" em poder de sua irmã, Eva Joana Pereira, juntamente com sua carta de liberdade. No entanto, a alforria só seria entregue quando Francisco se achasse com "suficiên-

---

49 AHMI, Inventário de Eusébio da Costa Ataíde - 1º ofício, códice 340, auto 7107, ano de 1823, [fl.1].

50 "Auto de arrematação que faz Antonio Dias Monteiro de um escravo crioulo de nome Adão avaliado em 200$000 com [?] para pertencer ao Tenente Antonio Gomes [Lisboa] com 100$000 a vista e o resto fiado por um ano (...)". Inventário de Eusébio da Costa Ataíde, 1º ofício, códice 340, auto 7107, ano de 1823, fl. 47. Adão possivelmente herdou do pai o aprendizado do ofício de ferreiro, a expressão "ex-oficial" indicaria, ainda que de modo preliminar, que durante os anos de fuga assumiu outra ocupação.

cia completa de poder trabalhar pelo seu ofício de serralheiro (…) que se acha aprendendo". Eusébio não determinou apenas a emancipação e a aprendizagem do cativo, também lhe concedeu um legado: quando Francisco "se achar com a dita suficiência se lhe dará uma tenda mais pequena (sic) que tenho por esmola que lhe faço pelo ter criado".[51] Talvez esse benefício tenha advindo do envolvimento do senhor com a criação do escravo, entretanto o mesmo favor alcançou Pedro Congo e José Benguela, para os quais legou o serviço de tirar pedras de Saramenha, com seus ranchos e carros, além da liberdade.

A alforria e particularmente a coartação não foram práticas exclusivas dos ofícios ligados ao trabalho com o ferro; em outras ocupações manuais visualizamos o mesmo comportamento por parte dos senhores. No testamento do construtor José Pereira Arouca, por exemplo, há menção de coartações acordadas com os cativos especializados. Nesse documento, ele declarou que possuía

> (…) para cima de 50 escravos e destes deixo coartados quatro, a saber: Joaquim Mina, Bernardo Mina, Thomas Mina, Sebastião Mina, os quais escravos que, em recompensa, depois [dos] coartamentos, meu testamenteiro lhe aceitará de por, [depois] de meu falecimento, quatro anos de serviços que andem trabalhar nas obras que estão por ser acabadas à custa de meus bens e findo os ditos quatro anos os [hei] por forros, aos quais meu testamenteiro lhes passará suas cartas de liberdade […] deixo a cada hum deles, findo os quatro anos de serviços, depois do meu falecimento, 50 mil réis de esmola a cada um para seu princípio.[52]

Como apontou Fabiano Gomes da Silva, a coartação desses quatro escravos africanos não ocorreu por acaso nem teria sido fruto da

---

51 AHMI, Testamento de Eusébio da Costa Ataíde, ano de 1806. Livro de Registro de Testamentos, 1805-1807, a partir da fl.18.
52 Testamento de José Pereira Arouca. AHCSM, Livro de Registro de Testamentos, Livro 44, fls. 74v-75.

bondade senhorial; pelo contrário, inseriu-se em um quadro de acordos, apesar da notória desigualdade entre as partes. No caso do construtor Arouca, os acordos aconteceram justamente por causa do grau de importância desses cativos para a continuidade de seus negócios. Na época da feitura do testamento, o volume de obras arrematadas por José Pereira Arouca chegava a quase uma dezena, fazendo-o depender do trabalho especializado, da disciplina e da lealdade desse conjunto de oficiais para se fazer presente diariamente nas obras, fato possivelmente não ignorado por tais cativos.

Com o falecimento de José Pereira Arouca, em 1795, os escravos permaneceram na fábrica, sob tutela do seu testamenteiro, sendo alforriados ao final do período estabelecido. Dos quatro cativos oficiais, Fabiano da Silva conseguiu localizar dois que adotaram o sobrenome do antigo proprietário: Bernardo Pereira Arouca e Joaquim Pereira Arouca, ambos de nação Mina, que continuaram atuando juntos, arrematando pequenas obras de pedreiro, como o consistório da Capela de São Francisco de Assis em Mariana, entre 1800 e 1801.[53]

A origem dos cativos coartados com legado também era diversa: 2 de nação Mina, 3 Angola, 1 pardo, 2 crioulos e 1 do qual não temos informação. O que mais chama a atenção é o fato de os senhores que viviam de seus ofícios não concederem apenas a liberdade aos seus escravos também artesãos, mas um caminho tortuoso até a alforria que

---

53 "Quanto ao destino dos ex-escravos, o primeiro, Bernardo, mudou-se para Ouro Preto, contraiu matrimônio e faleceu em 1820, deixando duas casas, um oratório pequeno e roupas, construindo um patrimônio de 58$800 réis. Já o pedreiro Joaquim permaneceu em Mariana, onde também se casou, tornou-se procurador e juiz da Irmandade do Rosário dos Pretos, restando em seu monte-mor não mais que 71$262 réis.301 Provavelmente, viveram vidas simples, sem grandes regalias, mas não deixa de ser interessante a história de vida de africanos escravizados e enviados a terras tão distantes, que conseguiam superar dificuldades linguísticas, culturais, sociais e técnicas, emergindo do cativeiro em menos de uma geração e gozando de prestígio e respeito nessas localidades". Fabiano Gomes da Silva, *Pedra e cal, op. cit.*, p. 129 e 130.

passava pela coartação, embora legassem suas tendas e ferramentas para que cumprissem os pagamentos.

Entre senhores de outras atividades econômicas também podemos visualizar a prática de legar ferramentas ou bens aos seus cativos. A pesquisadora Sheila de Castro Faria identificou que entre um grupo étnico específico, o das negras Mina ligadas ao trabalho no comércio, era comum as senhoras legarem suas fortunas e instrumentos de trabalho às suas escravas. Segundo a autora, isso pode ser encarado como modos de inserção e transmissão de um saber comercial e de recriação de lares africanos na América portuguesa, pois

> Sinhás negras de escravas africanas resistiram a deixar suas fortunas às suas crias masculinas. Reproduziram, no contexto escravista, a preferência por suas filhas adotivas, a quem criaram com amor. Formaram, com elas, as famílias de suas terras de origem e tentaram legar bens que lhes garantissem o futuro.[54]

Essa interessante ligação entre senhores e cativos de mesma origem e indícios da reprodução de padrões culturais africanos nas terras brasílicas não pode ser verificada a partir dos dados que analisamos aqui. Além do número de senhores de ascendência africana da nossa amostra ser reduzido, não identificamos uma relação direta entre a origem dos artesãos e a prática de legar suas tendas e ferramentas aos seus cativos. Ao que parece, com base no exposto até agora, o que unia esses homens era o fato de exercerem o mesmo ofício e, nesse sentido, para muitos escravos, ser artesão pode proporcionar-lhes a conquista e a manutenção de sua liberdade.

---

54 Sheila de Castro Faria, *Sinhás pretas, damas mercadoras: as pretas minas nas cidades do Rio de Janeiro e de São João del Rey* (1700-1850). Tese (Doutorado) - Universidade Federal Fluminense, Niterói, 2004, p. 239-240.

Diversificação das atividades econômicas

Um artesão do ferro que vivia na região de Vila Rica e Mariana encontrava diversos campos de atuação não só para exercer sua perícia, mas também apostar em diferentes negócios. Associar à ferraria outros ofícios era uma prática comum: ferreiros se empregavam, simultaneamente, como caldeireiros ou ferradores, por exemplo. Pode-se considerar que a indiferenciação das ferramentas utilizadas por esses artesãos fosse um dos motivos para a dissolução das fronteiras entre as citadas profissões. Essa característica que se mostra marcante nos ofícios do ramo de metais é recorrente em outras localidades, como mostra Carlos Lima em seu estudo sobre os artífices do Rio de Janeiro, ao longo do período 1791-1808. Segundo o autor, o acúmulo de ocupações seria também um indício "[da] estreiteza técnica do trabalho", o que aproximaria os diferentes ofícios.[55]

O trabalho desses artesãos era essencial tanto nos núcleos urbanos, quanto nas propriedades rurais – ferramentas para a agricultura, a mineração e outros ofícios mecânicos, presentes na arrematação de obras públicas e eclesiásticas. Ao relacionar os gastos da Fazenda Córrego das Almas, propriedade do inventariado João Ferreira Valle, seu inventariante descreveu como a mão-de-obra especializada dos ferreiros e dos carpinteiros era necessária para a manutenção (inclusive de armamentos para a defesa contra ataque "do gentio") e "reprodução da fazenda". Os gastos com os serviços de um ferreiro, que não foi identificado, eram altos (somando 32$100) e correspondiam a 12, 86% do total das despesas, perdendo somente para o pagamento do sal (122$550).[56]

---

55 Carlos A. M. Lima, *op. cit.*, p.136. Já apresentamos alguns exemplos ao longo do primeiro capítulo. Soma-se àquelas trajetórias a de Baltazar Gomes de Azevedo: morador em Vila Rica, Baltazar apresentou em seu testamento suas tendas de ferreiro e caldeireiro e apareceu nos registros camarários, em 1782, como juiz do ofício de ferreiro e serralheiro.

56 "No caso das propriedades com tropas, a existência da tenda de ferreiro e/ou

Além disso, o ofício de ferreiro era uma "atividade suporte" nas unidades mineradoras, por ser responsável pelo conserto de ferramentas e por serviços necessários à manutenção das lavras, o que

> significava também menores riscos ou prejuízos, pois a presença dessas atividades, juntamente com escravos especializados, podia evitar que os serviços minerais ou as lavouras ficassem paralisados por falta de manutenção ou reposição dos instrumentos de trabalho.[57]

Ainda quanto à mineração como uma atividade de atuação dos oficiais ferreiros, Nilton Baeta diz que, com o fim do ouro aluvial e das aflorações em encostas, o consumo dos implementos de ferro para a abertura de galerias subterrâneas tornou-se cada vez mais importante.[58]

Salomão de Vasconcelos em sua pesquisa pioneira em fontes camarárias – registros de carta de exame, arrematações, editais –, deixou de contabilizar os ferreiros por considerar que não seriam tão necessários nas atividades construtivas quando comparados aos pedreiros e carpinteiros.[59] Essa constatação é passível de ser contestada, já que a ferraria atendia regularmente a essas demandas. A título de exemplo

---

de escravos ferreiros era um importante fator na redução dos custos de reprodução da fazenda". Carla Maria Carvalho de Almeida, *op. cit.*, p. 165.

57 "As tendas de ferreiro e os diversos instrumentos de carpintaria encontrados indicam que vários mineradores procuravam dispor, nas suas próprias unidades produtivas, dos serviços necessários ao reparo e à reprodução dos seus meios de produção, como as ferramentas minerais e agrícolas, rodas e máquinas hidráulicas, bicames, carros de boi, etc. Essas atividades de infraestrutura, quando realizadas internamente, podiam significar uma redução nos custos, visto que os gastos com os serviços de oficiais carpinteiros e ferreiros foram uma constante para as diferentes unidades produtivas, especialmente para aquelas que buscavam o ouro". Flávia Maria Mata Reis, "Traços do cotidiano nas minas de ouro: a estrutura produtiva e o trabalho escravo nas unidades mineradoras setecentistas". In: *XIII Seminário de Economia Mineira. Diamantina. XIII Seminário de Economia Mineira*, 2008, p. 14.

58 Nilton Baeta, *A indústria siderúrgica em Minas Gerais*. Belo Horizonte: Imprensa Oficial, 1973, p. 76.

59 Salomão Vasconcelos, *op.cit*, p.232.

citamos o contrato de arrematação das ferragens da cadeia de Mariana, assinado pelo mestre ferreiro Antonio Alves Torres, em 16 de janeiro de 1745. Da arrematação constavam as seguintes obras: "(...) seis grilhões de vinte libras de ferro cada um, dezoito colares para a corrente, fortes e bons, quatro algemas, três cadeados, uma dúzia de hastes para os grilhões, uma corrente grossa feita quase de novo que segue forte e segura (...)".[60]

Os construtores (pedreiros, canteiros, carpinteiros, carapinas, marceneiros) também precisavam do trabalho executados pelos oficiais do ferro. Fabiano Gomes da Silva, analisando o perfil desses oficiais construtores, em Vila Rica (1730-1800), aponta que "a confecção de ferramentas como picões, ponteiros, martelos, colheres, alavancas, enxadas e cunhas era feita dentro da própria fábrica, pelo mestre ou por algum escravo ferreiro".[61]

Alguns dos artesãos que compõem a nossa amostra participaram da edificação de obras. Tal como a maioria dos oficiais mecânicos, os artesãos do ferro foram beneficiados pela intensa atividade de construção civil e religiosa que tornava a região mineradora um verdadeiro canteiro de obras, sobretudo, na segunda metade do século XVIII.[62]

---

60 AHCMM, Registros de Arrematação de Obras Públicas, Códice 122, fls. 39-40v.

61 Fabiano Gomes da Silva, *Pedra e cal*, p. 96. Citamos o exemplo dos aparelhos descritos na fábrica do mestre pedreiro José Pereira dos Santos (1762): "(...) na obra de São Pedro os aparelhos, que nela se acharem, como são uma roda de guindar, tabuados, paus, moitões (sic) de ferro, cordas, duas alavancas, uma grande e outra mais pequena, quatro ou cinco enxadas, algum carumbé (sic) e gamelas(...)". Testamento de José Pereira dos Santos (1762). *Anuário do Museu da Inconfidência (AMI)*. Ouro Preto, n° 3 p.142, 1954. *Apud* Fabiano Gomes da Silva, *op. cit.*, p. 92.

62 Trata-se de momento posterior à transitoriedade e à precariedade material dos primeiros agrupamentos humanos do início da ocupação dos arraiais que dariam origem a Cabeça de Comarca, sede político-administrativa da Capitania de Minas Gerais. Como forma de normatizar, organizar e representar simbolicamente o poder do Estado na Colônia, edifícios públicos foram construídos e conformaram Vila Rica. Pontua-se também que muitas irmandades estavam construindo seus templos particulares.

O ferreiro Baltazar Gomes de Azevedo trabalhou na igreja de São Francisco de Assis nas grades e no sino do prédio. No ano de 1768, Baltazar arrematou as obras das grades da igreja de Nossa Senhora do Carmo. Em 1770, arrematou uma grade de ferro realizada na Casa de Fundição.[63] Além disso, Baltazar trabalhou nos quartéis e na Cadeia de Vila Rica, duas das principais residências oficiais da vila.[64]

Em agosto, setembro e outubro de 1780, o ferreiro João Francisco dos Santos foi colaborador junto ao mestre pedreiro Henrique Gomes de Brito na construção do Palácio dos Governadores de Vila Rica.[65] Em 1781 e 1802, o ferreiro Eusébio Ataíde também realizou obras e consertos no Palácio dos governadores de Vila Rica – "uma grade com oito balaustres novos".[66] Muitos anos antes, pouco tempo depois de entrar na confraria dos Homens Pardos de São José, em Vila Rica, Eusébio arrematou as encomendas "de ferragens [...] para a capela do patriarca" e o "conserto do sino" dessa capela (recibos de 1762 e 1755-56).[67]

Outros artesãos do ferro que constam entre os inventariados e testadores que localizamos nos arquivos mineiros também trabalharam na construção de obras religiosas. Em Ouro Preto, Manoel Francisco recebeu três oitavas por três fechaduras que fez para a igreja de

---

63 Baltazar Gomes de Azevedo recebeu em 1766/67 a quantia de 400$000 pela "rematação das grades" da igreja de São Francisco de Assis e em, 1771/72 mais 19$200 pelo feitio das ferragens do sino da mesma igreja. Em 1770, recebeu também 71$000 por uma grade de ferro realizada na Casa de Fundição. Judith Martins, *op. cit.*, v. 2, p. 88 e 89.

64 APM – CMOP, Documentos Avulsos, Recibo das obras nos quartéis, Caixa 86, Documento 26. APM- CMOP, Documentos Avulsos, Recibos das obras na Cadeia, Caixa 30, Documento 25.

65 Herculano Gomes Mathias, *op. cit.*, 1966, p.77.

66 As obras realizadas no Palácio são listadas em: *A Coleção da Casa dos Contos de Ouro Preto*. Rio de Janeiro: Arquivo Nacional, 1966, p.260. Judith Martins, *op. cit.*, v.1, p. 78.

67 A confraria de São José dos Bem Casados dos Homens Pardos de Vila Rica foi estudada por Daniel Precioso, que encontrou vários irmãos oficiais mecânicos, inclusive Eusébio da Costa Ataíde. Daniel Precioso, *"Legítimos vassalos": pardos livres e forros na Vila Rica colonial*, Dissertação (Mestrado) – Universidade Estadual Paulista, Franca, 2010, p.183.

Nossa Senhora das Mercês. Já na igreja de Nossa Senhora do Carmo de Mariana tanto Hilário Machado da Conceição (no período de 1792 a 1795) quanto Custódio José Nunes (em 1765) realizaram uma série de obras de ferragem para as portas, as janelas e as grades.[68]

Na documentação avulsa da Câmara Municipal de Ouro Preto, encontramos muitos recibos de obras do ofício de ferreiro relacionados a diferentes serviços prestados junto à Cadeia, que mostram que o Senado era um cliente importante para esses trabalhadores. A construção da Casa de Câmara e Cadeia foi responsável por 5, 9% das despesas da Câmara de Vila Rica no período de 1726 a 1760.[69] Entre os principais serviços prestados pelos ferreiros ou serralheiros na Cadeia de Vila Rica constam o feitio e o conserto de chaves, cadeados, ferrolhos, algemas, fechaduras e pregos. Ao que parece cabia também a esses artesãos tirarem os "grilhões aos padecentes".[70]

Toda obra arrematada antes de ser paga deveria passar pelo crivo dos louvados que examinavam se ela foi feita segundo as condições de arrematação. Em abril de 1748, o "mestre ferreiro" Antonio da Cunha Matos enviou aos oficiais da Câmara um requerimento para que o Tesoureiro pagasse a "grade que [ele havia feito] para a enxovia dos brancos". Tomas Mota e Manoel Malta, os louvados escolhidos, respectivamente por Antonio Matos e os camarários, ao louvarem "a vistoria e exame da dita obra" disseram "que a obra de que se trata[va] nesses requerimentos se não acha[va] feita recorrente com a segurança que se requer[ia portanto] não esta[va] por compasso a dita obra e se acha[vam] os machos mais delgados que as fêmeas".[71]

Ao diversificarem suas atividades econômicas e para arrematarem as obras de seu ofício de ferreiro, os artesãos dependiam de suas

---

68 Judith Martins, *op. cit.*, v.1, p. 78. pp 75 e 190.
69 Fabiano Gomes da Silva, *op. cit.*, p. 52.
70 Recibo por obras no Senado passado ao ferreiro Gonçalo Brandão, Vila Rica, 1746. APM - CMOP, Documentos Avulsos, Caixa 19, Documento 41.
71 APM – CMOP, Documentos avulsos, Recibos, Caixa 21, Documento 04.

relações de amizade e compadrio. Com isso queremos dizer que, nas disputas e conflitos que se desenrolavam entre os camarários, os louvados e os homens mecânicos, pode-se vislumbrar que para fabricar obras, os artesãos precisavam construir laços de amizade e de dependência com autoridades e outros oficiais mecânicos.

Fabricando obras, tecendo redes

As demandas pelos serviços dos artesãos do ferro eram frequentes junto a Câmara também na abertura ou na manutenção dos caminhos que entrecortavam a região. No ano de 1783, os ferreiros Manoel Rodrigues Rosa, Eusébio da Costa Ataíde e João Lopes da Cruz arremataram uma série de obras para o caminho que ficava entre as Lages e a Serra, em uma das entradas de Vila Rica.[72] Ao que parece, como apontamos anteriormente, esses artesãos auxiliavam o trabalho de outros por meio, por exemplo, do conserto de ferramentas. No caso, consta que acrescentaram 6 cunhas grandes de ferro, calçaram 3 marrões de broquear e 56 pontas de brocas e fizeram 95 apontadoras de brocas perfazendo um valor total de 8 oitavas (9$600 réis).[73]

Novamente é Manoel Rodrigues Rosa, homem pardo segundo declara em seu testamento, quem, em nome dos outros ferreiros, procurou uma solução para a relutância dos funcionários camarários em cumprir os pagamentos da obra do caminho da Serra. Manoel Rosa disse no último requerimento que enviou à Câmara que havia solicitado "a esta Câmara a solução de conta junta procedida de obras do seu ofício de ferreiro para o Caminho do Serra" e como "o não atenderam em consequência de resposta do Procurador e porque elas foram feitas por ordem do Excelentíssimo Senhor General procurou [...] a proteção do mesmo Senhor". Quando seu pedido chegou ao governador da

---

72 Esses homens compartilhavam outros espaços de atuação. Foram examinadores do ofício de ferreiro em 1786, 1788 e 1795. Em alguns momentos aparecem como ferreiros e serralheiros.
73 APM – CMOP, Documentos avulsos, Recibos, Caixa 58, Documento 39.

Capitania, à época Luis da Cunha Pacheco e Meneses, o despacho do procurador da Câmara passou a ser favorável aos artesãos. Dois dias depois da ordem do governador, em 24 de setembro de 1783, o pagamento das 8 oitavas foi realizado pelo tesoureiro da Câmara Antonio Francisco de Carvalho.

Ao buscar a proteção do governador que ficou conhecido como Fanfarrão Minésio na poesia de Cláudio Manoel da Costa, Manoel Rosa articulou sua rede de contatos que garantia o sucesso de um artesão no disputado mercado de obras. Esses homens de ofício conheciam os trâmites burocráticos que garantiam a boa administração de seus negócios.

Para assegurar a participação no mercado de trabalho, era importante estabelecer relações com as autoridades importantes da região, ou ainda com as irmandades, as ordens terceiras, as milícias e o Senado, os principais clientes desses artesãos. José Pereira Arouca, um dos principais construtores de Mariana no decorrer do Setecentos "ocupou os cargos de juiz de ofício de pedreiro e carpinteiro nos anos de 1762, 1772 e 1774; tesoureiro da Câmara em 1780; e arrendatário das aferições e meias patacas nos anos de 1787 e 1788".[74]

Os cargos desempenhados por Arouca e, por conseguinte, sua influência junto àqueles que eram responsáveis pelo processo de arrematação de obras públicas, pode estar relacionada à arrematação da obra que mais custou ao Senado de Mariana, cerca de 14:800$000 réis: a nova Casa de Câmara e Cadeia de Mariana. O mesmo se aplica a João de Caldas Bacelar, que foi juiz de ofício de pedreiro em 1778 e procurador nos anos de 1778 e 1783.[75] Vale lembrar que, teoricamente, oficiais mecânicos não deveriam assumir cargos concelhios, uma

---

74 Denise Maria Ribeiro Tedeschi, *Águas urbanas: as formas de apropriação das águas em Mariana/MG* (1745-1798). Dissertação (Mestrado) - Universidade Estadual de Campinas, Campinas, 2010, p. 108.

75 Vereanças do Século XVIII (1711-1800). Cláudia Chaves, Maria do Carmo Pires (org), *Casa de Vereança de Mariana: 300 anos de História da Câmara Municipal*. Ouro Preto: UFOP, 2008, p. 209 e 211.

vez que, no período compreendido entre os séculos XV-XVIII, o fado do "sangue ignóbil" pesava sobre os ombros de trabalhadores que ganhavam seu sustento por meio da mecânica corporal, como vimos no primeiro capítulo.

Encontramos apenas um artesão do ferro, em nossa amostra, que recebeu a provisão de ofício pelos camarários. Em outubro de 1754, Baltazar Gomes de Azevedo recebeu uma provisão para exercer o ofício de aferidor de pesos e medidas. Quanto a pessoas que eram impedidas de exercer cargos públicos devido aos estigmas de impureza, tal como o defeito mecânico, há estudos que mostram como na América portuguesa elas conseguiram ocupar posições na sociedade que teoricamente lhes eram proibidas.[76]

Em outro episódio visualizamos mais uma vez como os homens mecânicos sabiam recorrer às diferentes instâncias da época em busca da resolução de conflitos. As dívidas do ferreiro Baltazar Gomes mostram como sua rede de contatos era extensa, o que fica claro em suas ligações com o Rio de Janeiro e nos mecanismos burocráticos de que dispunha para cumprir os seus compromissos. Baltazar devia aos herdeiros de Francisco Guimarães, residente no Rio de Janeiro, a

---

[76] Vale pontuar que a historiografia sobre a América portuguesa chama a atenção para as adaptações que sofreram os critérios normatizadores da metrópole transpostos para a colônia, principalmente em relação à mobilidade social daqueles que seriam em outros espaços seriam desclassificados socialmente. Russell-Wood destaca, sobretudo, como indivíduos egressos do cativeiro ascenderam social e economicamente. Aqueles por ele chamados de "gente de cor" alcançaram no Brasil mais cargos e responsabilidades antes a eles proibidos que "qualquer grupo não-europeu no mundo influenciado pelos portugueses na época moderna. Nem nas colônias portuguesas da África, nem ilhas da costa africana (Cabo Verde, São Tomé e Príncipe), nem das diásporas africanas que chegaram ao Estado da Índia do mesmo modo que ao Brasil, trabalharam os indivíduos de origem africana tanto e por tão longos períodos com os administradores coloniais na implementação das ordens régias, das provisões e alvarás, das ordens dos governadores e dos editos municipais" A. J. R. Russell-Wood, "Autoridades ambivalentes: o Estado do Brasil e a contribuição africana para a 'boa ordem na República'". In: Maria Beatriz Nizza da Silva(org.), *Brasil. Colonização e escravidão*. Rio de Janeiro: Nova Fronteira, 2000, pp 119.

quantia de 1:979$600 réis e para saldar sua dívida recorreu duas vezes a Real Fazenda de Vila Rica e depois ao Tribunal da Relação do Rio de Janeiro. Desconhecemos a natureza da dívida do ferreiro ou os trâmites burocráticos que levaram Baltazar ao Tribunal, apenas tivemos acesso ao que declarou em seu testamento: "contra o testamenteiro da mesma [dívida] alcancei no Juízo da Real Fazenda desta Vila e contra o dito coronel o que constar (…) de uma sentença (…) que alcancei no Tribunal da Relação do Rio de Janeiro".[77]

As dívidas ativas nos permitem acompanhar igualmente outra clientela importante para os artesãos do ferro que eram as obras corriqueiras demandadas por particulares. Como podemos observar no quadro a seguir, grande parte dos devedores descritos nos inventários e testamentos que acompanhamos tinha por natureza de suas dívidas obras do ofício de ferreiro, de ferrador e gastos com ferragem. O fiado e a dívida, nas Minas do século XVIII, representavam estratégias fundamentais para facilitar o trânsito de mercadorias e também colocavam em jogo relações de compadrio, de amizade e/ou familiares.[78]

---

77 Testamento de Baltazar Gomes de Azevedo. Vila Rica, 1789. Casa dos Contos, Arquivo Judiciário. Rolo 04, Volume 12, fl. 69v-71.
78 Júnia Furtado afirma em relação aos grandes comerciantes por ela estudados: "o mecanismo de endividamento que a população se encontrava em relação aos comerciantes era enorme". Júnia Ferreira Furtado, *Homens de negócio: a interiorização da metrópole e do comércio nas Minas setecentistas*. São Paulo: Hucitec, 1999, p. 120.

Quadro 5. Dívidas ativas relacionadas ao ofício. Vila Rica e Mariana, 1728-1735

Inventariado	Devedor	Natureza	Valor
Manoel da Costa Negrelos	Henrique Gonçalves	Obra do ofício de ferreiro	1$875
Manoel da Costa Negrelos	Manoel de Oliveira	Obra do ofício de ferreiro	9$415
Manoel da Costa Negrelos	Francisco da Costa Pontes (Capitão)	Obra de seu ofício	25$540
Antonio José Pereira	Antonio de Souza	obras que o defunto marido cabeça do casal lhe fez pelo seu ofício de ferreiro	6$850
Antonio José Pereira	João Freire	consta do mesmo rol ou caderno dever ao casal de obras	9$375
Antonio José Pereira	Cônego Francisco Ribeiro da Silva	de obras	24$080
Antonio José Pereira	João de Caldas	de obras	4$975
Antonio José Pereira	Padre Manoel Pereira de Pinho	de obras	3$040
Luis Pacheco Ferreira	Manoel Alves do Espirito Santo	feitio de ferragens	138$890
Caetano Martins Esteves	Antonio Lopes de Morais	do ofício de ferrador	21$600
Caetano Martins Esteves	Domingos Pires	curas que lhe fiz em várias bestas	8$400
Custódio José Nunes	Irmd. N. S. Do Monte Carmo	promessa para as obras da Capela	18$000
Custódio José Nunes	Manoel Moreira, toucinheiro	por acertar os pesos - $600; por ferraduras que que lhe fiz; e almocafre o que constar da sua conta	Não consta
Manoel Leite Couto	José Pereira	de ferragem	3$000
Manoel Leite Couto	José Rodrigues do Amaral	de gastos de ferragem	2$250
Domingos da Silva	Francisco Manoel, padre	obras de seu ofício	11$400
José Rodrigues Pereira da Cunha	Guarda-mor Manoel Pereira de Alvim	deve a herança do guarda-mor em bilhetes de ferragem	17$737
José Rodrigues Pereira da Cunha	Manoel Costa Rocha	ferragem por assento 9 oitavas, 1/4 e 1 tostão	11$287
José Rodrigues Pereira da Cunha	João Nunes Maurício	de empréstimo e ferragem	19$537
José Rodrigues Pereira da Cunha	Manoel de Araújo Cortes	pelo que pagou por ele e de ferragens	4$763

Fonte: Inventários e testamentos, AHCSM e AHMI/ Casa do Pilar.

Como se pode observar pelos dados do quadro, a descrição vaga e a variação do valor das dívidas por ofício variam muito e não permitem padronizar a análise. No entanto, é possível localizar relações interessantes. Entre os devedores do ferreiro Custódio Nunes, por exemplo, está a Irmandade Nossa Senhora do Monte Carmo, que não havia arcado com as despesas das "obras da capela".

Nas dívidas passivas, é possível visualizar, outrossim, as redes de contatos em que esses artesãos se inseriam – como é o caso do ferreiro Luis Pacheco Ferreira que devia à Igreja de Nossa Senhora de Santana "dízimos e o que consta[va] de dois créditos", que somavam 15$000 réis.[79] Essa relação de credores mostra também os gastos cotidianos dos artesãos do ferro: compras em boticas, dívidas por toucinho e gastos na compra de outros produtos nas vendas e lojas da região.

A tenda de ferreiro, caldeireiro, serralheiro ou ferrador dividia espaço com outros negócios, pois outras atividades econômicas foram empreendidas pelos artesãos do ferro. Entre o grupo que compõe nossa amostra, 19 artesãos têm bens imóveis relacionados a pequenas plantações, moinhos, alambiques, terras minerais e até mesmo outros ofícios, como é o caso do ferreiro Antonio Afonso Miguéis, morador em Vila Rica na segunda metade do século XVIII, que possuía além de sua tenda de ferreiro uma botica. Quando descreveu seus bens em seu testamento descreveu: "uma casa e tenda de ferreiro com todas as suas pertensas (sic), mais outras casas no fim do arraial cobertas de capim, dívidas que se me devem do ofício de ferreiro, dívidas que me devem da botica".[80]

Diversificar fontes de renda era uma escolha bem sucedida em Minas colonial. Douglas Libby e Carla Almeida constatam que alguns tipos de produção manufatureira começaram a encontrar lugar significativo na economia, sobretudo no final do século XVIII e início do XIX. Nesse período, a economia mineira convivia, primeiramente, de 1750-1779, com o auge-minerador e em seguida, a fase de 1780 a 1822, com uma acomodação evolutiva. Nessa última etapa, a diversificação das atividades produtivas (aquelas além da mineração do ouro, como a agricultura e os ofícios mecânicos), que já se fazia presente no início do século, colocava em evidência o crescimento de um mercado interno que caminhava em direção a autossuficiência.[81]

---

79 Testamento de Luis Pacheco Ferreira. Guarapiranga, 1789. AHCSM, Livro de Registro de Testamentos 46, fl. 80v,

80 Inventário de Antonio Afonso Miguéis. Vila Rica, 1753. AHMI – Inventários do Cartório do 1º ofício, códice 22, auto 234.

81 Carla Maria Carvalho de Almeida, *Alterações nas unidades produtivas mineiras*: Mariana - 1750-1850. Dissertação (Mestrado) - Universidade Federal Flumi-

Essa característica não é exclusiva das Minas. Carlos Lima, analisando fortunas de artífices no Rio de Janeiro (1790-1808), indica o investimento em diferentes negócios como fator principal de enriquecimento, observa ainda que "a prática da combinação de atividades de natureza diversa (...) era generalizada o suficiente para que se possa afirmar ter se tratado de uma necessidade de todos".[82]

O ferrador João Lopes da Costa morou em Mariana no decorrer da segunda metade do século XVIII e possuía não somente "uma torquês e um martelo de ferrar", mas também "uma fazenda de roça com terras de planta com capoeiras e alguma restinga e mato virgem com casas de vivenda, paiol, e moinho coberto de telha, com suas senzalas cobertas de capim, e todos os seus pertences". A roça era apenas uma das suas propriedades, constam entre seus imóveis colheitas: "8 alqueires de feijão preto" e "400 alqueires de milho na Passagem". Se somarmos a isso a grande quantidade de animais (bois, eqüinos, suínos, muares) que compunham seu cabedal fica claro que esse homem de ofício investia em diferentes fontes de renda.

Em sociedade com o Padre Domingos Vaz de Carvalho, o ferreiro João Francisco dos Santos estabeleceu uma "loja de negócio de caldeireiro na ponte do Ouro Preto" e "um serviço de mina por de trás do palácio velho" que à época de seu inventário já se encontrava extinto. Sua tenda foi avaliada no inventário pelo mestre ferreiro José Francisco de Carvalho em 60$000 – correspondente a cerca de 3% de seu monte-mor – e continha: "uma bigorna de ferro com o peso digo de ferro três fornos dois malhos grandes dois martelos um maior outro menor ter tenazes oito lenas (sic) grandes e pequenas dois foles já usados com alguns remendos".[83] João Francisco, por sua vez, que residia ao pé da

---

nense, Niterói 1994 e Douglas Cole Libby, *Transformação e Trabalho em uma economia escravista: Minas no século XIX*. São Paulo: Editora Brasiliense, 1988.
82 Carlos A. M Lima, *op. cit.*, p. 201.
83 Inventário de João Francisco dos Santos. Vila Rica, 1787. AHMI – Inventários do Cartório do 1º ofício, códice 70, auto 831.

ponte do Antonio Dias em Vila Rica, junto com sua mulher, Rita Vaz de Carvalho, seus filhos e genros, também diversificou suas atividades econômicas ao investir em um serviço de mineração, que poderia ser um bom investimento para aqueles que poderiam fabricar e consertar as ferramentas tão necessárias ao trabalho na exploração das minas.

Os artesãos do ferro aplicaram seus recursos econômicos, igualmente, no fornecimento de pedra e ferragem, no aluguel de suas casas e na aquisição de escravos. Atuando em diversas atividades, ferreiros, ferradores, serralheiros, oficiais do ferro se adequaram às necessidades de subsistência da época: articularam a seus ofícios a tão evidente diversificação das atividades produtivas que ocorria naquelas Minas.

"Muito abonado e suficiente": sobre fortunas e prestígio social

Em 30 de junho de 1792, aos 35 anos, a escrava Bárbara crioula procurou arrematar sua liberdade após a morte do senhor, Baltazar Gomes de Azevedo. Para tanto, negociou pagamentos no decorrer de um ano e meio e ofereceu mais $300 réis sobre a quantia de 40$000 réis com que foi avaliada no inventário. A fim de garantir o sucesso do empreendimento, a escrava apresentou, para estar "debaixo de fiança", ao quartel-mestre Eusébio da Costa Ataíde, por ser "muito abonado e suficiente como é notório". O juiz de órfãos, diante do requerimento, aprovou o fiador sem "nenhuma dúvida", o que permite lançar, ao menos, duas hipóteses: Bárbara conhecia as estratégias e protocolos narrativos necessários para convencer as autoridades de que arcaria com seu compromisso, ou o nome do fiador a ajudou porque era notoriamente reconhecido naquela sociedade. O mais provável é tenham sido ambas as coisas. A atenção, neste estudo, se voltará para o segundo aspecto – as formas de inserção econômica e social articuladas por Costa Ataíde e pelos demais homens de ofício que os tornaram abonados diante de sua comunidade.[84]

Se, por um lado, as vidas desses artesãos se cruzavam porque exerciam a mesma ocupação, por outro, eles tinham de lidar com diferentes heranças. Os percursos dos brancos, portugueses, como Baltazar Gomes de Azevedo que era natural da Vila dos Cabeçais, Bispado do Porto, filho legítimo de Silvestre Gomes e de sua mulher Maria Paes, eram bem diversos daqueles que tinham ascendência africana, como Eusébio Ataíde, que nascera na freguesia de Ouro Preto de Vila Rica, filho de pai incógnito e de Francisca Mendonça, de nação Mina.[85]

A escrava Bárbara, ao descrever Eusébio, excluiu a marca da ascendência africana e a ligação com o trabalho manual, provavelmente porque essas informações não mostravam o prestígio de seu fiador, indicado pela menção a sua patente – quartel-mestre. As categorias de pardo e oficial mecânico eram empecilhos à honra e à dignidade, valores nobiliárquicos importantes numa sociedade permeada por padrões de Antigo Regime e pela busca do acúmulo de riquezas, como era a de Vila Rica no Setecentos. Contudo, nas Minas, um conjunto de variáveis como o dinamismo econômico teria conferido maior mobilidade social para os egressos da escravidão e seus descendentes.

---

84 As informações constam no inventário de Baltazar. Arquivo Histórico do Museu da Inconfidência (AHMI), Inventário de Baltazar Gomes de Azevedo, 2º ofício, códice 57, auto 643, ano de 1792, fl. 27.

85 Testamento de Baltazar Gomes de Azevedo, ano de 1789. Casa dos Contos, Arquivo Judiciário. Rolo 04, Volume 12, fl. 69v-71. AHMI, Testamento de Eusébio da Costa Ataíde, ano de 1806. Livro de Registro de Testamentos, 1805-1807, a partir da fl.18. Não é mais possível encontrar o último documento no AHMI, logo agradeço a Marco Antonio Silveira e Daniel Precioso pelo acesso à transcrição. Com referência à ausência do nome do pai de Eusébio, destaca-se que a ilegitimidade era frequente em Vila Rica, no século XVIII; de acordo com Renato Pinto Venâncio, dois entre três livros eram ilegítimos. Renato Pinto Venâncio, "Nos limites da sagrada família: ilegitimidade e casamento no Brasil colonial". In: Ronaldo Vainfas (org.). *História da sexualidade no Brasil*. Rio de Janeiro: Graal, 1986, p. 107-123.

Questões sobre os padrões de mobilidade social de egressos do cativeiro e seus descendentes são recorrentes na historiografia sobre a sociedade colonial. Russell-Wood sintetiza o contexto em que essas pretensões se desenvolveram na América portuguesa:

> percepções e atitudes estereotipadas e negativas em relação a indivíduos de origem africana não desapareçam, mas o pragmatismo forçou a mão das autoridades metropolitanas e coloniais (...), foram levadas a reconhecer como era indispensável a contribuição de gente de cor para a defesa da Colônia contra os inimigos externos e a preservação da "boa ordem na República".[86]

A oficialidade militar e a participação em irmandades também constituíam perspectivas interessantes nas vidas dos artesãos do ferro, tidos como formas de adquirir "fama pública", pois as irmandades[87] e as tropas[88] seriam ambientes da formação de identidades, principalmente, para indivíduos de origem africana.

Sete dos inventariados e testadores cujas trajetórias acompanhamos tinham patentes de milícias: 3 alferes (Domingos Alves de Almeida, Estevão Velasco de Amorim, José Alves Moreira), 2 capitães

---

86 A. J. R. Russell-Wood, *op. cit.*, 2000, p. 119.

87 "O ingresso nas irmandades representava reconhecimento social, possibilidade de contatos, e uma tentativa de contornar os preconceitos sociais e raciais que caracteriza[va] a sociedade brasileira". Antônia Aparecida Quintão, "As irmandades de pretos e pardos em Pernambuco e no Rio de Janeiro na época de D. José I: um estudo comparativo". In: Maria Beatriz Nizza da Silva (org.). *op. cit.*, p.170. Entre outros: Caio César Boschi, *Os Leigos e o Poder: irmandades leigas e política colonizadora em Minas Gerais*. São Paulo: Ática, 1986; Sheila de Castro Faria, *A Colônia em Movimento. Fortuna e família no cotidiano colonial*, Rio de Janeiro: Nova Fronteira, 1998; Larissa Moreira Viana, *O Idioma da Mestiçagem: as irmandades de pardos na América Portuguesa*. Campinas, SP: Editora da UNICAMP, 2007.

88 O interesse pelas patentes militares estava relacionado aos "benefícios advindos da posição que passavam a ocupar nas redes de poder". Francis Albert Cotta, *Breve história da Polícia Militar de Minas Gerais*. Belo Horizonte: Crisálida, 2006, p. 47.

(Manoel Caetano Chagas e Manoel de Carvalho da Cunha), 1 furriel (José Rodrigues Pereira da Cunha) e 1 quartel-mestre (Eusébio da Costa Ataíde). È importante observar que, entre esses, três eram descendentes de escravos: o pardo Eusébio Ataíde, o forro Domingos Portela e o crioulo forro Estevão Amorim. O primeiro foi ferreiro do Estado-Maior do Regimento de Cavalaria de Minas, cargo que tinha o interesse de apoiar as forças militares reduzindo, por exemplo, os gastos com peças bélicas. Ao lado de outros especialistas, como o armeiro Manoel João Pereira, esses homens teriam fabricado as primeiras espingardas confeccionadas inteiramente na América portuguesa.

As designações quartel-mestre dos pardos e alferes são relevantes, já que para os que participavam de terços e tropas auxiliares o fato de ter patente "(...) consistia em um poderoso recurso simbólico, capaz de rearranjá-los em melhores posições da hierarquia social".[89] Dito de outra maneira, certo é que esses indivíduos se associavam às milícias para se distinguirem dos que poderiam considerar como inferiores, como os cativos e os negros.

As irmandades e confrarias eram diversas na América portuguesa e abrigavam práticas religiosas eivadas por simbolismos que determinavam a estrutura social da sociedade. Em Minas Gerais, as irmandades legais eram muito difundidas, visto que as ordens primeiras foram proibidas de se instalarem na capitania. Os testadores tinham a preocupação em declarar suas filiações a irmandades e em determinar os detalhes de seu funeral, com a atenção de garantirem uma "boa morte". O momento derradeiro da vida era como a participação nas milícias, uma oportunidade de afirmar e reproduzir a arquitetura social.

A maioria dos testadores que declarou sua filiação a irmandades (9 dos 24 artesãos que apresentaram testamento) professou ser irmão

---

89 Daniel Precioso, *op. cit.*, p. 20. Sobre a história militar desse período, consultamos Francis Albert Cotta, *op. cit.*, p. 45- 61. Francis Cotta cita o nome de Eusébio e descreve sua participação nos dragões das Minas na página 62.

da Irmandade do Santíssimo Sacramento que, segundo Júnia Furtado, era uma das irmandades de brancos que congregavam as pessoas mais ilustres das Minas:

> Nos anos iniciais da colonização, o culto do santíssimo deveria congregar a elite branca em todos os arraiais mineiros, mas a mistura das raças fez com que muitos mulatos se tornassem afiliados, contrariando diretamente os estatutos e demonstrando que a sociedade não se regulava, nem se comportava, segundo os estritos limites das regras escritas.[90]

As outras irmandades citadas pelos artesãos foram: São Francisco, Nossa Senhora do Carmo, Nossa Senhora da Conceição, São Miguel e Almas, Mercês, Nossa Senhora do Rosário e Confraria de São José. As irmandades de Nossa Senhora da Conceição e São Miguel e Almas, assim como a do Santíssimo Sacramento, eram destinadas aos brancos, às autoridades, aos reinóis. As Ordens Terceiras de São Francisco e Nossa Senhora do Carmo pertenciam aos comerciantes ricos, aos donos de lavras e aos funcionários da Coroa. Nas irmandades do Rosário se agrupavam os escravos, negros, sobretudo africanos. As Mercês e São José eram redutos dos pardos, crioulos, forros, mulatos. Essa estrutura socioeconômica rígida era também permeada por exceções, representava, portanto, mais uma tendência que uma correspondência exata da complexa composição das confrarias que se instalou em Minas Gerais.[91]

Segundo a documentação e a bibliografia a que tivemos acesso, os ferreiros Eusébio da Costa e Manoel Rosa foram os únicos artesãos da nossa amostra a serem mesários em uma irmandade. As trajetórias desses dois ferreiros já se cruzaram muitas vezes nessas páginas. Além

---

90 Júnia Ferreira Furtado, *op. cit.*, p. 170.
91 A estrutura socioeconômica apresentada para explicar a composição das irmandades foi baseada nos estudos de Fritz Teixeira Salles, *Associações religiosas no ciclo do ouro*. Belo Horizonte: UFMG/Centro Estudos Mineiros, 1963 (Coleção de Estudos 1).

de dividirem obras e a avaliação de aspirantes a ferreiros junto a Câmara, foram também irmãos da mesma confraria de São José de Vila Rica. Manoel Rosa foi mesário da confraria nos anos de 1779 e 1782 e ocupou o cargo de juiz em 1781 e 1795, já Eusébio foi irmão de mesa nos anos de 1752, 1758, 1760, 1774, 1789 e 1796, foi escrivão em 1754 e juiz em 1772, 1773, 1783 e 1784.[92]

Apesar de diferentes origens, os próprios confrades de São José adotaram a mesma designação "homens pardos". Muitos estudiosos têm analisado a polissemia dos termos que aparecem nas fontes setecentistas, que ora determinariam a cor da tez, ora a condição social. Considera-se importante compreender como a terminologia se desenvolveu em situações históricas específicas. Nesse sentido, Silvia Lara pondera que a associação entre cor e condição social "(...) não caminhava de modo direto, mas transversal, passando por zonas em que os dois aspectos se confundiam ou se afastavam, e em que critérios díspares de identificação social estavam superpostos".[93]

Larissa Viana ao estudar as irmandades no Rio de Janeiro colonial discorreu sobre os alcances e os limites da ideia da formação de uma "identidade parda" entre os confrades. Levando em consideração que identidades "são relativas e mutáveis, produtos que são das negociações ou imposições sociais", a autora alerta que no que tange aos pardos "a referência não era apenas aos mestiços, mas também a formas de identificações mais sutis e próprias da sociedade escravista, uma vez que o qualificativo pardo indicava o distanciamento da condição de africano".[94] Dito de outra forma, a bibliografia mostra como as conquistas sociais e da própria liberdade foram asseguradas a esses homens pela sua participação nas irmandades voltadas aos pardos, uma vez que distanciavam os irmãos dos estigmas da escravidão.

---

92 Daniel Precioso, *op. cit.*, p. 107, 108 e 187.
93 Silvia Hunold Lara, *op. cit.*, p. 131.
94 Larissa Moreira Viana, *op. cit.*, p. 159.

A busca por fazer parte de irmandades que conferissem um melhor posicionamento na hierarquia social fica clara nas determinações testamentárias do armeiro Custódio Correa Salazar, que almejou participar das mais prestigiadas. Esse artesão que vivia de seu ofício e tinha uma loja na ladeira de subia da Ponte do Ouro Preto para a Câmara, em Vila Rica, declarou em seu testamento que estava "determinado a entrar em uma das ordens terceiras desta vila de São Francisco ou de Nossa Senhora do Monte Carmo". Natural da cidade de Lisboa, Custódio Salazar era "freguês [...] do Santíssimo Sacramento, Nossa Senhora do Pilar, Nosso Senhor Jesus dos Passos e das Almas". Nesta última irmandade, o armeiro era "dos irmãos antigos" e por isso os irmãos tinham a "obrigação de mandar a tumba de graça conforme ajuste que fez".[95]

Os bens materiais de que os artesãos do ferro dispunham como trabalhadores mecânicos eram revertidos, principalmente, em recursos simbólicos. Dito de outra forma, eles investiam suas posses na conquista e na manutenção de prestígio social que conseguiam ao compor irmandades, em que deveriam pagar os anuais e mensalidades, ou ao fazerem parte das tropas, como expomos acima. Devido a problemas de conservação das fontes, foi possível identificar a soma total dos bens, também chamada de monte-mor, de somente 31 dos 50 artesãos da nossa amostra.

A soma desses montes-mores chegou a 42:037$408 e a média de fortuna acumulada pelos sujeitos dessa pesquisa de 1:356$045. Separamos os montes-mores em quatro faixas de valor, para avaliar a distribuição de suas fortunas.

---

95 Testamento de Custódio Correa Salazar. Vila Rica, 1753. AHMI – Testamentos, Códice 317, Auto 6763.

Quadro 6. Distribuição dos artesãos do ferro segundo seus monte-mores. Vila Rica e Mariana, 1728-1835

Monte-mor (valor)	Número de inventariados
até 500$000	5
500$000 a 1:000$000	17
1:000$000 a 1:500$000	10
1:500$000 a 2:000$000	2
Mais de 2:000$000	5

Fonte: Inventários, AHCSM e AHMI/ Casa do Pilar.

Entre os artesãos com menores fortunas, discriminados no Quadro 6, abaixo, o primeiro e segundo valores de montes-mores são bastante discrepantes dos restantes. O dono do menor monte-mor foi o ferreiro Manoel Caetano Chagas, natural e morador em Ouro Preto, que viveu no estado de solteiro e possuiu uma patente de Capitão. Entre seus poucos bens havia "uma pequena tenda de ferreiro do seu ofício", além de uma morada de casas de sobrado sitas na Rua de Santa Quitéria, em Ouro Preto, que tinha em sociedade com sua irmã, herdeira e testamenteira, Francisca Borja.[96] O segundo menor monte-mor encontrado foi acumulado pelo ferreiro que também tinha patente de Alferes, Estevão Velasco de Amorim, morador na Rua das Cabeças, em Vila Rica, crioulo forro que faleceu em 19 de julho de 1788. A sua mulher e inventariante, Ana Ribeira, já adiantava que o ferreiro "ficou bastante endividado" de forma que seus bens não chegavam "para a salvação dos credores".[97]

---

96 Inventário de Manoel Caetano Chagas. Ouro Preto, 1828. AHMI – Inventários do cartório do 1º ofício, códice 106, auto 1338.

97 Inventário de Manoel Estevão Velasco de Amorim. Vila Rica, 1788. AHMI – Inventários do cartório do 1º ofício, códice 34, auto 409.

Quadro 7. Valores dos menores monte-mores dos artesãos do ferro. Vila Rica e Mariana, 1728-1835

Nome do Inventariado	Monte-Mor
Manoel Caetano Chagas	114$030
Estevão Velasco de Amorim	259$750
Domingos Alves de Almeida	405$631
Manoel Jorge de Carvalho	413$125
José Pereira de Araujo	413$950

Fonte: Inventários, AHCSM e AHMI/ Casa do Pilar.

Já o dono do maior monte-mor foi o português, caldeireiro, Antonio Ferreira da Silva que foi casado com Maria Joana Eufrásia de Jesus (Quadro 7). Morador na Freguesia de Piranga, Termo de Mariana, Antonio era proprietário de muitos bens e por meio dessa listagem é possível inferir que o casal investia em diferentes atividades econômicas, possuía terras, colheitas, além uma longa lista de jóias, roupas e móveis[98]. As mesmas estratégias de enriquecimento parecem ter sido seguidas por Manoel de Carvalho da Cunha. O ferreiro tinha patente de Capitão, motivo pelo qual possuía uma "farda azul espigalhada e dragonas". Tirou licença para exercer o ofício de ferreiro no Morro de Ouro Preto em 1753. Não encontramos a origem ou a condição de Manoel da Cunha, seu inventário descreve apenas que possuía muitas ferramentas, ranchos com paiol e animais, possivelmente isso significa que, como o caldeireiro Antonio da Silva, agregava ao ofício de ferreiro, outras ocupações. Foi casado com Bibiana Francisca dos Santos e possuía o maior número de escravos entre os artesãos do ferro, 16 cativos.[99]

---

[98] Inventário de Antonio Ferreira da Silva, Arraial de Piranga, 1804. AHCSM – Inventários do Cartório do 1º ofício, códice 37, auto 864.

[99] Inventário de Manoel de Carvalho da Cunha. Vila Rica, 1807. AHMI – Inventários do Cartório do 1º ofício, códice 297, auto 6406.

Quadro 8. Valores dos maiores monte-mores dos artesãos do ferro. Vila Rica e Mariana, 1738-1835

Nome do Inventariado	Monte-Mor
Antonio Ferreira da Silva	4:185$787
Manoel de Carvalho da Cunha	3:985$203
Antonio José Martins	3:214$635
Eusébio da Costa Ataíde	2:504$331
João Lopes da Costa	2:476$829

Fonte: Inventários, AHCSM e AHMI/ Casa do Pilar.

Os valores entre os montes-mores arrolados são muito díspares, o que indica que esses artífices tomaram diferentes caminhos para enriquecer e alcançar prestígio. De acordo com Carla Almeida, o patrimônio dos mineiros na segunda metade do século XVIII era constituído principalmente por escravos, imóveis e dívidas ativas.[100] Encontramos o mesmo padrão para os testamenteiros e inventariados do presente estudo.

As posses dos inventariados foram analisadas em muitos momentos deste livro e trazem à luz aspectos relevantes tanto sobre os elementos materiais que circundavam os artesãos do ferro quanto sobre o perfil socioeconômico do grupo de inventariados que selecionamos. Para facilitar a análise, separamos as posses em categorias seguindo, em grande parte, a própria classificação realizada pelos inventariantes quando descreviam os bens dos falecidos. Classificamos os bens conforme sendo: móveis, escravos, animais, dívidas ativas, ouro e dinheiro, imóveis, madeira, bens do ofício, vestuário, jóias, armas, livros e diversos. Com essas categorias procuramos conhecer mais de perto como foi formado o patrimônio destes oficiais mecânicos. A análise dos inventários (correspondente a 44 documentos) traz o seguinte resultado:

---

100 Carla Maria Carvalho de Almeida, op. cit., 2001, p. 175.

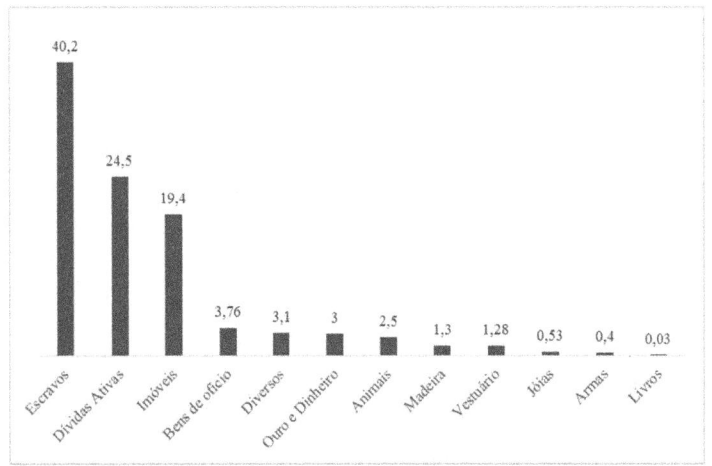

Gráfico 3. Composição das fortunas dos oficiais do ferro. Números relativos. Vila Rica e Mariana, 1728-1735.

[Gráfico de barras com os seguintes valores:
Escravos: 40,2
Dívidas Ativas: 24,5
Imóveis: 19,4
Bens de ofício: 3,76
Diversos: 3,1
Ouro e Dinheiro: 3
Animais: 2,5
Madeira: 1,3
Vestuário: 1,28
Jóias: 0,53
Armas: 0,4
Livros: 0,03]

Fonte: Inventários e testamentos, AHCSM e AHMI/ Casa do Pilar.

Os escravos e as dívidas ativas eram os bens de maior valor no conjunto das fortunas dos artesãos do ferro, representando respectivamente 40,2% e 24,5% da soma total de todas as propriedades. Em seguida, estavam os 90 imóveis arrolados (19,4% do total dos bens) que se dividiam em 46 casas e 44 outros: ranchos, sítios, terras de plantação, um serviço de tirar pedras e terras minerais. A posse de diferentes imóveis, tais como tendas e terras minerais mostra a diversificação das atividades produtivas em que esses ferreiros estavam envolvidos, como comentamos anteriormente.

Algumas casas continham também as tendas e oficinas. Este é o caso de Custódio José Nunes, ferreiro que declarou entre seus bens "uma morada de casas térreas cobertas de telha com sua tenda de ferreiro"[101]. A mesma divisão entre morada e tenda é possível encontrar entre os bens de Francisco Martins Campos ("morada de casas

---

101 Inventário de Custódio José Nunes. Mariana, 1791. AHCSM – Inventários do Cartório do 1º ofício, códice 165, auto 3372.

térreas que servem de tenda"), Francisco Gomes de Souza ("casas, onde se acha a mesma tenda de ferreiro, sitas no Arraial de Antonio Pereira cobertas de telha com todos os seus pertences"), José Rodrigues Reis ("morada de casas cobertas de telhas com seu quintal e casas que servem de tenda de ferreiro") e José Rodrigues Pereira da Cunha ("um rancho que serve de tenda de ferrar").

Outras posses que poderiam ser indicativos do interesse em portar símbolos de riqueza e poder eram as vestimentas e os adornos que encontramos entre os bens dos artesãos do ferro. Assim como a aquisição de escravos, imóveis, o ingresso em irmandades e milícias, "as roupas, os tecidos e os adornos usados pelas pessoas eram lidos [...] como signos de comportamentos e costumes louváveis ou escandalosos, de domínio ou submissão"[102] e poderiam fazer parte de um conjunto de elementos que distanciariam esses trabalhadores da vilania do defeito mecânico e em alguns casos, também da cor da pele e da condição social.

O porte de um espadim a cinta, por exemplo, era um símbolo de distinção e riqueza. Ao menos três artesãos do ferro possuíam um espadim de prata: Baltazar Gomes de Azevedo, Antonio José Pereira e Domingos da Silva, todos portugueses e donos de vasto cabedal. Do mesmo modo, compunham as fortunas dos artesãos do ferro fivelas, esporas, dragonas, fardas, bengalas que os afastavam das marcas negativas do trabalho manual e os inseriam na linguagem visual das hierarquias sociais da sociedade da América portuguesa.

Algumas palavras podem ser ditas a respeito da alfabetização desses homens, uma vez que esta também era uma forma de não somente bem administrar seus bens, mas de se distinguir socialmente. Poucos testadores afirmarem que possuíam um "Livro de Razão" (livro-caixa) e cadernos em que muitos declaravam as dívidas ativas e passivas. Quanto à aquisição de livros, não parece ter sido igualmente frequen-

---

102 Silvia Hunold Lara, *op. cit.*, p. 100.

te entre esses homens mecânicos. Somente dois dos inventariados em questão arrolaram livros, Jacinto de Souza Novais que contava com um "livro de alveitaria intitulado Martiho Redonda" de 1$200 réis, que já citamos anteriormente, e Manoel de Abreu Soares que relacionou 8 livros, um intitulado "Manual de frações" e 7 com títulos religiosos como o "livro do sinal dos predestinados".[103]

Cabe enfatizar que a análise da composição das fortunas dos artesãos do ferro permitiu apresentar as suas estratégias inserção econômica e social. Se por um lado, alguns alcançaram destaque em suas comunidades porque souberam articular de forma bem-sucedida os recursos que tinham ao seu alcance – participaram de irmandades renomadas, diversificaram suas atividades produtivas, estabeleceram uma rede de créditos importante, entre outras estratégias. Por outro, muitos não conseguiram ascender econômica e socialmente como foi o caso de Manoel da Costa Negrelos. O ferreiro era natural da vila de Guimarães, arcebispado de Braga, filho legítimo de Adão Dias e de sua mulher Ana da Costa, moradores na mesma vila. Durante o tempo em que viveu nas Minas, Manoel Negrelos não se casou, acumulou poucos bens e parece ter vivido na única casa que foi arrolada em seu inventário: "uma casa pequena e térrea", no valor de 30 oitavas de ouro.[104]

Nesse capítulo procuramos traçar alguns aspectos das vidas dos artesãos do ferro, contudo muitos detalhes e dados interessantes encontrados nas fontes não foram citados. O trabalho de seleção é sempre um desafio, por um lado o volume documental não permite acompanhar minúcias intrigantes, por outro o pesquisador vê em cada nova informação algo muito importante para ser ignorado, pois são justamente esses pequenos fragmentos dispersos que concedem uma visão

---

103 Inventário de Jacinto de Sousa Novais. Mariana, 1787. AHCSM – Inventários do Cartório do 2º ofício, Códice 46, Auto 1027. Inventário de Manoel de Abreu Soares. Vila Rica, 1752. AHMI – Inventários do Cartório do 2º ofício, códice 61, auto 690.

104 Inventário de Manoel da Costa Negrelos, Vila Rica, 1734. AHMI - Inventários do cartório do 1º ofício, códice 104, auto 1313, fl. 2v.

privilegiada de quem eram os artesãos do ferro nos variados âmbitos de suas vidas.

Muitos deles, por exemplo, não recorreram somente à fé católica nos momentos de adversidade, como os moradores da região, procuraram abrigo e consolo em outras crenças. Isso é o que nos mostra um breve testemunho do ferreiro João Francisco dos Santos em uma devassa eclesiástica. Aos 44 anos (idade declarada), em novembro de 1754, João Francisco morava na ponte de Antonio Dias e já se encontrava casado com Rita Vaz de Carvalho, com quem declarou no seu testamento ser casado a mais de trinta e cinco anos. No processo, o ferreiro foi testemunha contra o acusado de feiticeiro "Pai Inácio" e disse que quando sua mulher esteve doente recorreu aos "remédios, purgantes" que Pai Inácio "fazia em sua casa e ocultamente" pela quantia de 16 oitavas. Os feitiços não encontraram "utilidade", e Rita Vaz de Carvalho continuou padecendo da mesma "moléstia", o que provavelmente causou a denúncia e revolta do ferreiro, que investiu seus bens na cura prometida por "Pai Inácio".[105]

Poderíamos elencar muitos outros detalhes que mostram a complexidade da vida dos artesãos do ferro. Os vestígios esparsos que reunimos foram organizados com o objetivo de mostrar como os percursos desses homens de ofício se entrecruzaram em ambientes diversos: no ofício, nas relações pessoais, nas irmandades, nas milícias. De certa forma, o desenho desses fios resulta em uma rede de caráter fragmentário tanto pelas lacunas documentais quanto por definir um grupo de trabalhadores majoritariamente livres. Mesmo fragmentária, é uma tessitura que mostra os pilares da sociabilidade ocupacional e das relações senhor/escravo no interior das oficinas.

Além disso, recolher uma variada tipologia de fontes, tendo como base os nomes dos oficiais do ferro, foi um recurso que visou apreender como esses indivíduos se moviam nas múltiplas camadas do

---

105 Testemunho em devassa. Vila Rica, 1754. AHCMM. Livro de Devassas Eclesiásticas Z-10, fl. 118v.

tecido social. Isso nos permitiu mostrar, diferente de muitos estudos sobre os homens mecânicos na América portuguesa, a atuação desses homens para além de suas atividades produtivas e da sua identidade ocupacional: as redes de crédito estabelecidas, a diversificação de atividades econômicas e espaços de atuação desses oficiais, as relações de aprendizagem, a mão-de-obra escrava no cotidiano das oficinas e tendas, as estratégias de inserção econômica e social, e os elementos materiais que demarcavam o ofício: suas tendas, pertences e aparelhos.

O corpo de oficiais do ferro que se estabeleceu em Portugal no século XVIII tinha o legado de tradições medievais das corporações e se configurou no decorrer do tempo nos artesãos da bandeira de São Jorge. Esses homens de ofício compartilhavam experiências, costumes, crenças, usos, saberes, técnicas comuns que se traduziam no controle da jornada de trabalho, dos oficiais, da abertura de novas tendas e lojas e outros regulamentos.

Esses valores definiam o comportamento dos oficiais mecânicos no interior de seus mesteres e determinavam sua identidade ocupacional e social. As instituições relacionadas aos corpos de ofício tais como a Casa dos Vinte Quatro e as Câmaras foram lugares em que essas práticas e tradições se constituíram no decorrer do tempo, mas não foram os únicos espaços em que as relações de solidariedade entre os homens mecânicos se estabeleceram. No interior das oficinas, nas festas como o Corpus Christi, no cotidiano do trabalho nas ruas, nas relações pessoais, a cultura de ofício também se fazia presente.

Em Portugal, as instituições não foram os únicos redutos das solidariedades, dos saberes, das experiências dos artesãos do ferro. Por isso, mesmo sem as instituições portuguesas para regulamentar e organizar os ofícios, as tradições e os costumes dos homens mecânicos na região de Vila Rica e Mariana seguiram padrões reinóis e, portanto, é possível afirmar ter existido um corpo de oficiais do ferro na região mineradora, já que esses artífices viveram a face prática da relação institucional.

Palavras finais

Só sei da porta para o escuro.
Fora, há velhos eixos e aros se oxidando.
Dentro, a bigorna ecoa o malho enquanto
fagulhas abrem-se num leque ou chora
a ferradura nova em água fria.
A bigorna, no centro, é um unicórnio
quadrado num extremo: altar em torno
o qual ele se esvai em melodia
e forma. De avental de couro e pêlos
nas ventas, ele encosta-se ao batente,
rememorando, às vezes, atropelos
de cascos rua afora. Range os dentes,
entra batendo a porta e, com desvelo,
aciona os foles, malha ferro ardente.[1]

---

1   Seamus Heaney, "The forge", tradução de Nelson Ascher In: *Folha de São Pau-*

Embora de origens distintas (brancos, livres, descendentes do cativeiro, negros, escravos) as vidas dos homens que tinham suas lides relacionadas ao trabalho com o ferro se cruzaram justamente no principal fator que os unia: a prática de seu ofício. Uma ocupação que exigia grande esforço físico como procuramos descrever no segundo capítulo deste livro. Das artes servis, a dos artesãos do ferro talvez fosse a que mais dependesse da mecânica corporal que distanciava os artesãos dos nobres e das artes liberais. Por dedicar a vida ao ofício, o mestre ferreiro Manoel João Malta recebeu o seguinte parecer de seu médico, Agostinho Guido, em Vila Rica, em 13 de janeiro de 1742: "certifico que Manoel João Mota mestre ferreiro padece um flato hipocondríaco vago pelo peito, e pelo ouvido esquerdo que o aflige de forma que aconselhei que se deixasse o ofício, por lhe ser muito prejudicial sobre a extenuação de carnes de que é constituído".[2]

O padre Raphael Bluteau definiu "flato" como a "porção de ar entremetido nos condutos de sangue, que causa dor e talvez a morte" e ainda, "de flatus, sopro".[3] É provável que Agostinho Guido estivesse diagnosticando o que um médico judeu, o mestre Meir, havia classificado como "dor da ciática e dor da asma" ao examinar o ferreiro João de Refojos que trabalhava na Casa da Moeda, no Porto, em 1446. De acordo com o mestre Meir, "segundo regra da física", o ferreiro corria perigo de vida se não abandonasse os fornos, "pelo grande fogo e pelo fumo de cobre que se lhe metia pelos narizes e pela boca, e que estando lavrando se podia afogar [...] pela enfermidade dos peitos".[4] Talvez esses homens de ofício sofressem do que conhecemos hoje como doenças pulmona-

---

lo, 08/10/1995 *Apud* Jerusa Pires Ferreira, "Os ofícios tradicionais", *Resvista da Usp*, n. 26, p. 105.
2 APM – CC, Documentos avulsos, Caixa 55, Documento 30459.
3 Raphael Bluteau, *op. cit.*, verbete "flato".
4 Luís Miguel Duarte, *O moedeiro "enfermo dos peitos": uma doença profissional no Porto em meados do século XV*. Estudos em Homenagem a Luis Antonio de Oliveira Ramos, Faculdade de Letras da Universidade do Porto, 2004, p. 517.

res ocupacionais, causadas por inalação de poeiras inorgânicas e que se manifestam como doenças intersticiais pulmonares.⁵

A "extenuação das carnes" que afastou o mestre ferreiro do ofício pode ter alcançado aqueles que provavelmente mais sofriam com as condições insalubres do ofício: os cativos artesãos. O cativo Manoel crioulo, que tinha "alguma luz do ofício de ferreiro", aos 40 anos se encontrava "rendido das virilhas". Joaquim mulato, oficial de caldeireiro, aos 50 anos padecia de moléstia e o escravo também caldeireiro, o mulato Cipriano aos 25 anos foi descrito como "quebrado". Por fim, o africano José Courano, aos 60 anos apresentava os "pés inchados".⁶ Certo é que todos os cativos traziam no seu corpo as marcas do trabalho exploratório e dos castigos físicos, aventamos que os cativos que trabalhavam junto aos pesados foles, malhos, bigornas, suportando altas temperaturas, tinham suas "carnes extenuadas", nas palavras do médico Agostinho, tal como seus mestres, quando esses se dedicavam diretamente ao ofício nas tendas e oficinas, ao invés de somente administrarem as obras que poderiam ser executadas pelos seus cativos.

---

5   Eduardo Algranti, "Poluição e doenças ocupacionais pulmonares", *Jornal de Pneumologia*. Brasília, v.25, n. 5, 1999, p. 241-244. Consultamos ainda o *Dicionário de medicina popular* do doutor Chernoviz, publicado entre 1842 e 1890, que explica o verbete "flato" como o nome que se dá "vulgarmente" a um "ataque leve de histerismo". Acreditamos devido à minuciosa descrição do médico Agostinho Guido, explicando os sintomas físicos do mal que assolava ao mestre Manoel Malta ("flato hipocondríaco vago pelo peito, e pelo ouvido esquerdo"), que o ferreiro não sofria de um ataque de nervos. Pedro Luiz Napoleão Chernoviz, *Diccionario de medicina popular e das sciencias accessorias ... 6. ed. consideravelmente aumentada, posta a par da ciência*. Paris: A. Roger & F. Chernoviz, 1890, v 1, verbete "flato".

6   "Rendido das virilhas" pode fazer menção ao que o padre Raphael Bluteau chamou de "quebraduras da virilha" que seria "o nome, que o vulgo dá às duas hérnias", "nesta parte há uma glândula, ou emuntorio (sic), em que se formam bubões pestíferos, ou venesos". Verbete Virilha. A condição de "quebrado" também poderia corresponder ao que Bluteau descreveu no verbete "quebradura: "chamam alguns impropriamente toda a casta de hérnia, porque esta palavra propriamente se há de entender só da hérnia intestinal, quando se relaxa e estende ou (segundo a duvidosa opinião de alguns) se rompe o peritônio e caem as tripas na bolsa. [...] Há outras quebraduras que tem nome de hérnia". Verbete Quebradura.

Na sátira de Gonzaga intitulada *Cartas Chilenas*, citada na introdução desse livro, o fato de dependerem do suor de seu trabalho, do seu esforço físico, fazia com que os homens mecânicos fossem desqualificados socialmente. A depreciação chegava ao ponto de ser cômica a comparação entre um nobre governador e um ferreiro. Contudo, embora não pudessem se nobilitar, os artesãos se constituíram como um corpo social específico no interior do qual podiam ascender socialmente, sobretudo, aqueles que trabalhavam com a transformação de metais, como os ferreiros.

As conclusões a que chegamos só foram possíveis por meio da análise de fragmentos das trajetórias dos artesãos do ferro que apareceram no variado conjunto de fontes que pesquisamos. Esses vestígios esparsos lançaram luz sobre suas condições de trabalho e as relações que se estabeleceram entre mestres, aprendizes, oficiais contratados e escravos. Nossos dados não permitiram acompanhar os percursos de vida dos artesãos detidamente ao longo do tempo, porém esses registros possibilitaram analisar as histórias dessas pessoas enquanto agentes históricos que utilizaram todos os seus recursos à procura de segurança e ascensão econômica e social – dito de outra maneira, os homens do ferro e fogo atuaram de acordo com suas estratégias, que podiam condicionar e modificar os modos de dominação a que estavam submetidos e se relacionavam a "fatos políticos e econômicos que fog[ia]m a seu controle direto",[7] como a conjuntura mais abrangente da produção e comercialização dos produtos de ferro.[8]

---

7   Giovani Levi, *op. cit.*, p. 46. A fim de visualizar o contexto de atuação dos oficiais do ferro recorre-se à redução de escala proposta pela micro-história. Os recursos dessa metodologia objetivam apreender o tecido social através da reconstituição de trajetórias. Várias divergências podem ser consideradas na maneira de se apropriar dessa metodologia por parte de cada historiador. O diálogo com a micro-análise proposto nesse trabalho procurou as contribuições de Giovani Levi, que ao analisar o mercado de terras da região de Santena no século XVII, privilegiou as relações entre os indivíduos a partir de uma abordagem social. Para maiores informações, consultamos também: Jacques Revel (org.), *op. cit.*, 1998 e Henrique Espada Lima, *A Micro-história italiana: escalas, indícios e singularidades*. São Paulo: Record, 2006.

8   Se, por um lado, os artífices do ferro assumem posição central nesse estudo, simultaneamente, esses homens constituem também um pretexto, um instrumento:

Entre os oficiais mecânicos, os homens do ferro e fogo formaram um segmento importante no corpo político tanto da sociedade portuguesa quanto da americana. No âmbito das leis e regras que organizavam os ofícios mecânicos, discutimos como o corpo dos oficiais do ferro e fogo teve uma trajetória peculiar em Lisboa, sobretudo, após sua associação ao culto do patrono do Reino, São Jorge. Nesse ambiente, regulamentado por instituições como as Câmaras, as bandeiras, as confrarias, a Casa dos Vinte e Quatro, os conflitos de interesses eram constantes, as hierarquias eram múltiplas e se transformaram no decorrer do Setecentos.

O quadro que se esboçou na região de Vila Rica e Mariana quanto às regras e controle do trabalho dos artesãos tornou evidente que as instituições metropolitanas serviram de inspiração para organizar os ofícios na colônia em relação às formas de fiscalização, de ensino-aprendizagem, de avaliação de novos oficiais, de eleição de juízes e escrivães de ofício. As tensões que permeavam o cotidiano dos artífices foram analisadas aqui em outros contextos que não estavam diretamente relacionados às instituições que legislavam sobre o trabalho mecânico, como vimos com os preparativos da festa do Corpo de Deus. No cortejo de Vila Rica, como nos que ocorriam em outras localidades do Império português, os artesãos do ferro se reuniam ao redor da bandeira de São Jorge, se responsabilizavam pelo adorno do santo e pelo desfile. Esse era um episódio que revelava os conflitos entre as Câmaras e os artesãos do ferro pelo financiamento do preparo do santo.

Como no Reino, na região mineradora, ao longo do século XVIII, os oficiais do ferro e fogo tiveram grande importância entre os artesãos. Ainda que o trabalho de um artesão do ferro fosse extenuante, como vimos acima, procuramos ao longo de todo esse texto mostrar

---

suas histórias foram descritas visando um processo de construção de sentido, ou seja, ao traçar aspectos de suas trajetórias de vida, o objetivo foi mostrar que a incoerência e os conflitos são elementos da sociedade e também interferem em acontecimentos mais gerais. Paul-André Rosental, *op. cit.*, p. 151-172.

como o exercício dos ofícios do ferro e fogo possibilitou melhores condições de vida para aqueles que souberam administrar bem suas lojas, tendas, ferramentas e apetrechos. Os instrumentos de ferro eram imprescindíveis para a mineração aurífera e para o desenvolvimento da agricultura. Esse é um dos motivos que fez com que o exercício do ofício de ferreiros, ferradores, serralheiros fosse extremamente útil e valorizado. Como a maioria dos moradores da região à época, também encontraram em outras atividades produtivas uma estratégia bem-sucedida de acumulação de recursos. Ao lado da busca pela ascensão econômica, ainda que estejamos nos referindo a homens majoritariamente pobres, os artífices do ferro procuraram exercer cargos públicos e ingressar em tropas e irmandades. As relações de amizade e compadrio tecidas nessas instituições ajudavam a arrematar obras e a galgar degraus na hierarquia social. Alguns, ao conciliarem todos esses fatores, alcançaram relativo sucesso em suas comunidades a ponto de serem reconhecidos como "muito abonados e suficientes". Esses casos mostram como, em casa de ferreiro, nem sempre os apeiros eram os piores.

Entretanto, essa não foi a história de todas as personagens desse livro. Muitos desses homens faleceram pobres, sem bens materiais ou simbólicos, sem notoriedade. As diferenças entre os sujeitos que compartilhavam uma identidade comum, a de artesãos do ferro, não se limitavam aos desníveis econômicos e sociais; elas se multiplicavam respondendo a diversos condicionantes: cor, condição, prestígio, reconhecimento da destreza e habilidade no trabalho. De modo geral, a fim de garantir melhores condições de vida e ascender socialmente, os oficiais do ferro procuraram se distanciar das marcas do defeito mecânico, da escravidão e da pobreza.

As técnicas empregadas nas oficinas dos artesãos mineiros oferecem outra perspectiva para percebemos como a realidade colonial determinou as práticas dos ferreiros. Por mais que os artesãos portugueses se valessem da mão-de-obra escrava, diferentemente da metrópole, esse regime de exploração do trabalho chegou a padrões estruturais na América portuguesa. Esse fator foi determinante no modo como os artífices que lidavam com o ferro desenvolveram seu ofício nas terras brasílicas, pois trouxe novas hierarquias sociais para o interior do corpo de oficiais. Como dito acima, esses homens buscavam uma identidade livre do estigma da escravidão.

Além disso, nas Minas a importância das técnicas empregadas por indivíduos de origem africana foi relatada por viajantes, pelos senhores e pelas autoridades coloniais. O conhecimento de escravos africanos e seus descendentes somaram-se aos relatos de naturalistas portugueses e às técnicas europeias de mineração e transformação do ferro. Portanto, a presença dos escravos e seus descendentes com habilidades de ferreiro ou fundidor foi determinante para a forma como os ofícios do ferro e fogo se constituíram na colônia.

Ser ferreiro foi uma identidade ocupacional relevante tanto em Lisboa quanto nas Minas setecentistas. Os homens de ferro e fogo se destacaram enquanto um corpo de oficiais, com regras e hierarquias próprias que diferenciaram a prática do ofício na metrópole e na colônia. Os artífices das Minas herdaram a tradição dos artesãos que os precederam, em Portugal e nas regiões africanas que pesquisamos, e souberam reinventar seus saberes, suas práticas, modos de trabalhar e de organizar a vida, as tendas e o próprio ofício de acordo com as circunstâncias a que estavam condicionados.

Fontes e bibliografia

Fontes

Fontes manuscritas

1. Arquivo Histórico Ultramarino (AHU)
Avulsos - Minas Gerais (conforme o *Projeto Resgate de Documentação Histórica "Barão do Rio Branco"*).
Consulta do Conselho Ultramarino sobre a ordem régia aos prejuízos causados pela existência de engenhos e engenhocas de aguardente de cana e a venda de pólvora a negros e a mulatos na Capitania das Minas. Lisboa, 1734. *AHU_ACL_CU_011, Cx.* 28, D. 2186.
Carta de Tomás Francisco Xavier Hares, informando o Rei sobre as medidas consideradas essenciais à recuperação das minas de

diamantes, 1752. AHU_ACL_CU_011, Cx. 60, D. 5064.
Representação dos oficiais da Câmara de Vila Rica, contra a obrigação da despesa com a celebração religiosa pelas irmandades, solicitando ordem para por fim ao abuso. Vila Rica, 16 de junho de 1762. AHU_ACL_CU_011, Cx. 80, D. 6646.

Requerimento de Manoel Álvares Correia pedindo licença para abrir um fábrica de ferro. Arraial de Nossa Senhora da Piedade de Paraopeba, 17 de março de 1769. AHU_ACL_CU_011, Cx. 94, D. 7712.

Carta (cópia) de D. António de Noronha, governador de Minas, dando conta das providências que tem tomado no sentido de impedir a introdução de manufaturas na referida Capitania. Vila Rica, 1775. AHU_ACL_CU_011, Cx. 108, D. 8634.

Memória sobre as minas de cobalto de Minas Gerais, composta por José Vieira Couto [1805] anexa a Carta do desembargador José Bonifácio de Andrada e Silva, para o Visconde de Anadia. Coimbra, 1806. AHU_ACL_CU_011, Cx. 182, D. 13451.

2. *Arquivo Público Mineiro* (APM) - Câmara Municipal de Ouro Preto (CMOP)

Registros de Carta de Exame

Códice 17 – Registro de cartas de exame do Juiz de Ofícios (1722-1741);

Códice 44 – Registro de cartas de exame e provisões de ofícios (1741-1743);

Códice 57 – Registro de cartas de exame e provisão de ofícios e respectivas petições e despachos (1749-1751);

Códice 58 – Registro de patentes, provisões, cartas de exame de ofícios e respectivas petições e despachos (1750-1755);

Códice 66 – Registro de patentes, cartas de exame e provisões de ofícios (1755-1759);

Códice 74 – Registro de patentes, cartas de exame e provisões de ofício (1759-1760);

Códice 85 – Registro de patentes e provisões e cartas de exame de ofícios (1765-1776);

Códice 108 – Registro de provisões, cartas e exame de ofícios e patentes (1776-1788);

Códice 115 – Registro de provisões, sesmarias, caretas de exame de ofícios e outros registros de mercê (1789-1802);

Licenças

Códice 31 – Licenças para negócio (1733-1736);

Códice 64A– Lista de negócios (1752-1758);

Códice 72 – Licenças de negócios (1758-1769);

Códice 101 – Licenças para estabelecimento de vendas (1773-1794).

Avulsos

Cx. 02 - Documentos 31, 34, 49; 57; Cx. 10 Documento 41; Cx. 12 Documento 16; Cx. 13 Documentos 13,16, 26, 32; Cx. 14 Documento 12; Cx. 17 Documento 53; Cx. 19 Documentos 41 e 45; Cx. 20 Documento 03; Cx. 21 Documento 04; Cx. 23 Documentos 26, 29, 33; Cx. 24 Documentos 50 e 66; Cx. 25 Documentos 05, 46, 66; Cx. 26 Documento 14; Cx. 27 Documentos 14 e 31; Cx. 30 Documento 25; Cx. 32 Documento 17; Cx. 51 Documento 55; Cx. 54 Documento 30; Cx. 55 Documento 57; Cx. 56 Documento 23; Cx. 57 Documento 24; Cx. 58 Documentos 11 e 39; Cx. 59 Documento 01; Cx. 61 Documento 30; Cx. 66 Documento 04; Cx. 67 Documentos 04, 28, 29, 54, 68, 69; Cx. 69 Documento 97; Cx. 70 Documentos 80 e 89; Cx. 71 Documentos 11 e 60; Cx. 72 Documento 33; Cx. 74 Documento 70; Cx. 75 Documento 107; Cx. 77 Documentos 52 e 63; Cx. 79 Documentos 19 e 33; Cx. 83 Documento 52; Cx. 84 Documento 31; Cx. 86 Documentos 34 e 36; Cx. 88 Documentos 19, 42, 45, 87.

3. Arquivo Histórico do Museu da Inconfidência (AHMI)

Ações

Cartório do 1o ofício: cód. 146, auto 1912; cód. 185, auto 2529; cód. 190, auto 2606; cód. 202, auto 2818; cód. 210, auto 2955; cód. 214, auto 3201; cód. 214, auto 3214; cód. 246, auto 4158; cód. 253, auto 4493; cód. 254, auto 4549; cód. 254, auto 4560; cód. 260, auto 4916; cód. 277, auto 5751; cód. 278, auto 5805; cód. 278, auto 5807; cód. 284, auto 6016; cód. 295, auto 6359; cód. 308, auto 6615; cód. 333, auto 7008; cód. 355, auto 7375; cód. 377, auto 7696; cód. 392, auto 7876; cód. 407, auto 8089; cód. 415, auto 8224; cód. 427, auto 8667; cód. 447, auto 9398.

Cartório do 2o ofício: cód. 131, auto 1852; cód. 152, auto 2382; cód. 72, auto 812; cód. 91, auto 1174; cód. 133, auto 1923; cód. 173, auto 3100; cód. 165, auto 2813.

Inventários e testamentos do Cartório do 1o ofício (tipo de documento – inventário ou testamento, códice): códice 340, auto 7107; cód. 104, auto 1333; cód. 111, auto 1416; cód. 35, auto 424; cód. 22, auto 234; cód. 147, auto 1947; cód. 70, auto 831; cód. 317, auto 6763; cód. 18, auto 168; cód. 64, auto 780; cód. 89, auto 1074; cód. 36, auto 435; cód. 106, auto 1338; cód. 34 auto 409; cód. 297, auto 6406; cód. 347, auto 7229; cód. 341, auto 7140.

Inventários e testamentos do Cartório do 2o ofício (tipo de documento – inventário ou testamento, códice): cód. 61, auto 690; cód. 57, auto 643; cód. 76, auto 736.

Livro de Registro de Testamento: LRT 1805-1807, fl. 18.

Processo Crime: cód. 271, auto 5267, 1º ofício

Arquivo Histórico da Câmara Municipal de Mariana (AHCMM)

Livro de Arrematações (1743-1744). Códice 122, fls. 39-40v.

Livros de Registro de Carta de Exame de ofício: códices 146, 218 e 381 (1737-1806)

Registros de Licenças, AHCMM, Códice 145 (1778, 1796, 1797).

4. *Arquivo Histórico da Casa Setecentista de Mariana (AHCSM)*
Ações do Cartório do 2o ofício: cód. 463, auto 14878; cód. 471, auto 15402; cód. 509, auto 17659; cód. 518, auto 18147; cód. 410, auto 11901; cód. 378, auto 10137; cód. 437, auto 13462; cód. 460, auto 14370; cód. 498, auto 16972; cód. 498, auto 16992; cód. 485, auto 16190; cód. 507, auto 17527; cód. 534, auto 19122; cód. 569, auto 21121; cód. 569, auto 21122; cód. 581, auto 21815; cód. 621, auto 24139; cód. 494, auto 16746; cód. 383, auto 10398; cód. 500, auto 17095; cód. 573, auto 21345; cód. 560, auto 20581; cód. 462, auto 14820; cód. 559, auto 20551; cód. 525, auto 18534; cód. 630, auto 24599; cód. 153, auto 3392.

Inventários do Cartório do 1o ofício (tipo de documento – inventário ou testamento, códice): cód. 97, auto 2028; cód. 150, auto 3136; cód. 144, auto 3017; cód.191, auto 3710; cód. 50, auto 111; cód. 46, auto 1067; cód. 33, auto 787; cód.82, auto 1741; cód. 37, auto 865; cód. 93, auto 1951; cód. 119, auto 2472; cód. 165, auto 3372; cód. 27, auto 698; cód. 42, auto 959; cód. 134, auto 2797; cód. 90, auto 1883.

Inventários do Cartório do 2o ofício (tipo de documento – inventário ou testamento, códice): cód. 134, auto 2710; cód.21,auto 540; cód. 77, auto 1670; cód. 79, auto 1688; cód. 31, auto 7392; cód. 32, auto 755; cód. 36, auto 837; cód. 41, auto 943; cód. 46, auto 1027.

Livro de Registro de Testamento: LRT 36, fl. 146v; LRT 46, fl. 80v; LRT 51 fl. 162v.

Processo Crime: cód. 230; auto 5730; 2 ofício.

5. *Arquivo Eclesiástico da Arquidiocese de Mariana (AEAM/ Cúria Metropolitana)*
Livros de devassas eclesiásticas: Z-3; Z-6; Z-7; Z-10; Z-13; Z-14; W-2 (1733-1802)

6. *Casa dos Contos*
Arquivo Judiciário - Testamento: Rolo 04, Volume 12, fl. 69v-71, 1789.

Avulsos - Câmara Municipal de Ouro Preto (CMOP)
Cx. 9 Documento 10183; Cx. 23 Documento 10463; Cx. 27 Documentos 10558 e 10559; Cx. 29 Documento 10599; Cx. 30 Documento 10613; Cx. 32 Documentos 10642 e 10647; Cx. 37 Documentos 30090 e 30093; Cx. 38 Documentos 30104 e 30120; Cx. 48 Documento 30305; Cx. 49 Documentos 30330 e 30337; Cx. 55 Documento 30459; Cx. 65 Documento 30643; Cx. 66 Documentos 30666 e 30675; Cx. 69 Documentos 30728 e 30729; Cx. 64 Documento 30630; Cx. 71 Documento 30763; Cx. 72 Documento 30784; Cx. 73 Documento 30814; Cx. 84 Documento 20199; Cx. 78 Documento 20084; Cx. 88 Documento 20279; Cx. 94 Documento 20352; Cx. 93 Documento 20348; Cx. 98 Documento 20428; Cx. 110 Documento 20656; Cx. 111 Documentos 20675, 20678, 20679; Cx. 112 Documento 20695; Cx. 117 Documento 20793; Cx. 130 Documento 21052; Cx. 131 Documento 21072; Cx. 132 Documentos 21093 e 21100; Cx. 133 Documentos 21104 e 21118; Cx. 138 Documentos 21207 e 21214; Cx. 140 Documento 21256; Cx. 141 Documento 21261; Cx. 142 Documento 21294; Cx. 160 Documentos 10006 e 10010.

Fontes impressas

Cartas, ofícios e pareceres publicados em periódicos

"Actas da Câmara Municipal de Vila Rica". In: *Anais da Biblioteca Nacional.* Rio de Janeiro, vol. 49, 1927.

ALMEIDA, Lourenço de. "Carta do governador Lourenço de Almeida para o rei João V de 13 de setembro de 1721, Sobre não herdarem os mulatos nestas Minas". *Revista do Arquivo Público Mineiro*, Ouro Preto, v. 31, 1890, p. 112-113.

CARVALHO, Daniel de. "Documentos sobre a Fábrica de Ferro do Morro do Pilar". *Revista do Instituto Histórico e Geográfico Brasileiro*, Rio de Janeiro, v. 263, abr./jun. 1964, p.203-235.

DOM JOÃO V. "Carta Régia de 02 de abril de 1721: Sobre não entrarem nos lugares da Câmara pessoas com raça de mulatos". *Revista do Arquivo Público Mineiro*, Ouro Preto, v. 30, 1979, p. 229-230.

FERRAZ, Luís Pedreira do Couto. "São João de Ipanema: descrição do morro do mineral de ferro, sua riqueza, método usado na antiga fábrica, seus defeitos". *Revista do Instituto Histórico e Geográfico Brasileiro*, Rio de Janeiro, v.18, 1855, p.235-243.

GOMES, Francisco Agostinho. "Pedido de Francisco Agostinho Gomes para estabelecer na Bahia empresa de exploração de minas de cobre e ferro, e carta régia relativa ao assunto". *Revista do Instituto Histórico e Geográfico Brasileiro,* Rio de Janeiro, v.4, 1842, p.403-408.

"Memória sobre bens regulares, caixas de crédito e circulação: tributos diretos, manufatura de pólvora e ferro" (s.d.). *Revista do Instituto Histórico e Geográfico Brasileiro*, Rio de Janeiro, A.163, n. 416, jul/set 2002, p. 89-92.

MENEZES, Rodrigo José de. "Exposição do Governador D. Rodrigo José de Menezes sobre o estado de decadencia da Capitania de Minas - Geraes e meios de remediá-lo". 04/08/1780. *Revista do Arquivo Público Mineiro*, Ouro Preto, n. 2, ano 1897, p. 311-327.

SILVEIRA, Antônio Fernandes da. "Cópia de um ofício do Ilmo. e Revmo. Sr. monsenhor Antônio Fernandes da Silveira sobre a existência de preciosas minas de ferro e de um rio subterrâneo na província de Sergipe". *Revista do Instituto Histórico e Geográfico Brasileiro*, Rio de Janeiro, t.23, 1860, p.129-130.

VANDELLI, Domingos. "Carta do notável naturalista e Director do real Jardim Botanico de Lisboa, Domingos Vandelli (para Martinho de Mello e Castro), pela qual apresenta e recommenda Antonio Ramos da Silva Nogueira para proceder ás pesquizas das minas de cobre e ferro, que se suppunha existirem nas serras da Cachoeira. Extracto. Bahia, 28 de agosto de 1782". *Anais da Biblioteca Nacional*, Rio de Janeiro, 32 (1914), doc. 11, p. 460.

Crônicas, Viajantes e Memorialistas

ANTONIL, André João. *Cultura e Opulência do Brasil*. Belo Horizonte: Itatiaia/ São Paulo: Editora da Universidade de São Paulo, 1982.

BOVET, Armand. "A indústria Mineral na Província de Minas Gerais". *Annaes da Escola de Minas de Ouro Preto: coleções de memórias e de notícias sobre a mineralogia, a geologia e as explorações das minas no Brasil*. Ouro Preto: Escola de Minas de Ouro Preto, 1883, p. 24-40.

CÂMARA, José de Sá Bitencourt. "Memoria mineralogica do terreno mineiro da Comarca de Sabara". *Revista do Arquivo Público Mineiro*, Ouro Preto: Imprensa Oficial de Minas Gerais, 1897, v. 2, fascículo 4, p. 599-609.

CASAL, Manuel Aires de. *Corografia brasílica ou relação histórico--geográfica do Reino do Brasil*. Belo Horizonte: Itatiaia; São Paulo: EDUSP, 1976.

ESCHWEGE, Wilhelm Ludwig von. *Pluto Brasiliensis*. Tradução de Domício de Figueiredo Murta, Belo Horizonte: Itatiaia/ São Paulo: Editora da Universidade de São Paulo, 1979.

GERBER, Henrique. *Noções geographicas e administrativas da província de Minas Gerais*. Rio de Janeiro: Typographia de Georges Leuzinger, 1863.

GORCEIX, Henri. "Estudo químico e mineralógico das rochas dos arredores de Ouro Preto". In: *Annaes da Escola de Minas de Ouro Preto: coleções de memórias e de notícias sobre a mineralogia, a geologia e as explorações das minas no Brasil*. Ouro Preto: Escola de Minas de Ouro Preto, 1883, p. 5-23.

LUCCOCK, John. *Notas sobre o Rio de Janeiro e partes meridionais do Brasil*. Belo Horizonte: Itatiaia; São Paulo: EDUSP, 1975.

MATOS, Raimundo José da Cunha. *Corografia histórica da província de Minas Gerais*. Belo Horizonte: Itatiaia; São Paulo: EDUSP, 1981. 2v.

MAWE, John. *Viagens ao interior do Brasil*. Belo Horizonte: Itatiaia; São Paulo: EDUSP, 1978.

SAINT-HILAIRE, Auguste de. *Viagem pelo distrito dos diamantes e litoral do Brasil*. Belo Horizonte: Itatiaia; São Paulo: EDUSP, 1974.

_____. *Segunda viagem do Rio de Janeiro a Minas Gerais e a São Paulo, 1822*. Belo Horizonte: Itatiaia; São Paulo: EDUSP, 1974.

_____. *Viagem pelas províncias do Rio de Janeiro e Minas Gerais*. Belo Horizonte: Itatiaia; São Paulo: EDUSP, 1975.

SPIX, Johann Baptist von e MARTIUS, Carl Friedrich Philipp von. *Viagem pelo Brasil*: 1817-1820. Belo Horizonte: Itatiaia; São Paulo: EDUSP, 1981. 3v.

SENA, Joaquim Candido da Costa. "Viagem de estudos metallurgicos no centro da Província de Minas Geraes". *Annaes da Escola de Minas*. Ouro Preto: Typ. Medeiros, 1881.

VASCONCELOS, Diogo Pereira Ribeiro de. "Breve descrição, geográfica, física e política da Capitania de Minas Gerais (1807)". *Revista do Arquivo Público Mineiro*, Belo Horizonte, v. 6, jul/dez 1901, p. 761-853.

VASCONCELLOS, Sylvio de. *Vila Rica: formação e desenvolvimento – residências*. Rio de Janeiro: MEC-INL, 1956.

VILHENA, Luís dos Santos. *Recopilação de notícias soteropolitanas e brasílicas contidas em XX cartas* [1802]. Bahia: Imprensa Oficial do Estado, 1921.

Dicionários, Legislação e outras obras impressas

Assis Júnior, Antonio de. *Dicionário kimbundu-português, linguístico, botânico, histórico e corográfico. Seguido de um índice alfabético dos nomes próprios*. Luanda: Argente, Santos e Comp. Lda., [s.d.].

BLUTEAU, Raphael. *Vocabulário Português e Latino*, 10 v. Lisboa/Coimbra: Colégio da Cia. de Jesus, 1712-1728.

CHERNOVIZ, Pedro Luiz Napoleão. *Diccionario de medicina popular e das sciencias accessorias ... 6. ed. consideravelmente aumentada, posta a par da ciência*. Paris: A. Roger & F. Chernoviz, 1890. 2 v.

CÓDICE Costa Matoso. *Coleção das notícias dos primeiros descobrimentos das minas da América que fez o doutor Caetano da Costa Matoso sendo ouvidor-geral das de Ouro Preto, de que tomou posse em fevereiro de 1749 & vários papéis*. Belo Horizonte: Fundação João Pinheiro, 1999.

CÓDIGO Filipino, *ou, Ordenações e Leis do Reino de Portugal: recompiladas por mandado d'el-Rei D. Filipe I*, edição fac-similar da 14ª edição de 1821 por Cândido Mendes de Almeida. Brasília: Senado Federal, Conselho Editorial, 2004.

COELHO, José João Teixeira. *Instrução para o governo da capitania de Minas Gerais* [1782]. Caio César Boschi (Organização, transcrição documental e textos introdutórios); Melânia Silva Aguiar (preparação de texto e notas). Belo Horizonte: Secretaria de Estado de Cultura/Arquivo Público Mineiro; Instituto Histórico e Geográfico Brasileiro, 2007.

Livro dos Regimentos dos officiaes mecânicos da cidade de Lixboa [1572]. Publicado pelo Dr. Vergílio Correia. Coimbra, Imprensa da Universidade, 1926.

LIÃO, Duarte Nunes. *Livro dos Regimentos dos officiaes mecânicos da cidade de Lixboa* [1572]. Publicado pelo Dr. Vergílio Correia, Coimbra: Imprensa da Universidade, 1926.

MATHIAS, Herculano Gomes. *Um recenseamento na Capitania de Minas Gerais [1804].* Rio de Janeiro: Ministério da Justiça/ Arquivo Nacional, 1969.

SILVA, Antônio de Moraes. *Diccionario da Lingua Portuguesa, composto pelo Padre D. Rafael Bluteau, reformado, e acrescentado por Antonio de Moraes Silva natural do Rio de Janeiro.* Lisboa: Officina de Simão Thaddeo Ferreira, 1789.

SILVA, Antonio Delgado da. *Collecção da Legislação Portugueza desde a última Compilação das Ordenações.* Lisboa: Typografia Maigiense, 1828.

Bibiografia

Obras de referência

BARBOSA, Waldemar de Almeida. *Dicionário Histórico-Geográfico de Minas Gerais.* Belo Horizonte: Editora Saterb Ltda, 1871.

"Catálogo e Índice alfabético dos assuntos gerais dos códices da Câmara Municipal de Ouro Preto". *Revista do Arquivo Público Mineiro*, Belo Horizonte, ano XXVIII, abril de 1977.

MATHIAS, Herculano Gomes. *A coleção da Casa dos Contos de Ouro Preto: documentos avulsos.* Rio de Janeiro: Ministério da

Justiça e Negócios Interiores/ Arquivo Nacional, 1966.

_____. *Um recenseamento na Capitania de Minas Gerais – Vila Rica 1804*. Rio de Janeiro: Arquivo Nacional, 1969.

MARTINS, Judith. *Dicionário de Artistas e Artífices dos Séculos XVIII e XIX em Minas Gerais*. Rio de Janeiro: Publicações do IPHAN, 1972, 2 vol.

Livros e artigos citados

ALGRANTI, Leila Mezan. "Famílias e vida doméstica". In: NOVAIS, Fernando Antonio (dir): SOUZA, Laura de Mello e (org). *História da vida privada: cotidiano e vida privada na América portuguesa*. São Paulo: Companhia das Letras, v.1, 1997, p. 83-154.

ALGRANTI, Eduardo. "Poluição e doenças ocupacionais pulmonares". *Jornal de Pneumologia*. Brasília, v. 25, n. 5, 1999, p. 241-244.

ALMEIDA, Carla Maria Carvalho de. *Alterações nas unidades produtivas mineiras: Mariana - 1750/1850*. Dissertação (Mestrado) – Universidade Federal Fluminense, Niterói, 1994.

_____. *Homens ricos, homens bons: Produção e hierarquização social em Minas Colonial: 1750-1822*. Tese (Doutorado) – Universidade Federal Fluminense, Niterói, 2001.

ALVES, Célio Macedo. *Artistas e Irmãos: o fazer artístico no ciclo do ouro mineiro*. Dissertação (Mestrado) - Universidade de São Paulo, São Paulo, 1997.

ANDRADE, Francisco Eduardo de. *Entre a roça e o engenho: roceiros e fazendeiros em Minas Gerais na primeira metade do século XIX*. Viçosa: Ed. UFV, 2008.

ARAÚJO, Ana Cristina. *O Marquês de Pombal e a Universidade*. Coimbra: Imprensa da Universidade, 2000.

ARAÚJO, Janeth Xavier de. "A pintura de Manoel da Costa Ataíde no contexto da época moderna". In: CAMPOS, Adalgisa Arantes (org.). *Manoel da Costa Ataíde: aspectos históricos, estilísticos, iconográficos e técnicos*. Belo Horizonte: Editora Arte, 2005, p. 32 - 62.

BAETA, Nilton. *A indústria siderúrgica em Minas Gerais*. Belo Horizonte: Imprensa Oficial, 1973.

BANDEIRA, Manuel. *Guia de Ouro Preto*. Rio de Janeiro: Ediouro, 2000.

BERNAND, Carmen. "Las representaciones del trabajo en el mundo hispanoamericano: de la infamia a la honra". In: PAIVA, Eduardo França e ANASTASIA, Carla Maria Junho (org). *O Trabalho Mestiço: maneiras de pensar e formas de viver, séculos XVI a XIX*. São Paulo: Annablume/ PPGH/UFMG, 2002.

BICALHO, Maria Fernanda Baptista. "Mediação, pureza de sangue e oficiais mecânicos: as Câmaras, as festas e as representações do império português". In: PAIVA, Eduardo França e ANASTASIA, Carla (orgs). *Trabalho Mestiço: maneiras de pensar formas de viver, séculos XVIII e XIX*. São Paulo: Annablume/ PPGH/UFMG, 2002.

BOSCHI, Caio C. *O barroco mineiro: artes e trabalho*. São Paulo: Brasiliense, Coleção Tudo é História, 1988.

BOTELHO, Ângela. "Arma de fogo". In: ROMEIRO, Adriana Romeiro e BOTELHO, Ângela. *Dicionário Histórico das Minas Gerais*. Belo Horizonte: Autêntica, 2003.

BOTELHO, Tarcísio R. "A família escrava em Minas Gerais no século XVIII". In: Maria Efigênia Lage de Resende e Luiz Carlos Villalta (org). *História de Minas Gerais, As Minas Setecentistas*. Belo Horizonte: Autêntica; Companhia do Tempo, 2007, v. 1, p. 455-477.

BOXER, Charles R. *A Idade de Ouro do Brasil, dores de crescimento de uma sociedade colonial*, Tradução de Nair de Lacerda; prefácio à terceira edição de Arno Wehling; prefácio à primeira edição de Carlos Rizzini. 3ª edição, Rio de Janeiro: Nova Fronteira, 2000, p. 195.

BRANDÃO, Ângela. "Das pontes aos castiçais: a produção de mobiliário artístico em Minas Gerais do século XVIII e os ofícios mecânicos". *R.cient./FAP*, Curitiba, v.4, n.2, jul./dez. 2009, p.50-66.

BULFINCH, Thomas. *O Livro de Ouro da Mitologia: a idade da fábula, histórias de deuses e heróis*. Tradução de David Jardim Júnior, 8ª edição, Rio de janeiro: Ediouro, 1999.

CAETANO, Marcello. "A história da organização dos mestres na cidade de Lisboa". *Revista do Instituto Histórico e Geográfico Brasileiro* (IHGB), Rio de Janeiro vol. 318, jan-mar, 1978, p. 285-300.

CALÓGERAS, João Pandiá. *As Minas do Brasil e Sua Legislação*. Rio de Janeiro: Imprensa Nacional, v. 2, 1905.

CARRARA, Ângelo Alves. *Minas e currais; produção rural e mercado interno de Minas Gerais, 1674-1807*. Juiz de Fora: Editora da UFJU, 2007.

_____. "A administração dos contratos da capitania de Minas: o contratador João Rodrigues de Macedo, 1775-1807". *América Latina en La Historia Económica*, Cidade do México, n. 35, 2001, p. 31-52.

CERUTTI, Simona. *La ville et lês métiers. Naissance dún langage corporatif (Turin, 17e-18e siècles)*. Paris: EHESS, 1990.

CHAVES, Cláudia Maria das Graças. *Perfeitos Negociantes: Mercadores das Minas Setecentistas*. Belo Horizonte: FAFICH/UFMG, 1995.

_____. "Os mapas estatísticos de Minas Gerais: importações, exportações, consumo, produção e reformas econômicas do início do século XIX". In: *X Seminário sobre a Economia Mineira*, 2002, p.1-26. Disponível em: http://www.cedeplar.ufmg.br/diamantina2002/textos/D20.PDF Diamantina: Cedeplar/UFMG,2002. Acesso em: 20/06/2009.

_____. *Banco de dados do projeto "Registros de passagem: Conhecimento do território e da produção das Minas Setecentistas"*, financiado pela FAPEMIG. Disponível em: http://www.ichs.ufop.br/lph/images/stories/BANCO_DE_DADOS_-_CLUDIA_CHAVES.ldb.pdf., s/d.

_____. (org), *Casa de Vereança de Mariana: 300 anos de História da Câmara Municipal*. Ouro Preto: UFOP, 2008.

CUNHA, Luis Antônio da. *O ensino de ofícios artesanais e manufatureiros no Brasil escravocrata*. São Paulo: Editora UNESP; Brasília: FLACSO, 2ª edição, 2005.

DAVIS, Natalie Zemon. "Las formas de la Historia Social". *História Social*, Valencia, n.10, primavera-verano, 1991, p. 177-182.

DARNTON, Robert. *O grande massacre de gatos e outros episódios da história cultural francesa*. Tradução de Sonia Coutinho. Rio de Janeiro: Graal, 1986.

DEAN, Warren. *A ferro e fogo: a história e a devastação da Mata Atlântica Brasileira*. São Paulo: Companhia das Letras, 1996.

DIÓRIO, Renata Romualdo. *As marcas da liberdade*: trajetórias sociais dos libertos em Mariana na segunda metade do século XVIII. Dissertação (Mestrado) - FFLCH/USP, São Paulo, 2007.

DUARTE, Luís Miguel. "O moedeiro "enfermo dos peitos": uma doença profissional no Porto em meados do século XV". *Estudos em Homenagem a Luis Antonio de Oliveira Ramos*, Faculdade de Letras da Universidade do Porto, Porto, 2004, p. 511-519.

ELIADE, Mircea. *Ferreiros e alquimistas*. Rio de Janeiro: Zahar Editores, 1979

FALCON, Francisco José Calazans. "A cidade colonial: algumas questões a propósito de sua importância político-administrativa (séculos XVII/ XVIII)". In: *Anais I Colóquio de Estudos Históricos Brasil-Portugal*. Belo Horizonte, PUC-MG, 1994, p. 89-106.

FARGE, Arlette. *O sabor do arquivo*. Tradução de Fátima Murad. São Paulo: Editora da Universidade de São Paulo, 2009.

FARIA, Sheila de Castro. *A Colônia em Movimento. Fortuna e Família no Cotidiano Colonial*. Rio de Janeiro: Editora Nova Fronteira, 1998.

FARIA, Simone Cristina Faria. "As redes dos 'homens do ouro' em Vila Rica: em busca de prestígio e legitimação do mando". *Mnemosine*, Rio de Janeiro, v.1, n 1, 2010, p. 115-133.

FERRAND, Paul. *L'or a Minas Gerais*. Belo Horizonte: Imprensa Oficial do Estado de Minas Gerais, 1913.

FERREIRA, Jerusa Pires Ferreira. "Os ofícios tradicionais". *Resvista da Usp*, São Paulo, n. 26, p. 102-106.

FIGUEIREDO, Luciano. "Mulheres na Minas Gerais". In: PRIORE, Mary Del (org.). *História das Mulheres no Brasil*. 7ª edição, São Paulo: Contexto, 2004, p. 141-188.

_____. "Derrama e política fiscal ilustrada", *Revista do Arquivo Público Mineiro*, Belo Horizonte, v. 41, 2005.

FLEXOR, Maria Helena. *Inventários e Testamentos como fontes de pesquisa*. Disponível em: http://www.histedbr.fae.unicamp.br/navegando/artigos_pdf/Maria_Helena_Flexor2_artigo.pdf. Acesso em: 02/06/2007.

_____. "Oficiais mecânicos na cidade notável do Salvador". In: Artistas e Artífices e a sua mobilidade no mundo de expressão portuguesa. *Actas do VII Colóquio Luso-Brasileiro*. Departamento de Ciências e Técnicas do Patrimônio da Faculdade de Letras da

Universidade do Porto, Porto, 2007.

_____. *Mobiliário Baiano*, Brasília: Iphan/ Programa Monumenta, 2009.

FRAGOSO, João; BICALHO, Maria Fernanda; e GOUVÊA, Maria de Fátima. *O Antigo Regime nos Trópicos*. Rio de Janeiro: Civilização Brasileira, 2001.

FURTADO, João Pinto. *O manto de Penélope: História, mito e memória da Inconfidência Mineira de 1788-9*. São Paulo: Companhia as Letras, 2002.

FURTADO, Júnia Ferreira. *Chica da Silva e o contratador de diamantes: O outro lado do mito*. São Paulo: Companhia das Letras. 2003.

GINZBURG, Carlo. "Sinais: Raízes de um Paradigma Indiciário". *Mitos, Emblemas, Sinais. Morfologia e História*. São Paulo, Companhia das Letras, 1989, p. 143-180.

_____. *A micro-história e outros ensaios*. Lisboa: Difel; Rio de Janeiro: Bertrand Brasil, 1989.

_____. *Relações de força: história, retórica, prova*. São Paulo: Companhia das Letras, 2002.

_____. *O queijo e os vermes: o cotidiano e as idéias de um moleiro perseguido pela Inquisição*. Tradução de Maria Betânia Amoroso. São Paulo: Companhia das Letras, 2006.

GOMES, Francisco Magalhães. *História da Siderurgia no Brasil*. Belo Horizonte: Editora Itatiaia; São Paulo: Editora da Universidade de São Paulo, 1983.

GOMES, Heitor. *Monografia do concelho de Figueiró dos Vinhos*. Figueiró dos Vinhos: Câmara Municipal, 2004.

GONÇALVES, Andréa Lisly Gonçalves. "Escravidão, Herança Ibérica e Africana e as técnicas de mineração em Minas Gerais no século XVIII". In: *Anais do XI Seminário sobre a Economia Mineira*, 2004. Disponível em: http://ideas.repec.org/s/cdp/diam04.html. Acesso em: 06/05/2009.

GONÇALVES, Daniel Lopes. "As Corporações e as Bandeiras de Ofícios". *Revista do IHGB*, Belo Horizonte, 1950, v.206: 171-191.

GONZAGA, Tomás Antônio. *Cartas Chilenas*. (Introdução, cronologia, notas e estabelecimento de texto: Joaci Pereira Furtado). São Paulo: Companhia das Letras, 1995.

GODINHO, Vitorino Magalhães. *Estrutura da antiga sociedade portuguesa*. Lisboa: Arcadia, 1980.

GUEDES, Roberto. "Ofícios mecânicos e mobilidade social: Rio de Janeiro e São Paulo (séc. XVII-XIX)". *Topoi*, Rio de Janeiro, v.7, n. 13, jul-dez 2006.

HANSEN, João Adolfo. *A sátira e o engenho: Gregório de Matos e a Bahia do século XVII*. 2ª edição. São Paulo: Ateliê Editorial; Campinas: Editora da Unicamp, 2004.

_____. "Letras coloniais e historiografia literária". *Matraga*, Rio de Janeiro, v. 18, 2006, p. 13-44.

HERBERT, Eugenia W. *Iron, Gender and Power. Rituals of Transformation in African Societies*, Bloomington and Indianapolis: Indiana University Press, 1993.

HESPANHA, Antonio Manuel. *As vésperas do Leviathan. Instituições e poder político. Portugal: século XVII*. Coimbra: Livraria Almedina, 1994.

_____. *Imbecilitas. As bem-aventuranças da inferioridade nas sociedades de Antigo Regime*. São Paulo: Annablume, 2010.

JANCSÓ, István e KANTOR, Iris (org). *Festa: Cultura e Sociabilidade na América portuguesa*. São Paulo: Hucitec/Edusp/Fapesp/Imprensa Oficial, 2001.

KANTOR, Iris. *Pacto festivo em Minas colonial: a entrada triunfal do primeiro bispo na Sé de Mariana*. Dissertação (Mestrado) - Universidade de São Paulo, São Paulo, 1996.

LAHON, Didier. *O negro no coração do império: uma memória a resgatar, séc. XV-XIX*. Lisboa: Casa do Brasil de Lisboa, 1999.

LANDGRAF, Fernando José G., TSCHIPTSCHIN, André P. e GOLDENSTEIN, Hélio. "Notas sobre a história da metalurgia no Brasil". In: Milton Vargas (org.), *História da Técnica e da Tecnologia no Brasil*, São Paulo: Editora da UNESP, 1995, p. 108-129.

LANGHANS, Franz-Paul de Almeida. "As Antigas Corporações dos Ofícios Mecânicos e a Câmara de Lisboa". *Revista Municipal*, Lisboa, separata dos n°s 7,8 e 9, 1942.

_____, "Os Mesteirais: crônica milenária do trabalho artífice", *Revista Portuguesa de História*, Lisboa, t. 13, 1971, p. 1-60.

LARA, Silvia Hunold. *Fragmentos setecentistas: escravidão, cultura e poder na América portuguesa*. São Paulo: Companhia das Letras, 2007.

LEVI, Giovani. *A Herança Imaterial: trajetória de um exorcista no Piemonte do século XVIII*. Rio de Janeiro: Civilização Brasileira, 2000.

LIBBY, Douglas Cole. *Transformação e Trabalho em uma economia escravista*: Minas no século XIX. São Paulo: Editora Brasiliense, 1988.

_____. "Notas sobre a produção têxtil brasileira no final do século XVIII: novas Evidências de Minas Gerais". São Paulo: *Revista Estudos Econômicos*, São Paulo, n. 1, 1997, p. 97-125.

_____. "As populações escravas das Minas Setecentistas: um balanço preliminar", em Maria Efigênia Lage de Resende e Luiz Carlos Villalta (org), *História de Minas Gerais, As Minas Setecentistas*, Belo Horizonte: Autêntica; Companhia do Tempo, 2007, v. 1, p.

407-439.

LIMA FILHO, Henrique Espada. *A Micro-história italiana: escalas, indícios e singularidades*. São Paulo: Record, 2006.

MADUREIRA, Nuno Luís. *Mercado e Privilégios. A indústria Portuguesa entre 1750 e 1834*. Lisboa: Editorial Estampa, 1997.

MACFARLANE, Alan(em coloboração com Sarah Harrison e Charles Jardine). *Reconstructing Historical Communities*. Cambridge: Cambridge University Press, 1977.

MACGAFFEY, Wyatt. *Religion and Society*. Chicago: The University of Chicago Press, 2003.

MAGALHÃES, Beatriz Ricardina de. "A Demanda do Trivial: Vestuário, Alimentação e Habitação". *Revista Brasileira de Estudos Políticos*, Belo Horizonte, n° 65, Julho de 1987, p. 153-199.

MARAVALL, José Antônio. *La cultura del Barroco: análisis de uma estructura histórica*. 3ª edição, Barcelona: Ariel, 1986.

MATTA, Glaydson Gonçalves. *Tradição e modernidade: práticas corporativas e a reforma dos ofícios em Lisboa no século XVIII*. Dissertação (Mestrado) - Universidade Federal Fluminense, Niterói, 2011.

MATTOSO, José (dir.). *História de Portugal*. vol. 4, *O Antigo Regime (1620-1807)*. Lisboa: Estampa, 1998, p. 121-50.

MAXWELL, Kenneth. *Marques de Pombal: paradoxo do Iluminismo*. Tradução de Antonio de Pádua Danesi. Rio de Janeiro: Paz e Terra, 1996.

_____. *A Devassa da Devassa: a Inconfidência Mineira: Brasil-Portugal, 1750-1808*. Rio de Janeiro: Paz e Terra, 1985.

MENDONÇA, Marcos Carneiro de. *O Intendente Câmara. Manuel Ferreira da Câmara Bethencourt e Sá. Intendente Geral das Minas e dos Diamantes, 1764-1835*. São Paulo: Companhia Editora

Nacional, 1958.

MENESES, José Newton Coelho. *Artes Fabris e Serviços Banais: ofícios mecânicos e as Câmaras no final do Antigo Regime. Minas Gerais e Lisboa (1750-1808)*. Tese (Doutorado) – Universidade Federal Fluminense, Niterói, 2003.

_____, "Homens que não mineram: oficiais mecânicos nas Minas Gerais Setecentistas". In: RESENDE, Maria Efigênia Lage de e VILLALTA, Luis Carlos (org. do volume). *História de Minas Gerais: As Minas Setecentistas*. Belo Horizonte: Autêntica; Companhia do Tempo, v.1, 2007.

_____, Danielle Piuzana, Marcelino Morais, Marcelo Fagundes. "Espaços de minerar e caminhos do abastecer: as paisagens, os lugares e o território do Quadrilátero Ferrífero". *Tarairiú*, Campina Grande, v. 1, n. 2, 2011, p. 127-141.

MOMIGONIAN, Beatriz Gallotti. "África no Brasil: mapa de uma área em expansão". *Topói*, Rio de Janeiro, n. 9, 2004, p. 33-53.

MOREIRA, Moreira e ROCHA, Marília Librandi (orgs). "Questões para João Adolfo Hansen". *Floema*, Vitória da Conquista, n. 1, p. 11-25, 2005.

MOTES, Jordi Maluquer de. "La siderúrgia preindustrial a l'Europa mediterrània: elements per a una comparació". *Recerques*, Barcelona, n. 21, 1988, p. 91-100.

NOVAIS, Fernando A. *Portugal e Brasil na crise do Antigo Sistema Colonial (1777-1808)*. São Paulo: HUCITEC, 1986.

OLIVAL, Fernada. "Rigor e interesses: os estatutos de limpeza de sangue em Portugal", *Cadernos de Estudos Sefarditas*, Lisboa, nº4, 2004, p. 151-182.

OLIVEIRA, Maria Luiza Ferreira de. *Entre a casa e o armazém: relações sociais e experiência da urbanização. São Paulo, 1850-1900*. São Paulo: Alameda, 2005.

PAIVA, Eduardo França. Eduardo França Paiva, *Por meu trabalho, serviço e indústria: histórias de africanos, crioulos e mestiços na Colônia - Minas Gerais, 1716-1789*. Tese (Doutorado) - Universidade de São Paulo, São Paulo, 1999.

_____. "A plebe negra. Forros nas Minas Gerais no século XVIII". In: *Caravelle*, Toulouse, n°84, 2005, p. 65-92

_____. *Escravidão e universo cultural na colônia: Minas Gerais, 1716-1789*. Belo Horizonte: Editora UFMG, 2001.

_____. "Bateias, carumbés, tabuleiros: mineração africana e mestiçagem no Novo Mundo". In: _____ e ANASTASIA, Carla Maria Junho (org). *O Trabalho Mestiço*: maneiras de pensar e formas de viver, séculos XVI a XIX. São Paulo: Annablume/ PPGH/ UFMG, 2002.

PENA, Eduardo Spiller. "Notas sobre a historiografia da arte do ferro nas Áfricas Central e Ocidental (séculos XVIII e XIX)". In: *XVII Encontro Regional de História - O Lugar da História*, Campinas, 2004.

PESAVENTO, Fábio. *Um pouco antes da Corte: a economia do Rio de Janeiro na segunda metade do Setecentos*. Tese (Doutorado) - Universidade Federal Fluminense, Niterói, 2009.

PIVA, Teresa C. C. e FILGUEIRAS, Carlos A. L. "O fabrico e uso da pólvora no Brasil colonial: o papel de Alpoim na primeira metade do século XVIII", *Revista Química Nova*, São Paulo, v. 31, n° 4, 2008, p. 930-936.

PRADO Jr., Caio. *Formação do Brasil Contemporâneo*. 23ª edição. São Paulo: Editora Brasiliense, 1994.

PRECIOSO, Daniel. *"Legítimos vassalos": pardos livres e forros na Vila Rica colonial*. Dissertação (Mestrado) – Universidade Estadual Paulista, Franca, 2010.

Proyecto Arqueologico Porco-Potosí, Fundición tradicional del plomo y de la plata. Disponível em: http://lamar.colostate.edu/~mvanbure/spanish%20tradtional%20smelting.htm. Acesso em: 07/08/2009.

RAMOS, Donald. "Community, control and acculturation: A case study of slavery in Eighteenth Century Brazil". *The Americas*, vol. XLII, n. 4, 1986, p. 419-453.

_____. "From Minho to Minas: the portuguese roots of mineiro family", *Hispanic American Historical review*, Durham, n. 73, 1993, p. 638-662.

REID, Andrew e MAC LEAN, Rachel. "Symbolism and the social contexts of iron production in Karagwe". *World Archaeology, Simbolic Aspects of Early Technologies*, Abingdon, v. 27, 1995, p. 141-166.

RESENDE, Maria Efigênia Lage e VILLALTA, Luiz Carlos (org). *História de Minas Gerais: As Minas Setecentistas*. Belo Horizonte: Autêntica; Companhia do Tempo, v.1, 2007.

REZENDE, Rodrigo Castro. *As "nossas Áfricas": população escrava e identidades africanas nas Minas Setecentista*. Belo Horizonte: Dissertação (Mestrado em História) UFMG, 2006.

_____. "Origens africanas ou identificações mineiras?' Uma discussão sobre a construção das identidades africanas nas Minas Gerais do século XVIII". Eduardo França Paiva e Isnara Pereira Ivo (org.). *Escravidão, mestiçagem e histórias comparadas*. São Paulo: Annablume, 2008, p. 335-351.

REVEL, Jacques (org.). *Jogos de escalas: A experiência da microanálise*. Rio de Janeiro: Editora Fundação Getúlio Vargas, 1998.

RIBEIRO, Núbia Braga. *Cotidiano e liberdade: um estudo sobre os alforriados em Minas no século XVIII*. Dissertação (Mestrado) – Universidade de São Paulo, São Paulo, 1996.

RIOS, Wilson de Oliveira. *A Lei e o Estilo, a inserção dos ofícios mecânicos na sociedade colonial brasileira, Salvador e Vila Rica, 1690-1790*. Tese (Doutorado), Universidade Federal Fluminense, Niterói, 2000.

ROCHA, José Joaquim da. "Descrição Geográfica, topográfica, histórica e política da capitania de Minas Gerais: seu descobrimento, estado civil, e político e das rendas reais: ano 1781". *Revista do Instituto Histórico e Geográfico Brasileiro*, Rio de Janeiro, tomo 71, ano 1998.

RODRIGUES, André Figueiredo. "Os 'extravios que tão continuados têm sido...': contrabando e práticas comerciais ilícitas nas atividades do contratador João Rodrigues de Macedo". *Locus*, Rio de Janeiro, v. 11, n. 1 e 2, 2005, p. 117-136.

ROSENTAL, Paul-André. "Fredrik Barth e a microstoria". In: REVEL, Jacques (org.). *Jogos de escalas: A experiência da microanálise*. Rio de Janeiro: Editora Fundação Getúlio Vargas, 1998.

RUSSELL-WOOD, A. J. R. "Grupos Sociais". In: BETHENCOURT, Francisco e CHAUDHURI, Kirti (dir). *História da Expansão portuguesa*. Lisboa: Temas e Debates e Autores, v. 2, 1998, p. 169-191.

_____. "Centros e Periferias no Mundo Luso-Brasileiro,1500-1808", *Revista Brasileira de História*, São Paulo, vol. 18, n. 36, 1998, p. 187-250.

_____. "Autoridades ambivalentes: o Estado do Brasil e a contribuição africana para a 'boa ordem na República'". In: SILVA, Maria Beatriz Nizza da (org.). *Brasil. Colonização e escravidão*. Rio de Janeiro: Nova Fronteira, 2000, p. 105-123.

_____. "Através de um prisma africano: uma nova abordagem ao estudo da diáspora africana no Brasil colonial". *Tempo*, Rio de Janeiro, n. 12, 2001, p. 11-50.

_____. *Escravos e Libertos no Brasil Colonial*. Tradução de Maria Beatriz Medina. Rio de Janeiro: Civilização brasileira, 2005.

SANTIAGO, Carla Fernanda Guimarães. *As festas promovidas pelo Senado da Câmara de Vila Rica (1711-1744)*. Dissertação (Mestrado) - Universidade Federal de Minas Gerais, Belo Horizonte, 2001.

SANTOS, Beatriz Catão Cruz. *O corpo de Deus na América: a festa de Corpus Christi nas cidades da América portuguesa – século XVIII*. São Paulo: Annablume, 2005.

_____. "Notas sobre os ofícios mecânicos na festa do Corpo de Deus", em *Anais do XII Encontro Regional de História, Usos do passado, ANPUH- RJ*, 2006.

SANTOS, Georgina Silva dos. *Ofício e Sangue: a Irmandade de São Jorge e a Inquisição na Lisboa Moderna*. Lisboa: Colibri, 2005.

SAUNDERS, A. C. de C. M. *História social dos escravos e libertos negros em Portugal (1441-1555)*. Lisboa: Imprensa Nacional, 1994.

SCHWARTZ, Stuart. "Ceremonies of public authority in a colonial capital. The king's processions and the hierarquies of power in the seventeenth century Salvador". In: *Anais de História de Além-mar*, Lisboa, v-V, 2004.

SILVA, Edmundo de Macedo Soares e. *O ferro na história e na economia do Brasil*. Rio de Janeiro: Biblioteca do Sesquicentenário, 1972.

SILVA, Fabiano Gomes da. *Pedra e cal: os construtores em Vila Rica no século XVIII (1730-1800)*. Dissertação (Mestrado) - Universidade Federal de Minas Gerais, Belo Horizonte, 2007.

SILVA, Henrique Nelson da. "Os oficiais mecânicos e a irmandade de São José dos quatro ofícios, pedreiros, carpinteiros, marceneiros e tanoeiros no Recife, século XVIII". *I Colóquio de História da Universidade Federal Rural de Pernambuco*, 2007. Disponível em: http://www.pgh.ufrpe.br/brasilportugal/anais/12c/Henrique%20Nelson%20da%20Silva.pdf/. Acesso em: 05/07/2008.

SILVA, Juliana Ribeiro da. *Homens de ferro. Os ferreiros na África-central no século XIX*. Dissertação (Mestrado) - Universidade de São Paulo, São Paulo, 2008.

SILVA, Luiz Geraldo. *A faina, a festa e o rito. Uma etnografia histórica sobre as gentes do mar (Sécs. XVII ao XIX)*, 1ª edição. Campinas: Papirus, 2001.

SIMON, William Joel. *Scientific expeditions in the Portuguese overseas territories* (1783-1808). Lisboa: Instituto de Investigação Científica Tropical, 1983.

SIMONSEN, Roberto. *História Econômica do Brasil*, 7ª edição. São Paulo: Cia. Ed. Nacional, 1977.

SILVEIRA, Marco Antonio. *O universo do indistinto: estado e sociedade nas Minas Setecentistas* (1735-1808). São Paulo: Hucitec, 1997.

SLENES, Robert W. *Na Senzala, uma Flor: Esperanças e Recordações na Formação da Família Escrava - Brasil Sudeste, século XIX*. Rio de Janeiro: Nova Fronteira, 1999.

_____. "L'Arbre Nsanda replanté: cultes d'affliction Kongo et identité des esclaves de plantation dans le Brésil du Sud-Et (1810-1888)". *Cahiers du Brésil Contemporain*, Paris, n° 67/68, 2007, (partie II), p. 217-313.

SOARES, Mariza de Carvalho. *Devotos da cor: identidade étnica, religiosidade e escravidão no Rio de Janeiro, século XVIII*. Rio de Janeiro: Civilização Brasileira, 2000.

SOUSA, Ana Madalena Trigo de. "Uma tentativa de fomento industrial na Angola setecentista: a "Fábrica do Ferro" de Nova Oeiras (1766-2772)". *Africana Studia*, Porto, n. 10, 2007, p. 291-308.

SOUZA, Laura de Mello e. *O sol e a sombra: política e administração na América portuguesa do século XVIII*. São Paulo: Companhia das Letras, 2006.

SOUZA, Washington Peluso Albino de. "As lições das vilas e cidades de Minas Gerais". In: *Ensaios sobre o ciclo do ouro*. Belo Horizonte: UFMG, 1978.

SOMBRA, Severino. *História Monetária do Brasil Colonial. Repertório cronológico com introdução, notas e carta monetária*. Rio de Janeiro, s.l., 1938.

STUMPF, Roberta Giannubilo. *Filhos das Minas, americanos e portugueses: Identidades coletivas na Capitania das Minas Gerais (1763-1792)*. Dissertação (Mestrado) Universidade de São Paulo, São Paulo, 2001.

_____. "Nobrezas na América portuguesa: notas sobre as estratégias de enobrecimento na capitania de Minas Gerais", *Almanack*, Rio de Janeiro, n. 1, 2011, p. 119-136.

TINHORÃO, José Ramos. *Os negros em Portugal: uma presença silenciosa*. Lisboa: Caminho, 1988.

THOMPSON, E. P. "A economia moral da multidão inglesa no século XVIII". In: *Costumes em comum*. São Paulo: Companhia das Letras, 1998, p. 150-202.

THORNTON, John K. *The Kingdom of Kongo: civil war and transition, 1641-1718*, Madison: The University of Wisconsin, 1983.

TOMÀS, Estanislau. "The Catalan process for the direct production of malleable iron and its spread to Europe and the Americas". *Contributions to science*, n. 2, 1999, p. 225-232.

TRINDADE, Jaelson Bitran. "Arte colonial: corporação e escravidão". In: *A Mão Afro-brasileira: significado da contribuição artística e histórica*, Emanoel Araújo, São Paulo: Tenenge, p. 119-125.

VARELA, Alex Gonçalves. *"Juro-lhe pela honra de bom vassalo e bom português": Filosofo Natural e Homem Público – Uma análise das Memórias Científicas do Ilustrado José Bonifácio de Andrada e Silva (1780-1819)*. Dissertação (Mestrado) - Universidade Estadual de,Campinas, Campinas, 2001.

VASCONCELOS, Salomão. "Oficiais mecânicos em Vila Rica durante o século XVIII". *Revista do SPHAN*, Rio de Janeiro, n.4, 1940.

VENÂNCIO, Renato Pinto. "Nos limites da sagrada família: ilegitimidade e casamento no Brasil colonial". In: Ronaldo Vainfas (org.). *História da sexualidade no Brasil*. Rio de Janeiro: Graal, 1986.

WEHLING, Arno; WEHLING, Maria José. *Direito e Justiça no Brasil Colonial: O Tribunal da Relação do Rio de Janeiro (1751-1808)*. Rio de Janeiro: Renova, 2004.

WHITE, Hayden, *Meta-História. A imaginação histórica do século XIX*. São Paulo: Edusp, 1992.

ZEMELLA, Mafalda P. *O abastecimento da capitania de Minas Gerais no século XVIII*. 2 ed. São Paulo: Hucitec: Editora da Universidade de São Paulo, 1990.

ZEQUINI, Anicleide. *Arqueologia de uma fábrica de ferro: Morro de Araçoiaba, séculos XVI-XVIII*. Tese (Doutorado) – Universidade de São Paulo, São Paulo, 2006.

Anexo

Quadro A. Número absoluto e relativo dos escravos, segundo suas nações, Vila Rica e Mariana, século XVIII

Regiões	Nações	Inventários 1728-1768 (N)	Inventários 1728-1768 (%)	Inventários 1771-1835 (N)	Inventários 1771-1835 (%)	Apresentam ocupação
África Ocidental	Mina	8	0,80	17	73,95	1
	Calabar	1	0,20	0	-	0
	Courano	1	0,20	0	-	1
	Nago	0	-	4	17,39	0
	Cobú	0	-	2	8,69	0
subtotal		3	10	32,26	23	9,67	2

África Centro-Ocidental	Angola	8	66,66	41	50	4
	Benguela	2	16,66	29	35,37	3
	Caburu	1	8,33	0	-	0
	Casange	0	-	1	1,22	0
	Congo	1	8,33	9	10,98	0
	Rebolo	0	-	2	2,43	0
subtotal		4	12	38,71	82	34,45	7
África Oriental	Moçambique	0	-	1	0,42	0
Domínios Portugueses	Cabra	0	-	12	10	0
	Crioulo	5	83,33	92	76,67	5
	Mulato	0	-	10	8,33	3
	Pardo	1	16,66	6	5	3
subtotal		2	6	19,35	120	50,42	11
Indeterminados	Indefinidos	3	9,68	12	5,04	2
Total		9	31	100	238	100	22

Fonte: Inventários e testamentos, AHCSM e AHMI.

Abreviaturas e nota

AHU – Arquivo Histórico Ultramarino.

APM – Arquivo Público Mineiro.

AHMI – Arquivo Histórico do Museu da Inconfidência.

AHCSM – Arquivo Histórico da Casa Setecentista de Mariana.

AHCMM – Arquivo Histórico da Câmara Municipal de Mariana.

AEAM – Arquivo Eclesiástico da Arquidiocese de Mariana.

CMOP – Câmara Municipal de Ouro Preto

Nota:

A autora preferiu atualizar a grafia dos documentos manuscritos com o objetivo de tornar o conteúdo mais acessível para o leitor.

Lista de figuras, tabelas, gráficos e quadros

Figura 1 Imagem de São Jorge articulada, que saía na procissão de Corpus Christi a cavalo, atribuída a Aleijadinho — 80

Tabela 1 Prazo para registro de Carta de Exame de Ofício em Vila Rica, 1722-1802 — 51

Tabela 2 Prazo para registro de Carta de Exame de Ofício em Mariana, 1737-1805 — 52

Quadro 1 Prazo para registro de Carta de Exame de Ofício em tempo superior a um ano, Vila Rica, 1722-1802 — 53

Tabela 3 Prazo para provisão de juiz e escrivão de ofício, Vila Rica, 1742-1801 — 60

Gráfico 1 Bens de ofício (Vila Rica e Mariana, 1728-1835) — 118

Figura 2 Reconstituição de uma forja catalã (farga catalana), 1900 — 123

Figura 3 Reconstituição de um forno catalão 124

Figura 4 Desenho aquarelado a guache representando o modo de fundir o ferro dos nativos em Nova Oeiras, acompanhado de descrição pormenorizada, 1800 138

Tabela 4 Registros de Carta de Exame em Mariana, 1737-1806 154

Tabela 5 Ocupações licenciadas, Mariana, 1778, 1796, 1797 155

Gráfico 2 Área de atuação dos juízes e escrivães de ofício provisionados e de oficiais examinados pela Câmara de Vila Rica, 1722-1802 156

Tabela 6 Ocupação e condição social dos oficiais mecânicos contribuintes da Derrama do termo de Vila Rica, 1764 158

Quadro 2 Principais examinadores dos oficiais do ferro, Mariana, 1737 – 1806 163

Quadro 3 Principais examinadores dos oficiais do ferro, Vila Rica, 1722 – 1802 164

Tabela 7 Estrutura da posse de escravos entre os artesãos do ferro. Vila Rica e Mariana, 1728-1835 172

Quadro 4 Senhores que concederam a liberdade e legados aos seus escravos especializados. Vila Rica e Mariana, 1728-1835 177

Quadro 5 Dívidas ativas relacionadas ao ofício. Vila Rica e Mariana, 1728-1735 194

Quadro 6 Distribuição dos artesãos do ferro segundo seus monte-mores. Vila Rica e Mariana, 1728-1835 204

Quadro 7 Valores dos menores monte-mores dos artesãos do ferro. Vila Rica e Mariana, 1728-1835 205

Quadro 8 Valores dos maiores monte-mores dos artesãos do ferro. Vila Rica e Mariana, 1738-1835 206

Gráfico 3 Composição das fortunas dos oficiais do fer-   207
ro. Números relativos. Vila Rica e Mariana, 1728-1735

Agradecimentos

Este livro é uma versão revisada da minha dissertação de mestrado, defendida em 2012. Mais que a um destino acadêmico, me levou a conhecer pessoas, lugares, histórias que se tornaram muito importantes em diferentes momentos destes últimos anos. Os artesãos do Setecentos, como mestres generosos, dividiram comigo seus conhecimentos, suas experiências e, às vezes, seus segredos, que mostram o quão gratificante pode ser o exercício de um ofício.

Em especial, fica minha gratidão à professora Silvia Lara por ter acreditado em todo o tempo no resultado deste projeto e pela paciência ao corrigir, reler, incentivar. Sua disposição para ajudar, compartilhar seus saberes e experiências e sua dedicação ao ofício tornaram possível esse trabalho e me encorajam a prosseguir.

Agradeço também às contribuições dos professores Robert Slenes e Leila Algranti, no exame de qualificação, que com certeza foram essenciais para o desenvolvimento deste texto. Agradeço igualmente à professora Georgina Silva dos Santos e novamente ao professor Bob pelos comentários e sugestões preciosos na defesa.

Aproveito também para reconhecer a importância de outros mestres. Para mim, é impossível esquecer o querido mestre Carlão, que juntamente com o professor Fabiano, acreditou nesse trabalho muito antes de se tornar um projeto de mestrado.

Sou grata a todos os arquivistas e os funcionários das instituições que visitei por facilitarem o acesso à documentação. Em especial agradeço à Flávia Peral por toda atenção com que sempre me auxiliou nos percursos burocráticos.

Gostaria igualmente de reconhecer a valor das amizades que me acompanharam nestes anos. Infelizmente, não há como citar o nome de todos, mas gostaria que soubessem que seu apoio foi imprescindível. À Gi, Tati, Kelly e Débora, amigas que conheci na graduação na UFOP. Àqueles que conheci em Campinas, agradeço em especial a Day, Raquel, Dani, Andrea, Leca, Alisson, Deivison, Carlão, Moscão, Thiago, Alessandra, Rodrigo e Tati.

Agradeço à FAPESP por possibilitar o desenvolvimento da pesquisa e a publicação deste livro. Também agradeço aos editores da Alameda.

Agradecer o apoio da minha família nunca será suficiente. Meus pais, Tereza e Edemar, são meu lar em todos os sentidos, para quem sempre posso voltar.

Alameda nas redes sociais:

Site: www.alamedaeditorial.com.br
Facebook.com/alamedaeditorial/
Twitter.com/editoraalameda
Instagram.com/editora_alameda/

Esta obra foi impressa em São Paulo no verão de 2018. No texto foi utilizada a fonte Minion Pro em corpo 10,5 e entrelinha de 15 pontos.